高校思政类通识教育"十四五"规划教材

青春向党
扬帆启航 （修订版）

大学生入党启蒙教程

本书编写组　编

武汉大学出版社

图书在版编目(CIP)数据

青春向党 扬帆启航:大学生入党启蒙教程/本书编写组编.—修订本.—武汉:武汉大学出版社,2023.8(2025.9 重印)
高校思政类通识教育"十四五"规划教材
ISBN 978-7-307-23933-3

Ⅰ.青… Ⅱ.本… Ⅲ.中国共产党—基本知识—高等学校—教材
Ⅳ.D219

中国国家版本馆 CIP 数据核字(2023)第 155639 号

责任编辑:王智梅　　　责任校对:李孟潇　　　版式设计:马　佳

出版发行:**武汉大学出版社**　　(430072　武昌　珞珈山)
　　　　　(电子邮箱:cbs22@ whu.edu.cn　网址:www.wdp.com.cn)
印刷:湖北金海印务有限公司
开本:720×1000　1/16　印张:14　字数:290 千字
版次:2021 年 8 月第 1 版　　2023 年 8 月修订
2025 年 9 月修订本第 5 次印刷
ISBN 978-7-307-23933-3　　定价:37.00 元

编 写 组

主　编：郑　娟
副主编：杨永彬　瞿孝平　卢绍伟
编　委：(按姓氏笔画排序)

王云丽	王云鹤	卢绍伟	平　洋
向　艳	向钦勇	何崇喜	余　婷
张建伟	杨　恕	杨永彬	邹　龙
陈　亮	陈彦珺	昌森栋	金　伟
周习海	郑　娟	赵亚宾	洪运志
郭海沙	章健宇	熊田田	瞿孝平

前　言

　　高校肩负着学习研究宣传马克思主义、培养中国特色社会主义事业建设者和接班人的重大任务。加强党对高校的领导，加强和改进高校党的建设，是办好中国特色社会主义大学的根本保证。

　　学生党建工作是高校党的建设的重要组成部分。做好高校学生党建工作，对加强党对高校的领导、加强和改进高校党的建设、落实立德树人根本任务、培养德智体美劳全面发展的中国特色社会主义事业建设者和接班人具有重要意义。

　　大学生入党启蒙教育是加强高校学生党建工作的源头工程，是高校加强大学生思想政治教育、筑牢理想信念根基的基础性工作，是大学生在政治信仰上的"启蒙第一课"。入党启蒙教育的成效影响着党在大学生中的感召力、吸引力、凝聚力，同样也影响着高校为党和国家所培养和输送人才的质量。作为立德树人和思想政治教育工作的重要环节，新时代入党启蒙教育也要贴近学生的思想，贴近学生的心理，贴近学生的实际，以"润物细无声"的方式去打动学生、引领学生。

　　"我为什么要入党？""我入党后干什么？""我怎么才能入党？"踏入高校大门的大学生既对加入中国共产党充满了渴望与向往，同时又伴有一些困惑与迷惘。为了尽早破解大学生的疑虑，激发大学生政治信仰的内在需求，为大学生指明正确的前进方向，我们精心编写了《青春向党　扬帆启航——大学生入党启蒙教程》一书，希望大学生通过系统阅读，不断加深对中国共产党的感性认识，不断提升理性认识，积极向党组织靠拢，以实际行动早日加入中国共产党。

　　本书主要分为四个篇章。

　　第一章，"讲好党的故事　筑牢信仰之基"。党的历史是最生动、最有说服力的教科书。此章深入浅出阐明新时代十年的伟大变革和中国共产党为什么"能"、中国特色社会主义为什么"好"、马克思主义为什么"行"这三个根本性问题。让大学生深刻认识红色政权来之不易、新中国来之不易、中国特色社会主义来之不易，不断增强继往开来走好新时代长征路的自觉性和坚定性。

　　第二章，"追寻党的足迹　赓续精神血脉"。中国共产党区别于其他政党的一个显著标志，是在于她甫一出世，便开始塑造不同于其他政党的精神气质。此章分新民主主义革命时期、社会主义革命和建设时期、改革开放和社会主义现代化建设时期、中国特色社会主义新时代精神四个阶段，重点阐述了中央宣传部梳理的第一批纳入中国共产党人精神谱系的 46 种伟大精神及其内涵，让广大学子从中受到感染和熏陶。对此，武汉科技大学对精神谱系的传承和探索形成了 8 个样本，又为广大学生补充了丰富的营养剂，为他们的前行注入强大的精神动力。

第三章，"激活党的细胞　展现党建风采"。基层党组织是党的细胞，是党组织的活力源泉。此章通过对特色党建"样板工程"的一个个鲜明的展示，使大学生对党的认识更加立体丰满直观，充分领略到党组织战斗力的活力源泉所在，不断加深对中国共产党的政治认同、思想认同、理论认同和情感认同，不断坚定热爱党、拥护党、跟党走的信心与决心。

第四章，"解答入党疑惑　炼铸向党青春"。榜样的力量是无穷的。此章通过鲜活具体生动的案例，采用高年级党员一问一答的形式，有针对性地为大学生释疑解惑，指点迷津，帮助大学生学习党的知识，了解党员的条件标准，熟悉入党的程序步骤，端正入党动机，更好更快地成长进步。

本书由郑娟拟定编写提纲并担任主编，由杨永彬、瞿孝平、卢绍伟担任副主编，负责本书的框架设计和统稿。具体编写工作分工如下：第一章，瞿孝平、向艳、郭海沙、陈亮；第二章，杨永彬、余婷、洪运志、邹龙、王云丽、熊田田；第三章，卢绍伟、赵亚宾、章健宇、王云鹤、陈彦珺、金伟、张建伟；第四章，何崇喜、向钦勇、杨恕、昌森栋、平洋；附录，周习海。

在编写本书的过程中，我们参考了相关文献资料，查阅了大量权威网站、书刊和报纸等有关内容，听取和采纳了相关学科专家的宝贵意见，在此一并表示诚挚的感谢！尽管我们力求完美，但难免有疏漏和不妥之处，敬请广大师生和读者朋友提出宝贵意见，以便我们在今后的编辑工作中不断完善与提高。

编　者
2023 年 4 月

目　录

第一章
讲好党的故事　筑牢信仰之基

今天，"中国模式""中国道路""中国经验"等已经成为国内外许多人思考和探讨的问题。一些有识之士在思考和研究，为什么中国共产党能取得如此辉煌的成就？为什么这样一个政党成立100多年、执政70多年，依然风华正茂，依然能够保持生机和活力？中国共产党为什么走得如此从容自信，如此豪迈壮阔？中国共产党又靠什么赢得人民拥戴，获得扎实执政基础？党的二十大报告给出了答案："实践告诉我们，中国共产党为什么能，中国特色社会主义为什么好，归根到底是马克思主义行，是中国化时代化的马克思主义行。"

在中国共产党奋斗史、建设史、改革史和发展史的百年发展历程中体现出来的"能""好"和"行"中，有无数感天动地的红色故事。党的故事蕴含党的初心使命、彰显党的优良作风、展现党的奋斗精神。经过十多年的寒窗苦读，贴着新时代标签的大学生，无比豪迈地走进大学校园，开启崭新的大学生活。青年大学生是祖国的未来、民族的希望，也是我们党的未来和希望。那么，对于中国共产党，对于马克思主义这个思想旗帜，对于我们选择的中国特色社会主义，青年大学生了解吗？了解多少呢？让我们通过讲好中国共产党"能""好"和"行"的故事，筑牢他们的信仰之基。

第一节　书写"赶考"路上新答卷——新时代十年的伟大变革

2023年的春天，意义格外不同。走过新时代十年非凡历程，我国发展站上新的更高起点，全面建设社会主义现代化国家进入新的关键一程。东风浩荡，梦想催征，在全国两会上，代表委员共话新时代十年伟大变革，共同展望向第二个百年奋斗目标前进的光明前景，不断汇聚乘势而上、迎风破浪的信心和力量。3月5日上午，人民大会堂灯光璀璨。在热烈的掌声中，习近平等党和国家领导人步入会场，在主席台就座。十四届全国人大一次会议在此开幕。《政府工作报告》显示："国内生产总值增加到 121 万亿元，五年年均增长 5.2%，十年增加近 70 万亿元、年均增长 6.2%，在高基数基础上实现了中高速增长、迈向高质量发展。"面对百年变局和世纪疫情交织叠加，面对多重超预期因素冲击，殊为不易的成绩，展现出中国号巨轮的底气和实力，更彰显出在以习近平同志为核心的党中央领航掌舵下，新时代十年变革造就的中国发展奇迹。

拓展链接：
从这些数字看中国十年之变（来源：新华社）

一、新时代十年的三件大事与三个历史性胜利

党的二十大报告指出："十年来，我们经历了对党和人民事业具有重大现实意义和深远历史意义的三件大事：一是迎来中国共产党成立一百周年，二是中国特色社会主义进入新时代，三是完成脱贫攻坚、全面建成小康社会的历史任务，实现第一个百年奋斗目标。""这是中国共产党和中国人民团结奋斗赢得的历史性胜利，是彪炳中华民族发展史册的历史性胜利，也是对世界具有深远影响的历史性胜利。"

拓展链接：
新时代十年我们经历的"三件大事"是历史性胜利（来源：学习强国）

（一）三件大事具有重大现实意义和深远历史意义

第一件大事：迎来中国共产党成立一百周年。2021 年，中国共产党成立一百周年成为全党全军全国各族人民政治生活中的头等大事，祖国山河沉浸在一片喜庆欢乐、国泰民安的氛围里。14 亿中国人从来没有像今天这样扬眉吐气、豪情满怀。正如习近平总书记所说："当今世界，要说哪个政党、哪个国家、哪个民族能够自信的话，那中国共产党、中华人民共和国、中华民族是最有理由自信的！"[1]回望党走过的百年，这是矢志践行初心使命的一百年，是筚路蓝缕奠基立业的一百年，是创造辉煌开辟未来的一百年。

---

[1]　习近平. 在庆祝中国共产党成立 95 周年大会上的讲话[M]. 北京：人民出版社，2016：12.

拓展链接：
庆祝中国共产党成立100周年大会隆重举行 习近平发表重要讲话
（来源：新华社）

第二件大事：中国特色社会主义进入新时代。党的十八大以来，以习近平同志为核心的党中央领导全党和全国人民自信自强、守正创新，取得了一系列重大理论成果、实践成果、制度成果，中国特色社会主义进入新时代，中华民族迎来了从站起来、富起来到强起来的伟大飞跃，使科学社会主义在21世纪的中国焕发出强大生机活力，拓展了发展中国家走向现代化的途径，为解决人类问题贡献了中国智慧和中国方案。

拓展链接：
党的十八大：中国特色社会主义进入新时代(来源：学习时报)

第三件大事：完成脱贫攻坚、全面建成小康社会的历史任务，实现第一个百年奋斗目标。伴随着前两件大事而来的，就是完成脱贫攻坚、全面建成小康社会的历史任务，实现第一个百年奋斗目标。摆脱贫困，既是一直困扰全球发展和治理的突出难题，也是中国人民孜孜以求的梦想。经过新时代十年的脱贫攻坚战，现行标准下9899万农村贫困人口全部脱贫，832个贫困县全部摘帽，12.8万个贫困村全部出列，区域性整体贫困得到解决，完成了消除绝对贫困的艰巨任务，创造了又一个彪炳史册的人间奇迹。

拓展链接：
习近平：在全国脱贫攻坚总结表彰大会上的讲话(来源：新华社)

(二)三个历史性胜利源于习近平总书记掌舵领航和习近平新时代中国特色社会主义思想指引

三件大事所体现的"历史性胜利"，既是我们党经过百年奋斗用伟大成就给出的历史性结论，也是党的十八大以来，以习近平同志为主要代表的中国共产党人面对国内外形势新变化和实践新要求，从理论和实践的结合上深入回答关系党和国家事业发展、党治国理政面临的一系列重大时代课题所给出的生动答案。这些历史性结论和生动答案，无不透出新时代党的领袖掌舵领航的伟力和新时代党的创新理论的指引力。

三件大事所反映的"历史性胜利"，归根到底是马克思主义的伟大胜利，充分显示出"中国化时代化的马克思主义行"的深刻道理。十年来，我们党之所以能够采取一系列战略性举措，推进一系列变革性实践，实现一系列突破性进展，取得一系列标志性成果，经受住来自各方面的风险挑战考验，关键在于我们始终全面贯彻党的基本理论、基本路线、基本方略，特别是全党坚持不懈用习近平新时代中国特色社会主义思想武装头脑、指导实践、推动工作，新时代党和国家事业的发展有了根本遵循。

金秋时节，太行山深处的河北阜平一派丰收景象。成熟的果子挂满枝头，果农们采摘、装箱、搬运上车，脸上洋溢着增收的喜悦。村里建起一座座崭新民居，水泥路四通八达，群山之间一排排蘑菇大棚鳞次栉比。2012年，阜平是党的十八大后习近平总书记地方扶贫考察的首站。在这里，习近平总书记深刻指出："全面建成小康社会，最艰巨最繁重的任务在农村、特别是在贫困地区。没有农村的小康，特别是没有贫困地区的小康，就没有全面建成小康社会。"①在以习近平同志为核心的党中央引领下，脱贫攻坚战在新时代中国大地上打响——习近平总书记以不停歇

十年间，阜平变了个模样（来源：新华社）

---

① 习近平谈治国理政[M].北京：外文出版社，2014：189.

的脚步丈量着贫困角落,从塞北高原到乌蒙山区,从秦岭腹地到湘西大山,从南疆绿洲到林海雪原……走遍14个集中连片特困地区,考察调研了20多个贫困村。在习近平总书记的部署下,全国22个省区市向党中央立下"军令状",形成省市县乡村"五级书记抓扶贫"的工作格局;25万多个驻村工作队,300多万名县级以上单位派出的驻村干部,做到户户有责任人,村村有帮扶队。实施东西部扶贫协作,东部9个省、14个市结对帮扶中西部14个省区市,全国支援西藏和新疆,东部343个经济较发达县市区与中西部573个贫困县开展携手奔小康行动;党和国家集中力量解决贫困群众基本民生需求,优先保障脱贫攻坚资金投入:2012—2020年,各级财政专项扶贫资金累计投入1.6万亿元,扶贫再贷款累计发放6688亿元。"我国脱贫攻坚战取得了全面胜利……区域性整体贫困得到解决,完成了消除绝对贫困的艰巨任务,创造了又一个彪炳史册的人间奇迹!"①2021年2月25日,习近平总书记在全国脱贫攻坚总结表彰大会上向全世界宣告中国举世瞩目的减贫成就。

(三)敢于斗争、敢于胜利,创造令世人刮目相看的新的更大奇迹

习近平总书记在党的二十大闭幕会上强调,中国共产党走过了百年奋斗历程,又踏上了新的赶考之路。一百年来,党团结带领全国各族人民取得了新民主主义革命、社会主义革命和建设、改革开放和社会主义现代化建设的伟大胜利,开创了中国特色社会主义新时代。百年成就无比辉煌,百年大党风华正茂,进一步重申了过去"历史性胜利"的重大意义。在此基础上,为了在新时代新征程创造令世人刮目相看的新的更大奇迹,习近平总书记向全党提出了"敢于斗争、敢于胜利"的重要要求。这就告诫我们,过去的"伟大胜利",蕴含在"伟大斗争"中;未来的历史征程,仍然需要进行具有许多新的历史特点的伟大斗争,只有敢于斗争,才能敢于胜利。

十年来,我们贯彻总体国家安全观,统筹发展和安全,完善国家安全体系,在涉及国家主权、安全、发展利益问题上寸步不让。强化南海、东海、台海捍卫国家主权能力,实现对钓鱼岛常态化巡航,坚决反对"台独"分裂行径,有力反击美国等外部势力干涉台湾事务的挑衅活动,牢牢把握两岸关系主动权和主导权。坚持"爱国者治港""爱国者治澳",香港、澳门保持长期稳定发展态势,"一国两制"取得巨大成功。贯彻习近平强军思想,坚持新时代强军目标,大刀阔斧深化国防和军队改革,人民军队体制一新、结构一新、格局一新、面貌一新,捍卫国家主权和安全的能力显著增强。有效遏制民族分裂势力、宗教极端势力、暴力恐怖势力,加强社会治理,平安中国建设迈向更高水平。如今,我国成为全球公认的最安全的国家之一。

---

① 习近平谈治国理政(第四卷)[M].北京:外文出版社,2022:125.

拓展链接：

外机亮武器挑衅，空军飞行员对峙两小时：宣示主权，一点不能退！（来源：学习强国）

二、踔厉奋发的非凡答卷，新时代十年的伟大变革和伟大成就

发展，党执政兴国的第一要务；人民，党执政兴国的最大底气；答卷，新时代赶考路上的厚重书写。"时代是出卷人，我们是答卷人，人民是阅卷人"，新时代十年来，以习近平同志为核心的党中央坚持以人民为中心的发展思想，不断满足人民日益增长的美好生活需要，推动改革发展成果更多更公平地惠及全体人民，推动全体人民共同富裕取得更为明显的实质性进展，团结带领 14 亿多中国人民，成功推进和拓展了中国式现代化，交出了一份人民满意、世界瞩目、可以载入史册的发展答卷。

新时代十年的伟大变革和伟大成就体现在改革发展稳定、内政外交国防、治党治国治军各方面，是全方位、根本性、格局性的。党的二十大报告从创立习近平新时代中国特色社会主义思想、全面加强党的领导、我国经济实力实现历史性跃升等方面总结概括了新时代十年在新的赶考之路上向历史和人民交出的优异答卷，字字千钧、掷地有声，系统展示了新时代十年伟大变革的全貌。

（一）取得了"两个确立"重大政治成果

党的十八大以来，习近平总书记以马克思主义政治家、思想家、战略家的雄韬伟略、远见卓识、战略定力，在非凡之时行非凡之举，带领全党全军全国各族人民披荆斩棘，建立非凡之功，开创新局面；习近平新时代中国特色社会主义思想，以一系列原创性治国理政新理念新思想新战略，回答了中国之问、世界之问、人民之问、时代之问，开辟了马克思主义中国化时代化新境界，成为新时代发展的指路明灯。党的十九届六中全会决议指出：党确立习近平同志党中央的核心、全党的核心地位，确立习近平新时代中国特色社会主义思想的指导地位，反映了全党全军全国各族人民共同心愿，对新时代党和国家事业发展、对推进中华民族伟大复兴历史进程具有决定性意义。正是因为有习近平总书记领航掌舵，全党才有了"顶梁柱"，14亿多中国人民才有了"主心骨"；正是有了习近平新时代中国特色社会主义思想的科学指引，全党全军全国各族人民才有了思想上的"定盘星"、行动上的"指南针"。

拓展链接：

党的二十大记者招待会 |"两个确立"是中国共产党在新时代取得的重大政治成果（来源：学习强国）

(二)党在革命性锻造中更加坚强有力

党的二十大报告指出:"全面加强党的领导,确保党中央权威和集中统一领导,确保党发挥总揽全局、协调各方的领导核心作用,我们这个拥有九千六百多万名党员的马克思主义政党更加团结统一。"

办好中国的事情,关键在党。明确中国特色社会主义最本质的特征是中国共产党领导,中国特色社会主义制度的最大优势是中国共产党领导,中国共产党是最高政治领导力量,坚持党中央集中统一领导是最高政治原则……十年来,一系列基础性、创制性、战略性举措相继出台,党的领导制度体系不断完善,党的领导方式更加科学。从举全党全国全社会之力抗击新冠疫情,到尽锐出战、打赢人类历史上规模最大的脱贫攻坚战,再到践行大国之诺,如期举办北京冬奥会、冬残奥会……一个又一个事实雄辩地证明:中国共产党所具有的无比坚强的领导力,是风雨来袭时中国人民最可靠的主心骨。

打最硬的铁,须是铁打的人。走过百年奋斗历程的中国共产党在革命性锻造中更加坚强有力。"党的十八大以来,全国纪检监察机关立案审查调查中管干部 553 人,处分厅局级干部 2.5 万多人、县处级干部 18.2 万多人。"10 月 17 日,党的二十大新闻中心记者招待会上公布的一组数据引起社会广泛关注。"重拳'打虎''拍蝇''猎狐',猛药去疴、刮骨疗毒,这是新时代全面从严治党生动的写照。"二十大代表,广西南宁百会药业集团有限公司党委副书记、纪委书记李华说。"刹住了一些长期没有刹住的歪风,纠治了一些多年未除的顽瘴痼疾","反腐败斗争取得压倒性胜利并全面巩固","消除了党、国家、军队内部存在的严重隐患"……党的二十大报告中,全面从严治党成就振奋人心。

(三)经济发展方式实现根本性转变

国内生产总值从 54 万亿元增长到 114 万亿元,人均国内生产总值从 3.98 万元增加到 8.1 万元;制造业规模、外汇储备稳居世界第一;近 1 亿农村贫困人口实现脱贫,历史性地解决了绝对贫困问题;建成世界上规模最大的教育体系、社会保障体系、医疗卫生体系……一个细节,更能感受这份非凡答卷的日新月异。2022 年 9 月 27 日开幕的"奋进新时代"主题成就展上,一叶叶"成就"风帆拼成的中国经济"奇迹号"巨轮模型,引人关注。风帆上,映射 2012—2022 年中国发展变化的数据中,就有全球创新指数排名从 34 位升至 12 位这一变化。开展两天后,世界知识产权组织最新发布:2022 年中国这一排名升至第 11 位。

近期热播电影《流浪地球 2》里的"宇宙级"施工中,国产工程机械成为"特殊演员"。"伴随着国家经济发展大潮,徐工从默默无名到跻身全球前三,起重机械做到了全球第一，中国制造的高质量发展道路越走越宽广。"徐工集团工程机械股份有限公司总工程师单增海代表充满自豪。"中国去年出口新能源汽车 67.9 万辆，同比增长 120%，中国连续 8 年新能源汽车产销量居全世界第一，是世界上最大的新能源汽车生产国、消费国。"站在 4 日的"委员通道"上，浙江吉利控股集团有限公司董事长李书福委员倍感自信。

广州市番禺区的广汽埃安新能源汽车股份有限公司总装生产线，机器人手臂在安装汽车轮胎(来源：新华社)

创新，成为发展的第一动力。2018 年 9 月，习近平总书记在中国一重集团有限公司考察时强调："中国要发展，最终要靠自己。"①二十大代表、中国一重水压机锻造厂副厂长刘伯鸣带领团队攻克 90 多项锻造工艺难关，努力推动超大型锻件国产化。"创新，意味着要突破国外技术封锁。"刘伯鸣深刻感悟道，"核心技术、关键技术要不来、买不来，得靠我们自己干出来"。十年来，我国加快推进科技自立自强，载人航天、探月探火、深海深地探测、超级计算机、量子信息、大飞机制造等取得重大成果，进入创新型国家行列。

绿色，成为高质量发展的鲜明底色。"生态环境保护发生历史性、转折性、全局性变化，我们的祖国天更蓝、山更绿、水更清。"党的二十大报告作出的这一判

---

① 中共中央党史和文献研究院. 改革开放四十年大事记[M]. 北京：人民出版社，2018：128.

断，让二十大代表、浙江淳安县下姜村党总支书记姜丽娟深有感触。曾经，下姜村是"穷脏差"的贫困村，如今践行"绿水青山就是金山银山"的新发展理念，下姜村绘就一幅现代版的富春山居图。"我们要把下姜村建设成为共同富裕的示范村。"姜丽娟说。

（四）中国式现代化治理体系和治理能力跃升

党的二十大报告指出，"我们以巨大的政治勇气全面深化改革"，"许多领域实现历史性变革、系统性重塑、整体性重构"，"中国特色社会主义制度更加成熟更加定型，国家治理体系和治理能力现代化水平明显提高"。对新时代的"中国之治"，二十大代表、辽宁省鞍山市委书记余功斌感受深刻："通过打通基层治理'最后一公里'，原来听不到的声音现在听到了，原来下不去的政策现在插到底了。"在钢都鞍山，有700多名机关干部下沉到社区，为群众解难事、办实事。"民有所呼，党有所应。"余功斌说，十年来，基层治理打出了"组合拳"，基层党组织的政治优势、组织优势不断转化为治理效能，人民群众的获得感和幸福感更加充实。

拓展链接：
浙江"最多跑一次"改革经验值得推广（来源：光明日报）

强基固本，本固邦宁。小到一个社区，大到一座城市，"中国之治"不断书写着新的时代华章。国之兴衰系于制，民之安乐皆由治。党的十八大以来，以习近平同志为核心的党中央从"制度优势是一个国家的最大优势，制度竞争是国家间最根本的竞争"的高度来定位制度，把制度建设摆到更加突出的位置。

夯基垒台，立柱架梁——从十八届三中全会对全面深化改革进行顶层设计，到十八届四中全会对全面依法治国作出明确部署，再到十九届四中全会专门研究坚持和完善中国特色社会主义制度、推进国家治理体系和治理能力现代化并作出决定……十年来，习近平总书记带领全党筑牢根本制度、完善基本制度、创新重要制度，使中国特色社会主义制度更加成熟更加定型，推进国家治理体系和治理能力现代化实现新的跃升。

（五）人民军队实现整体性革命性重塑

强国必须强军，军强才能国安。"人民军队体制一新、结构一新、格局一新、面貌一新，现代化水平和实战能力显著提升，中国特色强军之路越走越宽广。"党的二十大报告指出。党的十八大以来，习近平总书记站在统筹"两个大局"的战略高度，确立党在新时代的强军目标，贯彻新时代党的强军思想，贯彻新时代军事战略方针，坚持党对人民军队的绝对领导，重构人民军队领导指挥体制、现代军事力量体系、军事政策制度，大力度推进国防和军队现代化建设，为实现中华民族伟大复兴提供了坚强有力的战略支撑。

2020 年，党的十九届五中全会通过的"十四五"规划建议，明确提出"确保2027 年实现建军一百年奋斗目标"。2021 年 11 月，国防和军队现代化新"三步走"战略，写入党的第三个历史决议。谋篇布局 2027，前瞻运筹 2035，深远经略2050……人民军队按下了迈向世界一流的"快进键"。"我有幸成为强军征程上的追梦人，见证了改革强军的加速推进。"二十大代表、空军某基地一级飞行员陈浏，具备歼-20、歼-16、歼-10C 三型战机通飞能力，谈及十年"追梦"征途，他倍感自豪。

拓展链接：
人民军队全面实施改革强军战略，实现整体性革命性重塑（来源：国防部网）

强军征程上，能打胜仗是核心，反映军队的根本职能和军队建设的根本指向。2018—2022 年，习近平主席连续 5 年向全军发布开训动员令，聚焦的都是练兵备战，指向的都是能打仗、打胜仗。"实现建军一百年奋斗目标，开创国防和军队现代化新局面。"新的历史起点上，党的二十大报告对国防和军队建设的崭新擘画催人奋进。基层是部队全部工作和战斗力的基础。身为一名逐梦远海大洋的基层带兵人，二十大代表、海军某潜艇艇长张晓鹏表示："万里航程党指引。我将继续和艇员一起砺剑大洋。"

（六）我国国际地位显著提升、制度优势更加彰显

我们全面推进中国特色大国外交，推动构建人类命运共同体，坚定维护国际公平正义，倡导践行真正的多边主义，旗帜鲜明反对一切霸权主义和强权政治，毫不动摇反对任何单边主义、保护主义、霸凌行径，有力维护我国主权、安全、发展利益和广大发展中国家利益。完善外交总体布局，积极建设覆盖全球的伙伴关系网络，推动构建新型国际关系。展示负责任大国担当，积极参与全球治理体系改革和建设，全面开展抗击新冠疫情国际合作，赢得广泛国际赞誉，我国国际影响力、感召力、塑造力显著提升。

制度稳则国家稳，制度强则国家强。国家之间的竞争，归根到底是制度之争。十年来，党中央以巨大政治勇气全面深化改革，加强改革顶层设计，敢于突进深水区，敢于啃硬骨头，敢于涉险滩，坚决破除各方面体制机制弊端，各领域基础性制度框架基本建立，许多领域实现历史性变革、系统性重塑、整体性重构，总结概括了中国特色社会主义的根本制度、基本制度和重要制度，各方面制度更加成熟更加定型。坚持全面依法治国，中国特色社会主义法治体系更加完善。无论是脱贫攻

坚、新冠疫情防控的实践，还是政通人和、社会长期稳定的良好局面，都凸显了我国制度优势和治理效能，中国之治与西方之乱对比更加鲜明，美式"民主制度"式微，中国制度优势更加明显。这为党和国家长治久安、为实现中华民族伟大复兴奠定了更完善的制度保证。

拓展链接：
发挥制度优势推进共同富裕，彰显中国式现代化的世界意义（来源：学习强国）

三、新时代十年伟大变革，为青年发展擘画更加光明的未来

"你们以罗阳同志为榜样，扎根航空装备研制一线，在急难险重任务中携手拼搏奉献，这种团结奋斗的精神非常可贵。""希望你们继续弘扬航空报国精神，心往一处想，劲往一处使，在推动航空科技自立自强上奋勇攀登，在促进航空工业高质量发展上积极作为。"[①]2022 年 11 月 12 日，中共中央总书记、国家主席、中央军委主席习近平给中国航空工业集团沈飞"罗阳青年突击队"的队员们回信，勉励他们学习贯彻好党的二十大精神，为建设航空强国积极贡献力量。

拓展链接：
中国航空工业集团沈飞"罗阳青年突击队"：在推动航空科技自立自强上奋勇攀登（来源：人民日报）

"广大青年要坚定不移听党话、跟党走，怀抱梦想又脚踏实地，敢想敢为又善作善成，立志做有理想、敢担当、能吃苦、肯奋斗的新时代好青年，让青春在全面建设社会主义现代化国家的火热实践中绽放绚丽之花。"党的二十大报告中这样寄语新时代青年，激励大家在新征程上激昂青春之志，奉献青春之力，谱写更加壮美的青春之歌。青年的命运，从来都与时代紧密相连。新时代十年，党和国家事业取得了历史性成就、发生了历史性变革，推动我国迈上全面建设社会主义现代化国家新征程。作为党的工作的重要组成部分的青年工作，也在党中央领导下取得了重大成就和变革，从而为新时代新征程的中国青年运动发展奠定了基础，为广大青年实现人生梦想指明了更加明确的方向，开辟了更加广阔的空间，创造了更多出彩的机会，擘画了更加光明的未来。

---

① 习近平给中国航空工业集团沈飞"罗阳青年突击队"队员们的回信［EB/OL］. 新华网，http://www.xinhuanet.com/politics/leaders/2022-11-13/c_1129124798.htm?cxid = isz&token = 1668450283250,2022-11-13.

拓展链接：

好样的！习近平这样点赞新时代中国青年(来源：学习强国)

(一)新时代十年伟大变革为青年发展指明前进道路

新时代十年伟大变革为青年的发展指明了前进方向。党的十八大以来，习近平总书记十分重视党的青年工作，围绕党的青年工作发表了一系列重要论述，深刻阐明了党的青年工作的地位作用、目标任务、职责使命、实践要求，深刻回答了新时代培养什么样的青年、怎样培养青年等方向性、全局性、战略性重大课题，把我们党对青年工作的规律性认识提升到了新的高度，为做好新时代党的青年工作指明了前进方向、提供了根本遵循，对于更好团结、组织、动员广大青年为实现第二个百年奋斗目标、实现中华民族伟大复兴的中国梦而奋斗，具有十分重要的指导意义。

新时代十年伟大变革为青年的发展开拓了宏阔空间。习近平总书记指出："新时代的中国青年，生逢其时、重任在肩，施展才干的舞台无比广阔，实现梦想的前景无比光明。"①青年身上蕴藏着巨大的创造能量和活力，是社会中最有生气、最有闯劲、最少保守思想的群体，蕴含着改造客观世界、推动社会进步的无穷力量。新时代十年的伟大变革充分表明，时代与青年之间存在双向塑造、共同奔赴的内在关系。青年的发展空间来自时代，时代蓝图的绘就也少不了青年，青年最精彩的人生一定是时代际遇与自我奋斗的交相辉映。统筹推进"五位一体"总体布局和协调推进"四个全面"战略布局，是广大青年施展才华、建功立业的大舞台。"好风凭借力，送我上青云"，在这个青年人大有可为也必将大有作为的新时代，广大青年的发展空间只会越来越大，舞台只会越来越宽。

新时代十年伟大变革为青年的发展指明了实践路径。习近平总书记指出："立足新时代新征程，中国青年的奋斗目标和前行方向归结到一点，就是坚定不移听党话、跟党走，努力成长为堪当民族复兴重任的时代新人。"②青年只有经受严格的思想淬炼、政治历练、实践锻炼，在复杂严峻的斗争中经风雨、见世面、壮筋骨，才能真正成长为时代新人。要在实践中完成这一目标，要在青年中涵育伟大斗争精神。广大青年要继续保持初生牛犊不怕虎的胆魄，越是艰险越向前的风骨，在关键时刻敢于亮剑发声，站在爱党、忧党、护党的第一方阵，勇于同一切错误政治言行作斗争，坚决捍卫党的领导、捍卫我国社会主义制度、捍卫中国特色社会主义。

---

① 习近平谈治国理政(第四卷)[M]. 北京：外文出版社，2022：273.

② 求是网评论员：坚定不移听党话跟党走[EB/OL]. 求是网，http://qstheory.cn/wp/2022-040/271c_1128601563.htm，2022-04-27.

拓展链接：
《青述二十大》系列短视频：新时代十年伟大变革（来源：学习强国）

（二）青年要在新时代伟大实践中长志气、强骨气、厚底气

增强做中国人的志气。李大钊在《新青年》上曾寄语青年，"为世界进文明，为人类造幸福，以青春之我，创建青春之家庭，青春之国家，青春之民族，青春之人类，青春之地球，青春之宇宙，资以乐其无涯之生"。这是因为"志之所趋，无远弗届，穷山距海，不能限也"。一百年来，中国青年坚持把马克思主义真理作为行动指南，以永久奋斗的精神气质、"中华腾飞"的爱国情怀，扛起"强国有我"的历史担当，为中华之崛起而读书、为中国革命胜利而拼搏、为中华民族伟大复兴而奋进。广大青年要把青春奋斗根植于党和人民事业，不断以新作为、新创造、新贡献践行铮铮誓言，成为实现中华民族伟大复兴的重要力量。新的征途上，广大青年要坚持在筑牢信仰之基、把稳思想之舵、补足精神之钙中增强豪迈志气，不断强化"四个意识"、坚定"四个自信"、做到"两个维护"，执著努力、脚踏实地、勇于开拓，为党、为祖国、为人民多作贡献。

增强做中国人的骨气。精神是一个民族赖以长久生存的灵魂，唯有精神上达到一定的高度，这个民族才能在历史的洪流中屹立不倒、奋勇向前。青年人的骨气，鲜明体现为面对强敌宁死不屈的浩气、面对牺牲不为所惧的节气、面对邪恶刚正不阿的正气、面对困难逆流而上的锐气、面对利诱不为所动的定力。一百年来，一代代青年革命烈士、英雄模范，抛头颅、洒热血、挥汗水，关键时刻站得出来、危急关头豁得出去，作出了无愧于党、无愧于人民、无愧于时代的伟大奉献和牺牲，铸就了"为有牺牲多壮志，敢教日月换新天"、勇于夺取一切胜利的铮铮风骨。新的征途上，广大青年要始终坚定理想信念、牢记根本宗旨、传承红色基因。通过融入中国特色社会主义建设生动实践，在勤学、深思、苦干、笃行中培植骨气；通过奋进强国复兴新时代，在爱国、励志、求真、创造中充盈骨气。

增强做中国人的底气。底气源自实力，实力催生自信。有了实力，就有底气拥抱时代和未来，有自信开创美好前景。一百年来，中国共产党团结带领中国人民，开辟伟大道路、创造伟大事业、取得伟大成就，增强了中华儿女做中国人的强大底气。踏上新的征途，广大青年要不负时代、不负韶华、不负党和人民的殷切期望，多维发力、多措并举、同频共振，着力提高政治判断力、政治领悟力、政治执行力；坚持向书本学、向实践学，在学习中增长知识、锤炼品格，在工作中增长才干、练就本领，以真才实学服务人民，以创新创造贡献国家；坚持在践行社会主义

核心价值观、明大德守公德严私德中修身修为，以国家富强、人民幸福为己任，胸怀理想、志存高远，投身中国特色社会主义伟大实践，并为之终身奋斗。

第二节　拥抱"能"的百年大党——中国共产党

中国共产党成立 102 年、执政 74 年，中华民族迎来了从站起来、富起来到强起来的伟大飞跃，创造了让世界惊叹的"中国奇迹"。中国共产党能带领中国人民取得如此巨大的成功绝非偶然。中国共产党为什么"能"？"能"在哪？深入研究、科学解答这一重大课题，对于始终坚持中国共产党领导、实现中华民族伟大复兴的中国梦具有十分重要的意义。

一、中国共产党"能"在哪里

中国共产党百年历史，可以划分为四个历史时期：从 1921 年 7 月中国共产党建立至 1949 年 10 月中华人民共和国成立，是新民主主义革命时期；从 1949 年 10 月至 1978 年 12 月党的十一届三中全会召开，是社会主义革命和建设时期；从 1978 年 12 月至 2012 年 11 月党的十八大召开，是改革开放和社会主义现代化建设新时期；从 2012 年 11 月至今，是中国特色社会主义新时代。在这四个历史时期，中国共产党实现救国大业、完成兴国大业，开启复兴大业，推进强国大业，这是中国共产党"能"的表现。这四件大事铸就了中国共产党百年辉煌。

（一）开天辟地：新民主主义革命——完成救国大业

中国的近代史是从 1840 年鸦片战争开始的。从那时起，中国社会逐渐成为半殖民地半封建社会。为了改变中华民族悲惨屈辱的命运，无数仁人志士进行了千辛万苦的探索和不屈不挠的斗争。在近代中国社会矛盾的剧烈冲突中、在中国人民反抗封建统治和外来侵略的激烈斗争中、在马克思列宁主义同中国工人运动相结合的过程中，中国共产党应运而生，登上了中国政治舞台。

1921 年 7 月 23 日，党的一大在上海法租界望志路 106 号召开。其间由于会场受到暗探注意和法租界巡捕房搜查，最后一天会议改在浙江嘉兴南湖的红船上举行。"一大"的召开标志着中国共产党的正式建立。毛泽东同志在总结党的创建历史时说："中国产生了共产党，这是开天辟地的大事变。""从此以后，中国改换了方向。"①习近平总书记在建党 95 周年大会上用了三个"深刻改变"来高度评价这个

---

① 毛泽东选集(第 4 卷)[M]. 北京：人民出版社，1991：1514.

"大事变":"深刻改变了近代以后中华民族发展的方向和进程,深刻改变了中国人民和中华民族的前途和命运,深刻改变了世界发展的趋势和格局。"①

中国共产党对中国革命道路的探索经历了艰难的历程。在艰辛的探索实践中,中国共产党坚持把马克思主义基本原理同中国革命具体实际相结合,团结带领中国人民找到了一条农村包围城市、武装夺取政权的正确的革命道路,进行了28年浴血奋战,打败了日本帝国主义,推翻了国民党反动统治,完成了新民主主义革命,建立了中华人民共和国。

在这个过程中,中国共产党带领人民流血牺牲,历经千难万险。可以说,红色政权来之不易,新中国来之不易。它是红色的,是由无数革命先烈用生命和鲜血换来的。毛泽东同志在党的七大上指出:"我们党尝尽了艰难困苦,轰轰烈烈,英勇奋斗。自古以来,中国没有一个集团,像共产党一样,不惜牺牲一切,牺牲多少人,干这样的大事。"②东北抗日联军领导人杨靖宇同志在同日寇作战最后弹尽粮绝剩下一人时,面对他人的劝降,掷地有声地说:"我们中国人都投降了,还有中国吗?"据不完全统计,1921—1949年牺牲的全国有名可查的革命烈士达370多万人,平均每天牺牲370多人。他们真正用行动诠释了"为有牺牲多壮志,敢教日月换新天"的豪情壮志。

在这个阶段,中国共产党相继完成了建党、建军、建国伟业,完成了救国大业。特别是新中国的成立,标志着中国共产党领导的人民大众反帝反封建的新民主主义革命的胜利,宣告中国人民从此站立起来了!它彻底结束了我国曾经半殖民地半封建社会的历史,彻底结束了我国曾经一盘散沙的局面,彻底废除了列强强加给中国的不平等条约和帝国主义在中国的一切特权,中国人民真正成为国家和社会的主人,实现了中国从几千年封建专制政治向人民民主专政的伟大飞跃,中华民族走上了实现伟大复兴的壮阔道路。

拓展链接:
"南陈北李,相约建党"(来源:共产党员网)

(二)改天换地:社会主义革命和建设——实现兴国大业

新中国成立之初,我国面临的国际国内形势是异常艰难和复杂的。由于长期战争,国内经济凋敝,民不聊生。国民党残余伺机破坏,匪患严重。有些地方还未得到解放,很多基层还未建立政权。以美国为首的西方国家对我们在政治上孤立、在

---

① 习近平. 论中国共产党历史[M]. 北京:中央文献出版社,2021:117.
② 毛泽东文集(第3卷)[M]. 北京:人民出版社,1996:292.

经济上封锁、在军事上威胁。1950 年 6 月 25 日，朝鲜内战爆发，随后美国入侵朝鲜，同时派第七舰队侵入台湾海峡。新生的中华人民共和国遭到严重安全威胁。"打得一拳开，免得百拳来"，经过充分讨论和全面衡量，党中央和毛主席作出了"抗美援朝，保家卫国"的战略决策。抗美援朝战争打出了新中国的国威军威，提高了中国共产党在全国人民中的威望，提高了中国人民的民族自信心和民族自豪感，维护了亚洲和世界和平，使得新中国站稳了脚跟。新中国的成立，正像后来邓小平同志所说的那样，"中国取得了一个资格：人们不敢轻视我们"。①

拓展链接：

CCTV-4《伟大的抗美援朝》_ CCTV 节目官网-纪录片_ 央视网（来源：CCTV-4）

　　同样，怎样建设社会主义，如何推进中国的现代化，对新中国成立之初的中国共产党来说，也是一个全新的课题。中国共产党从学习苏联到"以苏为鉴"，开始探索中国自己的社会主义建设道路。1956 年，我国社会主义改造完成，确立了社会主义基本制度，并开始大规模进行社会主义建设，取得了巨大的成就。1954 年 6月，毛泽东同志曾提出过这样的问题："现在我们能造什么？能造桌子椅子，能造茶碗茶壶，能种粮食，还能磨成面粉，还能造纸，但是，一辆汽车、一架飞机、一辆坦克、一辆拖拉机都不能造。"②在中国共产党的坚强领导下，经过全国人民自力更生、艰苦奋斗，我们很快有了中国历史上的无数个第一：生产出第一架飞机、第一辆汽车、第一台拖拉机，自行研制的第一颗原子弹、氢弹先后爆炸成功，自行研制的第一颗人造地球卫星发射成功，自行研制的第一艘核潜艇顺利下水，自行设计建造第一座大桥——南京长江大桥，在世界上首次人工合成牛胰岛素，首次培育成功强优势籼型杂交水稻等。经过 20 多年的奋斗，初步建立起独立的比较完整的工业体系和国民经济体系。在这一时期，我国初步解决了几亿人的吃饭穿衣问题，这在当时也被公认为创造了一个世界奇迹。

　　在这个阶段，中国共产党领导中国人民进行社会主义革命，确立社会主义基本制度，完成了兴国大业。这是以毛泽东同志为核心的党的第一代中央领导集体，团结带领全党全国各族人民进行的伟大创造，体现了中国人民的意愿，符合中国的实际，顺应了历史发展的潮流。这场中华民族有史以来最为广泛而深刻的社会变革，为当代中国一切发展进步奠定了根本政治前提和制度基础，为开创中国特色社会主义制度提供了宝贵经验、理论准备和物质基础。

---

① 邓小平文选(第 3 卷)［M］. 北京：人民出版社，1993：289.
② 毛泽东文集(第 6 卷)［M］. 北京：人民出版社，1999：329.

我国第一颗原子弹爆炸成功(来源：人民日报)

　　中国共产党在新民主主义革命时期、社会主义革命和建设时期团结带领中国人民实现了中华民族从"东亚病夫"到站起来的伟大飞跃。

(三)翻天覆地：改革开放和社会主义现代化建设——开启复兴大业

　　如何结合国情，在一个经济文化落后的国家里，探索中国自己的社会主义建设道路，是一件极不容易的事情。既然是探索，就会有失误。我们党在取得探索成果的同时，从1958年以后也开始出现失误甚至是严重失误，发生了"大跃进"、人民公社化运动的挫折以及影响全局长达十年之久的"文化大革命"。面对"左"的错误造成的严重后果，我们党进行了深刻反思。1978年9月16日至18日，邓小平同志在东北考察时讲："社会主义要表现出它的优越性，哪能像现在这样，搞了二十多年还这么穷，那要社会主义干什么？"[1]同年12月13日，他在中央工作会议上发表重要讲话，也就是那篇著名的《解放思想，实事求是，团结一致向前看》。他强调："如果现在再不实行改革，我们的现代化事业和社会主义事业就会被葬送。"[2]这个

---

①　邓小平年谱(1975—1997)(上)[M]. 北京：中央文献出版社，1998：384.

②　邓小平文选(第2卷)[M]. 北京：人民出版社，1994：143.

讲话实际上成为此后召开的党的十一届三中全会的主题报告，成为新时期解放思想、实事求是的宣言书。

拓展链接：
中断 11 年的高考制度是怎样恢复的？（来源：共产党员网）

1978 年党的十一届三中全会的召开，实现了新中国成立以来党的历史上具有深远意义的伟大转折，开启了改革开放和社会主义现代化建设新时期。党的十一届三中全会后，以邓小平同志为核心的党的第二代中央领导集体，面对"文化大革命"造成的危难局面，以巨大的政治勇气和理论勇气，团结带领全党全国各族人民，深刻总结中国社会主义建设正反两方面经验，借鉴世界社会主义历史经验，解放思想、实事求是，作出把党和国家工作中心转移到经济建设上来、实行改革开放的历史性决策，明确提出走自己的路、建设中国特色社会主义，制定"三步走"发展战略，确立社会主义初级阶段基本路线，深刻揭示社会主义本质，创立邓小平理论，科学回答了建设中国特色社会主义的一系列基本问题，在拨乱反正和改革开放中成功开创了中国特色社会主义。

1989 年党的十三届四中全会后，以江泽民同志为核心的党的第三代中央领导集体，面对国内外纷繁复杂的形势，在世界社会主义出现严重曲折的严峻考验面前，团结带领全党全国各族人民，坚持党的基本理论、基本路线，坚定捍卫中国特色社会主义，依据新的实践确立党的基本纲领、基本经验，确立社会主义市场经济体制的改革目标和基本框架，确立社会主义初级阶段的基本经济制度和分配制度，提出依法治国基本方略，推进党的建设新的伟大工程，形成"三个代表"重要思想，开创了全面改革开放新局面，成功把中国特色社会主义推向 21 世纪。

2002 年党的十六大以后，以胡锦涛同志为总书记的党中央，紧紧抓住和用好重要战略机遇期，团结带领全党全国各族人民，积极推进实践创新、理论创新、制度创新，坚持以人为本、全面协调可持续发展，构建社会主义和谐社会，加快生态文明建设，着力保障和改善民生，促进社会公平正义，推动建设和谐世界，推进党的执政能力建设和先进性建设，形成科学发展观，在全面建设小康社会的伟大实践中，成功坚持和发展了中国特色社会主义。

改革开放和社会主义现代化建设新时期，我国经济得到快速发展，社会保持长期稳定。1978—2012 年，我国经济高速增长，国内生产总值先后超过意大利、法国、英国、德国，2010 年超过日本，成为世界第二大经济体，同时出口超过德国，成为世界第一大出口国。

在这个阶段，中国共产党在改革开放和社会主义现代化建设新时期，团结带领中国人民，实现了中华民族从站起来到富起来的伟大飞跃，开启了复兴大业。

拓展链接：
超震撼！2分钟看中国GDP攀升曲线(来源：世界银行)

(四)惊天动地：中国特色社会主义新时代——推进强国大业

2012年党的十八大以来，以习近平同志为核心的党中央，团结带领全党全国各族人民，举旗定向，谋篇布局，从理论和实践结合上深刻回答了新时代坚持和发展什么样的中国特色社会主义、怎样坚持和发展中国特色社会主义这个重大时代课题，创立习近平新时代中国特色社会主义思想，统揽伟大斗争、伟大工程、伟大事业、伟大梦想，统筹推进"五位一体"总体布局、协调推进"四个全面"战略布局，坚持完善和发展中国特色社会主义制度，推进国家治理体系和治理能力现代化，解决了许多长期想解决而没有解决的难题，办成了许多过去想办而没有办成的大事，推动党和国家事业取得历史性成就、发生历史性变革，推动中国特色社会主义进入新时代。

新时代中国共产党对全面建成小康社会、开启全面建设社会主义现代化国家新征程、实现中华民族伟大复兴中国梦进行了战略谋划。党的十九大将实现第二个百年奋斗目标分为两个阶段安排：第一个阶段，从2020年到2035年，基本实现社会主义现代化；第二个阶段，从2035年到21世纪中叶，把我国建成富强民主文明和谐美丽的社会主义现代化强国，实现中华民族伟大复兴的中国梦。

百年大党恰是风华正茂。从1921年到2023年，中国共产党走过了一百多年的历程，百年辉煌，感天动地！这是用鲜血、汗水、泪水、勇气、智慧、力量写就的百年；是筚路蓝缕、披荆斩棘、艰苦创业、砥砺前行、充满艰险、充满神奇的百年；是苦难中铸就辉煌、挫折后毅然奋起、探索中收获成功、失误后拨乱反正、转折中开创新局、奋斗后赢得未来的百年。从中我们深刻地领会到，争取民族独立、人民解放和实现国家富强、人民幸福，是中国共产党百年历史的主题和主线；"不懈奋斗史""理论探索史""自身建设史"，是中国共产党百年历史的主流和本质；把革命、建设、改革、复兴事业不断推向前进，是中国共产党百年历史的鲜明特征；逐步实现救国、兴国、富国、强国的奋斗目标，是中国共产党百年历史的庄严使命。中国共产党的"能"在百年辉煌的历程中诠释得淋漓尽致。

拓展链接：
中国共产党百年辉煌(来源：光明日报-光明网)

二、中国共产党"能"的制胜密码

当今世界，有一个让不少人困惑不解的东方之谜——中国共产党为什么能不断创造人间奇迹？其实，中国共产党为什么"能"并不深奥，谜底就在于有远大理想追求，有科学理论引领，有严明纪律规矩，有自我革命精神，有强大领导能力等多重维度的一系列密钥。正是依靠诸多优秀特质，中国共产党成为始终走在时代前列、人民衷心拥护、勇于自我革命、经得起各种风浪考验、朝气蓬勃的马克思主义执政党。

（一）理论密码——真理的味道是甜的

1920年早春的一天夜里，在浙江义乌分水塘村一间久未修葺的柴屋内，一个年轻人正埋首译书。母亲爱子心切，特意端来粽子和红糖。走到屋外，她还特意问道："红糖够不够，要不要再给你添些？"青年应声答道："够甜，够甜的了！"谁知，当母亲进来收拾碗筷时，却发现儿子的嘴里满是墨汁，红糖却一点儿也没动。原来，他竟是蘸着墨汁吃掉粽子的！

陈望道雕塑 吴为山设计创作（来源：光明网）

故事的主人公就是中共早期活动家、新文化运动先驱者、著名语言学家、教育家陈望道,他当时正致力于将《共产党宣言》通篇第一次译成中文。1920年8月,《共产党宣言》中文首译本面世。就在它印行300多天后,1921年7月23日,中国共产党第一次全国代表大会在上海召开。中国革命的面貌从此焕然一新。

历史事实证明,作为国内第一部汉译马克思主义经典著作,陈望道翻译的《共产党宣言》对于马克思主义在中国的传播起到了积极推动作用,为中国共产党的创立和党的早期理论建设奠定了思想基础。中国共产党人正是在马克思主义真理的滋养下,于华夏大地上孕育出甘甜的果实。

中国共产党从成立之日起,就把马克思主义作为指导思想。这是因为中国共产党人深刻认识到,"全盘西化"和"中学为体,西学为用"等主张都解决不了中国的问题。只有以马克思主义为指导,走社会主义道路,中国才有希望和出路。

"不可能成为可能",这就是马克思主义真理的力量。历史已经证明,除了信奉马克思主义的中国共产党,其他各种政治力量都无力领导中国人民实现救亡图存和民族独立、解放与复兴。在经历君主立宪制、议会制、总统制等的失败尝试后,中国最终选择了社会主义道路。这是历史的选择、人民的选择。从"国基未固,百制抢攘"转而建立社会主义制度,从"有被开除出球籍的危险"转而创造"当惊世界殊"的发展成就,近代以来"失去的二百年",在中国共产党和中国人民的团结奋斗中逐渐找了回来。

马克思主义深刻揭示了自然界、人类社会、人类思维发展的普遍规律,为人类社会发展进步指明了方向。马克思主义关于人类社会发展规律的思想,揭示了人类社会最终走向共产主义的必然趋势;关于生产力与生产关系的思想,揭示了生产力与生产关系、经济基础与上层建筑之间相互作用、相互制约的辩证关系;关于人民民主的思想、文化建设的思想、社会建设的思想、人与自然关系的思想,揭示了社会主义社会的建设规律;关于马克思主义政党建设的思想,揭示了马克思主义政党同其他政党的根本区别和马克思主义政党的执政规律。马克思主义对规律的揭示,恰如人类思想史上的壮丽日出,揭开了人类社会发展之谜,照亮了人类从必然王国向自由王国飞跃的路径。掌握了马克思主义的中国先进知识分子,创建了中国的马克思主义政党——中国共产党。自成立之日起,中国共产党就把马克思主义鲜明地写在自己的旗帜上,成为中国共产党始终坚持的"真理"。

拓展链接:
"真理的味道是甜的"(来源:CCTV-少儿)

（二）信仰密码——革命理想高于天

中国共产党自成立之日起就始终是一个有崇高理想和坚定信念的马克思主义政党。100 多年来，一代又一代中国共产党人高擎理想信念的旗帜，坚定执着、勇往直前，不惧艰难险阻、不惜流血牺牲，团结带领全国各族人民在中国这片广袤的土地上绘就了人类发展史上波澜壮阔的壮美画卷，谱写了震古烁今的红色史诗，迎来了中华民族伟大复兴无比光明的美好前景。让我们从下面四个小故事来寻找中国共产党人的信仰密码。

信仰的选择："将来的环球，必是赤旗的世界。"1927 年，在中国大地上率先举起马克思主义旗帜的李大钊，被反动军阀杀害。在临行刑前他慷慨激昂："不能因为反对派今天绞死了我，就绞死了伟大的共产主义，共产主义在中国必然得到光辉的胜利。"他高呼着"中国共产党万岁"英勇就义。

拓展链接：

"铁肩担道义，妙手著文章"120 秒回顾李大钊的一生（来源：CCTV -央视网）

中国共产党自成立之日起，就把共产主义确立为坚定信仰和远大理想，顽强而不屈，百折而不挠。李大钊是信仰坚定、对党忠诚的表率。他在确立了马克思主义信仰后就再也没有动摇过，真正做到"勇往奋进以赴之""断头流血以从之""殚精竭力以成之"。

信仰的坚守："敌人只能砍下我们的头颅，决不能动摇我们的信仰。"1935 年，方志敏在战斗中不幸被捕。被俘期间，面对反对派的劝降，方志敏坚如磐石，稳如青松，假借"写口供"，写下了《可爱的中国》《清贫》和《狱中纪实》等对党满怀赤诚的作品，后遭秘密杀害。在《可爱的中国》中，他写道："我能舍弃一切，但我不能舍弃我党，不能舍弃阶级、舍弃革命事业。我有一天生命，我就为它们工作一天！"

拓展链接：

人民英雄 方志敏（来源：CCTV-4）

共产党人始终对崇高的理想信念坚贞不渝、矢志不移，在困难和逆境时不消沉不动摇。在革命战争年代，无数英烈在生死考验面前赴汤蹈火，视死如归，为了在中国推翻黑暗的旧制度，为了实现民族独立和人民解放的崇高革命理想，为了推行和坚守共产主义的政治信仰而不懈奋斗。方志敏用他短暂而壮烈的一生，诠释了从接受共产主义信仰到走上革命道路的伟大历程。

信仰的传承："宁可少活二十年，拼命也要拿下大油田。"1960 年王进喜在万人誓师大会上喊出了振聋发聩的口号，"有条件要上，没有条件也要上"。他组织全队职工硬是用"人拉肩扛"的方法搬运和安装钻机，奋战三天三夜，终于把井架在草原上竖立起来。到大会战结束，中国终于结束了用"洋油"的时代，为工业发展提供了源源不竭的动力。

拓展链接：
闪亮的坐标 劳模王进喜（来源：CCTV-4）

新中国成立以来，作为执政党，中国共产党人把实现共产主义远大理想具体为阶段性奋斗目标，一棒接着一棒把革命事业接力，一棒接着一棒把伟大理想传递，为实现国家富强、民族振兴、人民幸福艰苦奋斗。伟大时代呼唤伟大精神，崇高事业需要榜样引领，脱胎于社会主义建设时期的"铁人精神"，已经成为中华民族精神的重要组成部分，是激励中华儿女拼搏奋进、担当作为、干事创业的强大精神动力。

信仰的定力："不改变兰考面貌，我绝不离开那里。"1962 年，意志坚定、一身韧劲的焦裕禄来到兰考，在他的带领下，兰考朝着治理"三害"和建设社会主义新兰考迈进。1964 年，积劳成疾的他倒在了他为之操心的兰考县，年仅 42 岁。

拓展链接：
120 秒珍贵画面缅怀焦裕禄（来源：CCTV-4）

在中国共产党"赶考"的执政过程中，一支信仰坚定、理想远大、紧紧依靠群众、与群众共患难的党员干部队伍的建设是交出优秀答卷的最具能动性的因素。在任上鞠躬尽瘁死而后已的焦裕禄就是中国共产党所培养和依靠的千千万万个优秀的共产党员之一。在追梦新时代、奋进新征程中，中华大地涌现出许许多多在平凡岗位上书写忠诚、用无悔的奉献诠释信仰的模范人物：60 余年甘于奉献的"全国优秀共产党员"张富清、"新时代最可爱的人"扫雷排爆英雄杜富国、倒在扶贫路上的"时代楷模"黄文秀等，都是为信仰而生、为信仰而战的共产党员。他们不忘起步时的理想，不忘党旗下的誓言，以"不畏浮云遮望眼"的视野，"乱云飞渡仍从容"的定力，"咬定青山不放松"的执著，"大海依旧在那儿"的信心，更加坚定地走向美好的未来。

总之，对马克思主义的信仰，对社会主义和共产主义的信念，是中国共产党的政治灵魂，是共产党员经受住任何考验的精神支柱。中国共产党栉风沐雨一路走来，每个时期都有不同的任务，颠扑不灭的是共产党人的信仰，超越艰苦的是共产党人的精神和信念，这是中国共产党为什么"能"的重要精神密码。

（三）根基密码——以人民为中心

人民是历史的创造者，是真正的英雄。人类历史上，没有一个民族、没有一个国家可以通过依赖外部力量、跟在他人后面亦步亦趋实现强大和振兴。党的二十大报告强调坚持以人民为中心的发展思想，明确这是前进道路上必须牢牢把握的五个重大原则之一。报告指出，中国式现代化是全体人民共同富裕的现代化，我们坚持把实现人民对美好生活的向往作为现代化建设的出发点和落脚点。这意味着我们要时刻牢记"人民"二字，要为民造福、执政为民，真正以人民为中心，时时处处、方方面面都要想着人民。

2016 年 10 月 21 日习近平总书记在纪念红军长征胜利 80 周年大会讲话中，提到了长征路上一个感人的故事："半条被子"。1934 年 11 月 6 日，3 名和大部队走散的女红军来到了一个叫沙洲的村子。时已入冬，大山里寒风凛冽，可姑娘们依然坚守纪律，天黑了也不进村民家门，下雪了就挤在屋檐下躲避。

村民徐解秀于心不忍，趁着夜色，偷偷让她们住进了自己家。可徐解秀家一贫如洗，厢房只有一张铺着稻草和烂棉絮的木架床，连一条完整的被子都没有。女红军们拿出自己唯一的一条棉被，和女主人挤在一张床上休息了一晚。

半条被子的故事（来源：央广网）

第二天，村民们发现徐解秀收留了红军，纷纷劝她别惹麻烦，快些赶走红军。三个姑娘见状并不气恼，反而拿出珍贵的药物给老乡治病，帮助难产的孕妇接生，宣传共产党的进步思想。几天时间，村民们被红军战士的实际行动所感动。

临行前姑娘们决定把这条唯一的被子留给徐解秀，徐解秀说什么也不肯要。她们在村口推来让去，争执不下。这时，一位女红军从背包中摸出一把剪刀，把这条被子剪成了两半，她拉着徐解秀的手说："大姐，你一半，我们一半，等革命胜利了，我们一定会来看你，到时候送你一条完整的新棉被。"徐解秀激动地接过这半条被子，喃喃着说道："我现在终于明白什么是共产党？共产党就是自己有一条被子，也要剪下半条给老百姓的人。"

拓展链接：
习近平总书记讲述"半条被子"的故事（来源：CNTV）

"半条被子"的故事启示我们：依靠人民、团结人民是中国共产党和红军取得长征胜利的根本保证，也是我们战胜一切困难和风险的根本保证。共产党人只有牢固树立人民利益至上的思想，时时、事事为人民着想，严守党的群众纪律，才能赢得人民群众的信任、支持和拥戴。正如习近平总书记指出的："淮海战役的胜利是靠老百姓用小车推出来的，渡江战役的胜利是靠老百姓用小船划出来的。任何时候我们都要不忘初心、牢记使命，都不能忘了人民这个根，永远做忠诚的人民服务员。"①

中国共产党始终坚持人民立场，以人民为中心，把人民放在心中最高位置，能够始终赢得人民的拥护和支持，经受住各种风险挑战的考验，带领人民走向胜利的彼岸。以人民为中心是中国共产党为什么"能"的核心密码。

（四）精神密码——坚持守正创新

我们坚持守正创新，是对中华民族这一优良传统的坚守和弘扬。党的二十大报告提出"六个必须坚持"，其中第三条就是"坚持守正创新"。坚持守正创新是我们党坚持和发展马克思主义，不断推进理论创新、进行理论创造的必然要求，是新时代推进中国特色社会主义理论和实践发展的必然选择。

守正与创新辩证统一、不可分割，做到守正基础上的创新，方能以创新更好守正。从世界社会主义的历史看，坚持守正创新，是马克思主义丰富和发展的关键，关系马克思主义科学理论的生命力、影响力，关系世界社会主义事业兴衰。离开守正，背叛马克思主义，必然使社会主义遭受挫折和失败；离开创新，使马克思主义教条化、僵化，必然使社会主义停滞，缺乏生机活力，丧失优越性。

---

① 习近平. 论中国共产党历史［M］. 北京：中央文献出版社，2021：13.

中华民族拥有五千多年的文明历史，中华文明博大精深，为当代中国守正创新提供了坚实的基础。党的十八大以来，习近平总书记高度重视对中华优秀传统文化的传承、保护和坚守，并把守正创新与中华民族的优秀传统结合起来，一方面，守正创新是中华民族的优良传统。"周虽旧邦，其命维新"，守正创新反映出中华民族弘扬正道、坚守正义、弘扬正气的优良传统。另一方面，弘扬优良传统，推动守正创新。习近平总书记指出，要把握时代大势，发扬优良传统，坚持守正创新；要遵循中医药发展规律，传承精华，守正创新；要落实立德树人根本任务，引导广大师生坚定文化自信，弘扬优良传统，坚持守正创新。强调弘扬优良传统，就是要继承和坚守中华民族五千年历史长河中优秀的文明成果，良好的制度机制体系和管用的治国理政经验，推动守正创新。

拓展链接：
中国国家话剧院创建 80 周年 守正创新 重塑国家舞台气象 用情用力讲好中国故事（来源：CCTV-3）

当今世界正处于百年未有之大变局，当代中国正在经历人类历史上最为宏大而独特的实践创新。面对快速变化的世界和中国，我们党全面审视国际国内新的形势，以巨大的理论创新勇气，科学回答了时代和实践提出的重大问题。推进中国式现代化，立足新发展阶段、贯彻新发展理念、构建新发展格局，推动高质量发展，发展全过程人民民主，构建人类命运共同体……一系列原创性新理念新思想新战略，都是党从当代中国和当今世界发展变化出发，经过审时度势、科学判断、深入思考提出来的，指引各领域各方面工作改革创新、展现新貌，指引我们顺应时代发展推进事业前进。

（五）动力密码——勇于自我革命

抗日战争胜利前夕，民主人士黄炎培与毛泽东同志围绕破解政权建设"其兴也勃焉，其亡也忽焉"的历史性课题，进行了一场著名的"窑洞对"，黄炎培感慨，一部历史，"政怠宦成"的也有，"人亡政息"的也有，"求荣取辱"的也有。总之没有能跳出这周期率，进而发出"找出一条新路，来跳出这周期率的支配"的历史之问。毛泽东同志回答指出，我们已经找到新路，我们能跳出这周期率。这条新路，就是民主。只有让人民来监督政府，政府才不敢松懈。只有人人起来负责，才不会人亡政息。中国共产党人给出了党跳出治乱兴衰历史周期率的"第一个答案"。

拓展链接：
1945 年"窑洞对"（来源：北京卫视）

习近平总书记在党的二十大报告中指出，经过不懈努力，党找到了自我革命这一跳出治乱兴衰历史周期率的第二个答案，确保党永远不变质、不变色、不变味。中国共产党人找到了党跳出治乱兴衰历史周期率的"第二个答案"。

勇于自我革命、自我净化是中国共产党区别于世界上其他政党的显著标志和独特政治优势，也是中国共产党永远充满生机与活力的青春密码。特别是党的十八大以来，以习近平同志为核心的党中央深刻认识党内存在的问题，强调"打铁必须自身硬"，以踏石留印、抓铁有痕的劲头抓作风，以"老虎""苍蝇"一起打的决心反腐败。全面从严治党的实践证明，中国共产党已经走出成功治党新路。中国共产党有能力战胜对手，也有能力解决自身存在的问题。

新时代新征程上，在以习近平同志为核心的党中央坚强领导下，我们党必将坚持不懈推进自我革命、牢牢把握历史主动，不断增强创造力、凝聚力、战斗力，始终同人民想在一起、干在一起，坚持以伟大自我革命引领伟大社会革命、以伟大社会革命促进伟大自我革命，始终成为实现中华民族伟大复兴的中流砥柱，赢得更加伟大的胜利和荣光。

拓展链接：
自我革命（来源：CCTV-1）

第三节　坚定"好"的共同理想——中国特色社会主义

1949 年 3 月 23 日，党中央从西柏坡启程前往北平时，毛泽东对周恩来说：今天是"进京赶考"的日子，不知道能不能及格。周恩来说：我们应当都能及格，不要退回来。毛泽东凝望着车队将要开往的方向，坚定地说：退回来就失败了。我们决不当李自成，我们都希望考个好成绩。这就是著名的"赶考论"的故事。

拓展链接：
72 年前，中共中央进京"赶考"！（来源：人民网）

70 多年后重温这段对话，我们可以自豪地说，中国共产党为这场考试交出了令人民满意的答卷。中国共产党以深沉的人民情怀、宽阔的历史视野和巨大的创新勇气开创了中国特色社会主义道路。中国特色社会主义以其生动实践和伟大成就，以其独特魅力和巨大优越性，完美地回答了中国特色社会主义为什么"好"这个重大问题。

一、中国特色社会主义从何而来

(一)40 多年：改革开放的伟大实践

2023 年 3 月 13 日，十四届全国人大一次会议闭幕后的中外记者会上，国务院总理李强在回答记者关于"新一届政府的施政目标是什么？有哪些工作重点？"这一问题时，提到新一届政府要坚定不移深化改革开放。他说，改革开放是决定当代中国命运的关键一招。

拓展链接：
改革开放 40 年：中国经济"逆袭史"（来源：央视网）

1978 年 5 月 10 日，中央党校内部刊物《理论动态》发表了《实践是检验真理的唯一标准》一文，5 月 11 日，《光明日报》以特约评论员名义公开发表了这篇文章。随后，新华社向全国转发，两天之内全国 35 家省、市以上的大报约有 25 家转载了这篇文章，其他一些省报也陆续转载。关于真理标准问题的讨论，掀起了一场空前的思想解放运动，开启了思想解放的先河。正是有了这样的思想基础和政治基础，1978 年 12 月召开的党的十一届三中全会，实现了新中国成立以来我们党的历史上具有深远意义的伟大转折。会议彻底否定了"两个凡是"，果断停止使用"以阶级斗争为纲"口号，全面纠正包括"文革"在内的"左"倾错误，重新树立了实事求是的思想路线，开启了改革开放和社会主义现代化的伟大征程。

解放思想和改革开放相互激荡、观念创新和实践探索相互促进，一条崭新道路越走越明朗，一个"划时代的体系"应运而生——

党的十三大阐述了社会主义初级阶段理论，提出了党在社会主义初级阶段的基本路线；

党的十四大明确了建立和完善社会主义市场经济体制的改革目标；

党的十五大把邓小平理论确立为党的指导思想；

党的十六大把"三个代表"重要思想确立为党的指导思想，提出全面建设小康社会的奋斗目标；

党的十七大对改革开放的伟大历史进程和宝贵经验进行了科学总结，把改革开放以来党的理论创新成果统一概括为中国特色社会主义理论体系；

党的十八大把科学发展观确立为党的指导思想，确定了全面建成小康社会和全面深化改革开放的目标；

党的十九大把习近平新时代中国特色社会主义思想确立为党必须长期坚持的指

导思想，实现了党的指导思想又一次与时俱进；

党的二十大系统阐述了习近平新时代中国特色社会主义思想的世界观和方法论，深刻揭示了这一科学思想的理论品格和鲜明特质，概括了"六个坚持"，科学谋划了未来一个时期党和国家事业发展的目标任务和大政方针，擘画了以中国式现代化全面推进中华民族伟大复兴的宏伟蓝图。

一个个思想坐标，见证了中国特色社会主义道路的开辟和中国特色社会主义理论体系的形成，诠释了只有改革开放才能发展中国、发展社会主义、发展马克思主义。

(二)70多年：新中国的持续探索

新中国成立以来，中国共产党坚持把马克思主义基本原理同中国具体实际和时代特征相结合，历经千辛万苦，付出各种代价，在实践中奋力探索开辟出中国特色社会主义道路。

社会主义改造基本完成之后，为了探寻一条适合中国国情的社会主义建设道路，以毛泽东同志为主要代表的中国共产党人进行了艰辛探索。在总结国内外社会主义建设经验及教训的基础上，毛泽东提出了"以苏为鉴，走自己的路"，通过马克思主义与中国实际的"第二次结合"，试图走一条更符合中国实际的社会主义建设道路。以毛泽东同志发表的《论十大关系》《关于正确处理人民内部矛盾的问题》为主要标志，党对在经济文化比较落后的东方大国怎样建设社会主义有了自己的新的认识，初步积累了社会主义建设的经验。

改革开放后，中国共产党围绕建设和发展中国特色社会主义进行了全方位的探索。邓小平同志第一次比较系统地初步回答了在中国这样的经济文化比较落后的国家如何建设社会主义、如何巩固和发展社会主义的一系列基本问题，以邓小平同志为主要代表的中国共产党人围绕这一道路不断探索，提出了改革开放论、商品经济论、社会主义本质论、社会主义初级阶段论、"一国两制"等理论，构成了中国特色社会主义道路的基本内涵。

党的十三届四中全会以后，以江泽民同志为主要代表的中国共产党人，沉着应对国内外复杂形势和严峻考验，依据新的实践确立党的基本纲领、基本经验，提出了社会主义市场经济体制的改革目标和框架，确立了社会主义初级阶段的基本经济制度和分配制度，推进党的建设新的伟大工程，开创全面改革新局面，成功把中国特色社会主义推向21世纪。

党的十六大以后，以胡锦涛同志为主要代表的中国共产党人，协调推进政治、经济、文化等各方面建设，强调坚持以人为本，全面协调可持续发展，系统回答了"实现什么样的发展，怎样发展"这一重大问题，对中国特色社会主义道路进行了完整的表述，深化了党对中国特色社会主义道路的认识，在新的历史起点上坚持和发展了中国特色社会主义。

　　党的十八大以来，以习近平同志为核心的党中央，准确把握中国特色社会主义新方位、新变化、新要求，面对百年未有之大变局，顺应时代发展，从理论和实践结合上系统回答了新时代坚持和发展什么样的中国特色社会主义、怎样坚持和发展中国特色社会主义这个重大时代课题，推进中国特色社会主义事业的总体布局和战略布局，确立新时代坚持和发展中国特色社会主义的基本方略，统揽伟大斗争、伟大工程、伟大事业、伟大梦想，推动党和国家事业发生历史性变革、取得历史性成就，使中国特色社会主义进入了新时代。

　　在新中国成立70年的持续探索中，特别是在改革开放40多年的伟大实践中，我们开创和发展了中国特色社会主义，并不断拓宽中国特色社会主义道路，从根本上改变了中国人民和中华民族的前途命运。我国经济实力、科技实力、综合国力大幅跃升、国际竞争力空前提高、国际地位日益上升。

（三）100多年：中国共产党的历史实践

　　自1921年中国共产党成立至今，百年历史令人难以忘却，神州大地上经历的事情、发生的变化、创造的奇迹，不仅令中国人民倍感自豪，也让世界对中国刮目相看。党的十九届六中全会提出，中国共产党团结带领中国人民不懈奋斗"已经走过一百年光辉历程。党和人民百年奋斗，书写了中华民族几千年历史上最恢宏的史诗"。中国共产党领导人民取得了多方面的伟大成就，其中根本的成就是开创和发展了中国特色社会主义。

拓展链接：
中国共产党百年述职报告(来源：人民日报)

　　新中国成立后，以毛泽东同志为核心的党的第一代中央领导集体带领全党全国各族人民对适合中国特点的社会主义建设道路进行了艰辛探索，取得了重要成就。其间虽然经历了严重曲折，但为新的历史时期开创中国特色社会主义提供了宝贵经验、理论准备、物质基础。改革开放以来，中国共产党带领全国各族人民立足中国实际，在深刻总结国内外社会主义建设历史经验的基础上，一以贯之地接力探索，成功开辟出一条既坚持社会主义基本原则，又符合中国实际的发展道路。

　　党的十八大以来，以习近平同志为核心的党中央，以伟大的历史主动精神、巨大的政治勇气、强烈的责任担当，统筹国内国际两个大局，贯彻党的基本理论、基本路线、基本方略，统揽伟大斗争、伟大工程、伟大事业、伟大梦想，坚持稳中求进工作总基调，出台一系列重大方针政策，推出一系列重大举措，推进一系列重大工作，战胜一系列重大风险挑战，解决了许多长期想解决而没有解决的难题，办成了许多过去想办而没有办成的大事,推动党和国家事业取得历史性成就、发生历史性变革。

(四)180 多年:近代以来中华民族的历史进程

在浩浩荡荡的历史洪流中,清王朝的美梦很快就被戳破了。长期以来自给自足的小农经济、几千年沿袭下来的封建专制制度,明显落后于时代发展潮流,不适应工业化大生产,在"洋枪洋炮"面前败下阵来。1840 年以后,西方列强屡次发动侵华战争,由于那时制度的腐朽落后,注定了中华民族"四万万人齐下泪,天涯何处是神州"的历史命运。为挽民族于危亡、扶大厦之将倾,先进的中国人提出"师夷长技以制夷",但北洋水师的甲午惨败深深惊醒了国人,中国之败表面上是技不如人,根子上是制不如人。自此,中国走上了制度变革探索之路,先后尝试过种种方案,但都一一碰壁,以失败而告终。

俄国十月革命的胜利,使社会主义从科学理论成为制度现实,让黑暗中彷徨无计的中国人找到了一种新的制度选择。但要在中国建立这样的先进制度,必须有一个先进的政治力量来领导。这个使命历史地落在了中国共产党身上。从上海的石库门、南湖的红船、井冈山的星火、遵义的抉择、长征的艰难曲折、延河的潺潺流水,到天安门的华灯闪烁,中国共产党领导人民经过 28 年浴血奋战,完成了新民主主义革命的历史任务,建立了中华人民共和国,为建立社会主义制度创造了历史前提。

新中国成立后的社会主义革命,实现了中国历史上最深刻的社会变革。虽然在之后的社会主义建设探索中出现了曲折,但我们成功建立了独立且比较完整的工业体系和国民经济体系,为社会主义制度奠定了牢固的物质技术基础和经济支撑,为社会主义建设积累了宝贵经验。党的十一届三中全会开启了改革开放的伟大历史进程,特别是党的十八大以来,以习近平同志为核心的党中央团结带领全党全国各族人民,毫不动摇坚持和发展中国特色社会主义,创立了习近平新时代中国特色社会主义思想,以党和国家事业的历史性成就、历史性变革推动中国特色社会主义进入新时代。

(五)500 多年:世界社会主义的发展历程

在欧洲思想上,乌托邦思想源远流长。1516 年英国人托马斯·莫尔出版《乌托邦》一书,开启了人类探索社会主义、矢志追求美好社会制度的历史进程。19 世纪出现了三大空想社会主义的圣西门、傅里叶和欧文。从"乌托邦新岛"到"新和谐公社",空想社会主义者以崇高的理想主义精神,对人类社会的发展道路进行了艰苦探索,谱写了一曲曲动人心魄的空想悲歌。

1848 年 2 月,《共产党宣言》的发表,标志着科学社会主义诞生。科学社会主义从此从空想变为科学,开辟了国际工人运动和社会主义运动的新局面,成为世界无产阶级的锐利思想武器。马克思、恩格斯创立唯物史论和剩余价值学说,运用全新的世界观和方法论，阐述了科学社会主义的理想基础、基本原理和实现条件，为社会主义的发展驱散了空想的迷雾，奠定了坚如磐石的现实基础。俄国十月革命的成功，标志着科学社会主义从此从理论走向实践。

"二战"后的欧洲出现了一大批社会主义国家，形成了与资本主义世界分庭抗礼的社会主义阵营。但是受制于苏联模式，未能将马克思主义普遍真理与本国实践结合，使得经济长期停滞、人民生活水平不能提高，最终成为"东欧剧变"的重要内因。世界社会主义遭遇"山重水复疑无路"。但在中国，中国特色社会主义"柳暗花明又一村"。

新中国成立后，中华民族的最大历史任务是建设中国、发展中国。我们党领导人民建立起社会主义基本制度，建立了独立的比较完整的工业体系和国民经济体系。但由于指导思想上"左"的错误，党在探索社会主义历程中曾遭受严重挫折。十一届三中全会以后，我们党作出把党和国家工作重心转移到经济建设上来、实行改革开放的历史性决策，开辟了中国特色社会主义道路。经过 40 年的努力，我国经济持续快速发展，社会事业全面进步，综合国力大幅跃升，人民生活水平显著提高，实现社会主义现代化和中华民族伟大复兴的前景在望。

纵观历史，我们党在推进革命、建设、改革进程中，是怎样经过反复比较和总结，历史地选择马克思主义、选择社会主义道路的；是怎样把马克思主义基本原理同中国实际和时代特征结合起来，独立自主走自己的路的；是怎样历经千辛万苦、付出各种代价，开创和发展中国特色社会主义的。经过长期努力，进入新时代的中国特色社会主义，使近代以来久经磨难的中华民族迎来了从站起来、富起来到强起来的伟大飞跃，迎来了实现中华民族伟大复兴的光明前景；使科学社会主义在 21 世纪的中国焕发出强大生机活力，正成为 21 世纪科学社会主义发展的旗帜，成为振兴世界社会主义的中流砥柱。

(六)5000 多年：中华文明的传承

"知所从来，思所将往。"任何一个国家的制度构建，都离不开这个国家的历史传承和文化土壤。习近平总书记在 2014 年 4 月 1 日布鲁日欧洲学院演讲指出：观察和认识中国，历史和现实都要看。中华文明是人类历史上唯一一个绵延 5000 多年至今未曾中断的文明，积淀着中华民族最深层的精神追求，代表着中华民族独特的精神标识，为中华民族生生不息、发展壮大提供丰厚滋养。

中华民族蕴含丰富哲学智慧、人文精神、传统美德。中华优秀传统文化蕴含着丰富哲学智慧、人文精神、教化思想、道德理念。走向历史的深处，今天的很多制度都可以找到渊源。比如，"六合同风、九州共贯"的一统观念，"民惟邦本、本固邦宁"的民本思想，"德主刑辅、明德慎罚"的礼教制度，"代天巡狩、整肃纲纪"的巡察体系……在绵延不绝的中华历史中，古人以其智慧创造的取之不尽、用之不竭的政治资源，为坚持和发展中国特色社会主义提供了重要镜鉴。

习近平总书记在庆祝中国共产党成立 100 周年大会上的重要讲话中指出，坚持把马克思主义基本原理同中国具体实际相结合、同中华优秀传统文化相结合，坚持和发展中国特色社会主义，创造了中国式现代化新道路，创造了人类文明新形态；在党史学习教育动员大会上的重要讲话中，着重要求树立大历史观；等等。这些都是在讲我们要从中华文明的高度、广度、深度上，来深刻认识中国特色社会主义这条道路的深厚历史底蕴和文化根基。

二、中国特色社会主义"好"在哪里

(一)中国特色社会主义好在"主义真"

主义，就是马克思主义，就是科学社会主义。1848 年，马克思与恩格斯发表《共产党宣言》，开辟了实现未来理想社会的科学道路，标志着科学社会主义的诞生。500 多年来，社会主义经历了波澜壮阔的发展历程。20 世纪 80 年代末 90 年代初，世界社会主义一度遭遇曲折，但社会主义代替资本主义的总趋势并未改变。科学社会主义代表人类社会发展进步潮流，照亮了人类探索历史规律和寻求自身解放的道路。

不同时期不同版本的《共产党宣言》(来源：共产党员网)

　　理论是实践的先导。科学社会主义理论不断发展，引领和推动社会主义伟大事业不断前进。社会主义中国之所以能够在建设和改革中筚路蓝缕、披荆斩棘，从胜利走向新的胜利，最根本的就在于有马克思列宁主义、毛泽东思想、邓小平理论、"三个代表"重要思想、科学发展观、习近平新时代中国特色社会主义思想的正确指引。党的十八大以来，以习近平同志为主要代表的中国共产党人，坚持把马克思主义基本原理同中国具体实际相结合、同中华优秀传统文化相结合，深刻总结并充分运用党成立以来的历史经验，从新的实际出发，创立了习近平新时代中国特色社会主义思想。这一思想深刻回答了新时代坚持和发展什么样的中国特色社会主义、怎样坚持和发展中国特色社会主义，建设什么样的社会主义现代化强国、怎样建设社会主义现代化强国，建设什么样的长期执政的马克思主义政党、怎样建设长期执政的马克思主义政党等重大时代课题，为马克思主义在当今时代的大发展作出了开创性、全面性、历史性贡献。

　　习近平新时代中国特色社会主义思想科学指引下，极大地丰富了科学社会主义理论和实践的内涵，彰显了科学社会主义的科学性和真理性，让科学社会主义在中国焕发出勃勃生机，使世界范围内社会主义和资本主义两种意识形态、两种社会制度的历史演进及其较量发生了有利于社会主义的重大转变。

(二)中国特色社会主义好在"道路新"

　　道路，就是中国特色社会主义道路。这是一条在历史洪流中扭转民族命运、书写人间奇迹的奋斗之路。这是一条把人民放在最高位置，得民心、顺民意、惠民利的初心之路。这是一条在经济文化落后国家探索建设现代化的创造之路。这是一条始终保持革命精神、以党的自我革命引领伟大社会革命的锻造之路。

　　在这条道路上，马克思主义给中国带来"柳暗花明"，中国共产党开展了以马克思主义之"矢"射中国之"的"的伟大实践。推翻"三座大山"，建立了新中国，改变一穷二白的落后面貌，开启了改革开放的伟大航程，完善总体布局、确立战略布局，中华民族迎来了从站起来到富起来、强起来的伟大飞跃。

　　在这条道路上，中国共产党立下这样的誓言："人民就是江山，共产党打江山、守江山，守的是人民的心，为的是让人民过上好日子。"一代代共产党人为了人民的利益和福祉，把青春和生命、鲜血和汗水，倾注在这片可爱的土地。"小康路上一个都不能少！"

　　在这条道路上，中国共产党根除了帝国主义和封建主义的祸根，实现了经济基础和上层建筑的彻底改造，为中国现代化提供了根本前提。从"四个现代化"目标到"三步走"战略，从建设小康社会到建设现代化强国……我们的党领导人民探索开辟了物质文明和精神文明相协调、全体人民共同富裕、人与自然和谐共生、走和平发展道路的中国式现代化，为人类社会发展提供了现代化的全新选择。

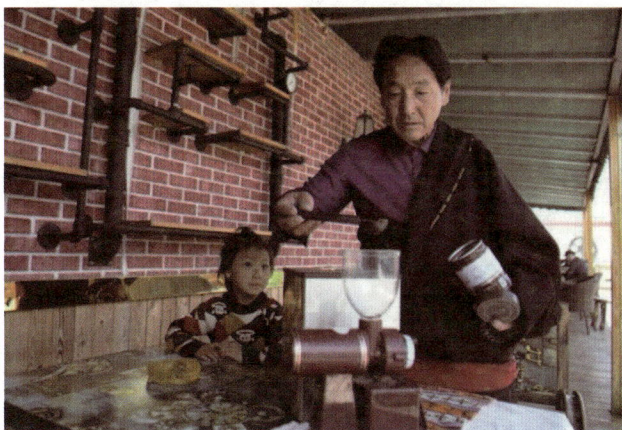

全面建成小康社会，一个不能少；共同富裕路上，一个不能掉队。在甘肃省甘南藏族自治州碌曲县尕海镇尕秀村，村民格日扎西（右）在自己的牧家乐里用新买的咖啡机制作咖啡（2020 年 6 月 20 日）。新华社记者 陈斌 摄

在这条道路上，中国共产党坚持不懈推进党的自我革命，坚定不移推进全面从严治党，以伟大自我革命引领伟大社会革命，以伟大社会革命促进伟大自我革命，把人民对中国共产党的"考试"考好，把中国共产党正在经受和将要经受各种考验的"考试"考好，在新的赶考之路上创造令人刮目相看的新的奇迹。

中国用铁一般的事实宣告：历史没有终结也不会终结，社会主义生机蓬勃、前途无限！中国特色社会主义道路不但走得对、走得通，而且必将通往更加光明的未来！

（三）中国特色社会主义好在"制度优"

制度，就是中国特色社会主义制度。"大智治制"，周礼、周制保持了周王朝800 年的"国祚绵长"，商鞅变法从制度上奠定了秦国一统六合的根基，英法等国资产阶级革命革除旧的封建制度，为资本主义发展扫清了障碍……制度对一个民族、一个国家具有根本性、基础性意义。中国共产党在立制创制的过程中，把社会主义原则和中国国情、历史文化传统有机结合起来，探索形成了一整套逐步成熟定型的制度体系，不断推进国家治理体系和治理能力现代化，以"中国之治"确保我们在复兴之路上走得稳、走得宽、走得远。

这是以科学理论为指引的好制度。社会主义中国之所以能够在建设和改革中筚路蓝缕、披荆斩棘，从胜利走向新的胜利，最根本的就在于有马克思列宁主义、毛泽东思想、邓小平理论、"三个代表"重要思想、科学发展观、习近平新时代中国

特色社会主义思想的正确指引。

这是有党的坚强领导的好制度。党的领导是中国特色社会主义最本质的特征。从社会主义国家的发展史来看，凡是坚持和加强党的领导，社会主义就能够江山稳固；凡是削弱和放弃党的领导，社会主义就会改旗易帜。

这是以人民为中心的好制度。在我国制度体系中，人民代表大会制度、民族区域自治制度、基层群众自治制度等，无不鲜明地体现人民至上的崇高理念。这同资本主义国家名义上"民有民治民享"、实质上"以金钱资本为中心"存在根本上的不同。

这是集中力量办大事的好制度。扶贫脱贫几十年如一日、挖通一个隧道历时十几年、南水北调跨越半个中国……这些需要调动的资源和力量之巨是无法想象的，其他国家很难做到。特别是在抗击新冠疫情中，我们坚持全国一盘棋，统一指挥、统一行动，举全国之力，集优质资源，为战胜疫情形成了强大合力。

(四)中国特色社会主义好在"贡献大"

贡献，就是不断为人类作出新的更大的贡献。中国共产党关注人类前途命运，始终同世界上一切进步力量携手前进，把为人类作出新的更大贡献作为自己的使命担当。

2022 年 2 月 20 日晚，北京第二十四届冬季奥林匹克运动会闭幕式在国家体育场举行。这是焰火在"鸟巢"上空显示出中文"天下一家"和英文"ONE FAMILY"字样。新华社记者 宋彦桦 摄

　　中国共产党成功探索出中国特色社会主义道路，团结带领中国人民取得经济社会发展的巨大成就，给世界上那些既希望加快发展又希望保持自身独立性的国家和民族探索属于自己的发展道路，从而推动本国发展，提供了中国智慧、中国方案。在以习近平同志为核心的党中央坚强领导下，中国打赢脱贫攻坚战，全面建成小康社会，2021年经济总量达到114万亿元。十几年来，中国经济对世界经济增长的贡献率年均在30%以上，成为世界经济增长的稳定器和动力源。中国减贫人口占同期全球减贫人口70%以上，中国脱贫攻坚的成就大大加快了全球减贫进程。中国坚定不移推进新一轮高水平对外开放，以自身发展为世界提供机遇，加强南南合作，支持和帮助广大发展中国家特别是最不发达国家消除贫困，推动经济全球化朝着更加开放、包容、普惠、平衡、共赢的方向发展，为促进全球共同发展注入强大动力。中国坚持在和平共处五项原则基础上同各国发展友好合作，推动构建新型国际关系，深化拓展平等、开放、合作的全球伙伴关系，致力于扩大同各国利益的汇合点，推动构建人类命运共同体，扎实推进"一带一路"建设，为世界和平发展作出巨大贡献。

　　中国特色社会主义不仅为中国的发展擘画了宏伟蓝图，也为世界和平与发展、人类文明进步提供了新动力。

三、中国特色社会主义为什么"好"

（一）坚持以人民为中心，造福最广大人民群众

　　"必须坚持人民至上""坚持以人民为中心的发展思想""江山就是人民，人民就是江山"……在党的二十大报告中，"人民"一词出现170多次。习近平主席在十四届全国人大一次会议上发表重要讲话，深刻指出，"全面建成社会主义现代化强国，人民是决定性力量"，强调在强国建设、民族复兴的新征程"我们要始终坚持人民至上"。[1]

　　判断一种制度优劣，还要看其为谁服务、为谁谋利。中国共产党人的初心和使命，就是为中国人民谋幸福，为中华民族谋复兴。我们党带领人民走社会主义道路、坚持和发展中国特色社会主义，就是为了实现中国共产党人的初心和使命，造福最广大人民群众，最终实现中华民族伟大复兴。

　　中国特色社会主义好在其以人民为中心，创造性地满足人民对美好生活的需要，造福人民群众，这是所有中国人民感受最深、最真切的好处，也是国际社会的人们羡慕和认可的好处。中国特色社会主义始终坚持在发展中保障和改善民生，全

---

① 习近平. 在第十四届全国人民代表大会第一次会议上的讲话[M]. 北京：人民出版社，2023：3.

面推进幼有所育、学有所教、劳有所得、病有所医、老有所养、住有所居、弱有所扶，把人民群众放在第一位，不断改善人民生活，增进人民福祉。

新时代这十年，在以习近平同志为核心的党中央的坚强领导下，我们党始终锚定"人民对美好生活的向往就是我们的奋斗目标"，牢记"江山就是人民，人民就是江山"，秉持"让人民生活幸福是'国之大者'"，坚持"把为民办事、为民造福作为最重要的政绩"，书写下国家富强、民族振兴、人民幸福的壮美华章，赢得了人民群众的真心拥护、高度信赖和大力支持。

(二)符合中国国情，开辟民族复兴正确道路

这一幕令人记忆犹新：在庆祝中国共产党成立 100 周年大会开始前，全场高唱昂扬奋进的经典歌曲——《我们走在大路上》："我们的道路多么宽广，我们的前程无比辉煌，我们献身这壮丽的事业，无限幸福无上荣光。"气势雄浑的大合唱，唱出的是中华儿女的壮志豪情，是"走自己的路"的坚定豪迈。

道路问题直接关系党和人民事业兴衰成败。2022 年 10 月 17 日，习近平总书记在参加党的二十大广西代表团讨论时强调："实践证明，党的十八大以来党中央的大政方针和工作部署是完全正确的，中国特色社会主义道路是符合中国实际、反映中国人民意愿、适应时代发展要求的，不仅走得对、走得通，而且走得稳、走得好。"①我们党在百年奋斗中始终坚持从我国国情出发，探索并形成符合中国实际的正确道路。中国特色社会主义道路是被实践证明符合中国国情的正确道路，是创造人民美好生活、实现中华民族伟大复兴的康庄大道。

只有回看走过的路、比较别人的路、远眺前行的路，弄清楚我们从哪里来、往哪里去，很多问题才能看得深、把得准。近代以后，创造了灿烂文明的中华民族遭遇到文明难以赓续的深重危机，呈现在世界面前的是一派衰败凋零的景象。1933年，《申报月刊》曾如此眺望未来："总有一个时候，中国的工人乘着汽车，农人会乘着农耕机器车，而且能取其所需，人必尽其所能。"然而，在半殖民地半封建社会的条件下，实现这样的目标，谈何容易？民族复兴，路在何方？

从浴血奋斗中闯出一条革命之路，从自力更生中铺就一条建设探索之路，从敢闯敢试中开启一条改革开放之路，在砥砺奋进中擘画一条强国富民之路……百年来，党领导人民不懈奋斗、不断进取，成功开辟了实现中华民族伟大复兴的正确道路，开创和发展了中国特色社会主义，创造了彪炳史册的伟大成就，从根本上改变了中国人民和中华民族的前途命运。从四分五裂、一盘散沙到高度统一、民族团结，从积贫积弱、一穷二白到全面小康、繁荣富强，从被动挨打、饱受欺凌到独立

---

① 坚持中国特色社会主义道路——前进道路上必须牢牢把握的重大原则[N]. 人民日报，2022-10-27.

自主、坚定自信，今天，中华民族向世界展现的是一派欣欣向荣的气象，巍然屹立于世界东方。党的百年奋斗历史无可辩驳地证明：中国特色社会主义道路是创造人民美好生活、实现中华民族伟大复兴的康庄大道。

（三）推进中国式现代化，贡献了中国智慧、中国方案

现代化作为人类文明发展与进步的显著标志，是近代以来中国人民孜孜以求的奋斗目标。中国共产党带领中国人民走出了一条中国式现代化新道路，创造了并将继续创造人类发展史上的奇迹。这一奇迹，不仅是中国的，也是世界的，将给世界带来多方面积极而深远的影响。

2013年秋，习近平总书记提出共建"一带一路"重大倡议。当"人类怎么办"的困惑出现，"中国方案"凝聚共识。2013—2022年，中国与"一带一路"沿线国家货物贸易额从1.04万亿美元扩大到2.07万亿美元，年均增长8%。10年来，"一带一路"已经成为广受欢迎的国际公共产品，为促进世界共同发展注入澎湃动力。

2017年1月18日，联合国日内瓦总部万国宫大会厅，习近平主席题为《共同构建人类命运共同体》的演讲，47分钟赢得30多次热烈掌声，关键处几乎一句一次掌声。当"世界怎么了"的疑问萦绕，"中国智慧"拨云破雾。如今，"人类命运共同体"已经写入联合国决议、安理会决议、联合国人权理事会决议。

行胜于言。中国发起成立了亚洲基础设施投资银行、金砖国家新开发银行、丝路基金、南南合作援助基金、国际发展知识中心等，丰富了全球治理的体制机制。此外，中国还利用主办北京APEC会议、G20杭州峰会、"一带一路"国际合作高峰论坛、金砖国家领导人厦门会晤等主场外交的机会，积极推动上述全球治理方案机制化。正如党的二十大报告所指出的，中国式现代化为人类实现现代化提供了新的选择，中国共产党和中国人民为解决人类面临的共同问题提供更多更好的中国智慧、中国方案、中国力量，为人类和平与发展崇高事业作出新的更大的贡献！

习近平总书记指出："中国式现代化，是我们为如何唤醒'睡狮'、实现民族复兴这个重大历史课题所给出的答案，是选择自己的道路、做自己的事情。"①一个不断走向现代化的中国，必将为世界提供更多机遇，为国际合作注入更强动力，为全人类进步作出更大贡献！

（四）符合科学社会主义基本原则，焕发科学社会主义生机活力

马克思、恩格斯曾对未来社会主义社会的发展过程、发展方向、一般特征作过科学预测和设想。比如：在生产资料公有制基础上组织生产，满足全体社会成员的

---

① 中共中央宣传部. 习近平新时代中国特色社会主义思想学习纲要[M]. 北京：学习出版社、人民出版社，2023：52.

需要是社会主义生产的根本目的，对社会生产进行有计划的指导和调节，实行等量劳动领取等量产品的按劳分配原则，合乎自然规律地改造和利用自然……这些构成了科学社会主义基本原则。

中国特色社会主义，自觉而坚定以科学社会主义基本原则为理论和实践的指导思想。比如，在政治制度上，实行共产党领导下的人民当家做主的制度；在经济制度上，实现以公有制为主体，多种所有制经济共同发展的制度；在文化上，实行马克思主义指导的先进文化制度；在生态文明制度上，实施两山理念，保持人与自然之间动态的平衡。同时，解放和发展生产力是中国特色社会主义本质属性，也是根本任务，通过发展生产力，逐步消除两极分化，实现全体人民的共同富裕，实现社会进步和人的全面发展，中国共产党把科学社会主义基本原则运用于中国具体实际，领导人民以创造性实践推动经济和社会生活各个领域实现深刻变革。百年大江奔流，在中华民族伟大复兴的关键时期，在当今世界动荡变革的历史变局之中，中国共产党人凭着历史的积淀、理想的坚守、开拓的勇毅，紧紧围绕新时代坚持和发展什么样的中国特色社会主义、怎样坚持和发展中国特色社会主义，推进实践的新革命、思想的新长征，结出了饱含中国精神、时代精华的硕果——习近平新时代中国特色社会主义思想。习近平新时代中国特色社会主义思想提出一系列富有创见的思想、观点和论断，对马克思主义作出了原创性、时代性贡献，开拓了中国特色社会主义的新境界。

新时代中国共产党人赋予马克思主义以鲜明的中国特色、民族特色、时代特色，使人们对共产党执政规律、社会主义建设规律、人类社会发展规律的认识达到了一个新的历史高度，在世界上高高举起、牢牢举稳了科学社会主义伟大旗帜，使科学社会主义焕发出强大生机活力。

第四节 笃信"行"的伟大主义
——马克思主义行、中国化时代化的马克思主义行

《中国共产党章程》总纲第二段写道："中国共产党以马克思列宁主义、毛泽东思想、邓小平理论、'三个代表'重要思想、科学发展观、习近平新时代中国特色社会主义思想作为自己的行动指南。"①为何一个管理着 9600 多万党员、在这个星球上最有影响力的执政党，要把马克思这个"舶来品"写到党的指导思想的第一个？为何不把孔孟儒家思想作为我们的建党指导？马克思主义在中国是遭遇水土不服还是会入乡随俗并带来新风尚？接受马克思主义到底只是权宜之计还是长期坚持？

---

① 中国共产党章程[M]. 北京：人民出版社，2017：1.

一、走进马克思

马克思的名字我们耳熟能详。1999 年，英国剑桥大学文理学院的教授们发起"千年第一思想家"的评选，马克思位居第一位；同年英国广播公司 BBC 又以同一命题评选"千年第一思想家"，马克思仍居榜首。在人类过去的一千年中，涌现出的思想家瀚若星海，为什么偏偏是马克思脱颖而出？下面，就让我们走近马克思。

(一)马克思的非凡人生

卡尔·马克思，全名卡尔·海因里希·马克思（德语：Karl Heinrich Marx，1818 年 5 月 5 日—1883 年 3 月 14 日），马克思主义的创始人之一，第一国际的组织者和领导者，马克思主义政党的缔造者之一，全世界无产阶级和劳动人民的革命导师，无产阶级的精神领袖，国际共产主义运动的开创者。

马克思家境富裕，23 岁拿到博士学位，25 岁娶了出身贵族家庭的燕妮，还是《莱茵报》主编。但他抛弃了优渥的生活，选择了"最能为人类福利而劳动的职业"。为创立科学理论体系，马克思付出了常人难

马克思像

以想象的艰辛，最终达到了光辉的顶点。马克思被迫离开《莱茵报》之后，在相当长的时间内没有稳定的职业收入，甚至被自己的祖国驱逐，成为没有祖国的"世界公民"。他毕生忘我工作，经常每天工作 16 个小时，为工作和革命颠沛流离 40 年。

马克思和燕妮

生活的困难不仅分散了马克思从事理论研究的精力，而且他和燕妮的三个孩子在贫病中夭折，使他在精神上遭受了沉重的打击。在最困难时，马克思甚至不得不借钱安葬生病去世的女儿。他死后留下的财产只有 150 英镑。

马克思也是一位有血有肉的人。他与妻子燕妮之间的爱情真挚而美好。在长达 40 年的时间里，贵族出身的燕妮跟着马克思过着到处流亡的生活。尽管这样艰难困苦，燕妮却始终没有动摇，始终对马克思不离不弃，始终与马克思心心相印、紧紧相伴。不仅一生始终与马克思相伴，高贵、优雅、聪明的燕妮还是马克思生活上无微不至的照顾者、事业上的坚定支持者和帮助者。

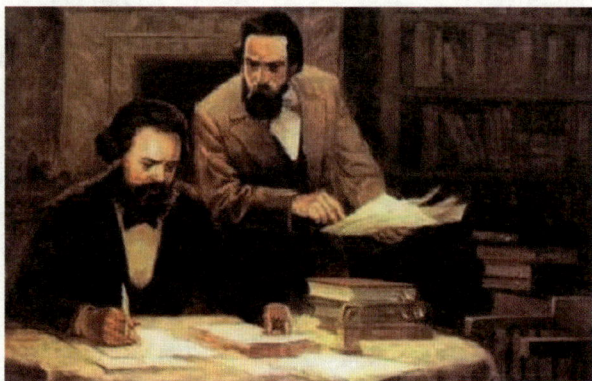

马克思和恩格斯

人生难得一知己，千古知音最难觅。马克思与恩格斯在革命的道路上结下了深厚的友谊。马克思对恩格斯的才能十分敬佩，说自己总是踏着恩格斯的脚印走。而恩格斯总是认为马克思的才能要超过自己，在他们的共同事业中，马克思是第一提琴手，而自己是第二提琴手。《资本论》这部经典著作的写作及出版，就是他们伟大友谊的结晶。马克思和恩格斯是亲密无间的朋友，他们所有的一切，无论是金钱或是学问，都是不分彼此的。虽然他们分开了 20 年，但他们在思想上的共同生活并没有终止。他们每天通信，谈论政治和科学问题。这样的友谊是那样的深厚，甚至一直延续到马克思逝世之后。从 1883 马克思逝世时起，整整十年，恩格斯放下自己的工作，尽力从事《资本论》后两卷手稿的整理、出版工作，补充了许多材料，重新撰写了一些篇章，使《资本论》后两卷得以在 1885 年和 1894 年问世。

拓展链接：

马克思是对的（来源：CCTV-1）

（二）马克思的事业

1835 年 8 月 12 日，17 岁的马克思中学毕业，那年他写了一篇题为《青年在选择职业时的考虑》的毕业论文。青年时期的马克思就选择了人类伟大的事业。他的一生给我们留下的最有价值、最具影响力的精神财富，就是以他名字命名的科学理论——马克思主义。这一理论犹如壮丽的日出，照亮了人类探索历史规律和寻求自身解放的道路。马克思主义科学体系主要由哲学、政治经济学、科学社会主义三大组成部分构成。

马克思毕生的使命就是为人民解放而奋斗。为了改变人民受剥削、受压迫的命运，马克思义无反顾投身于轰轰烈烈的工人运动之中，始终站在革命斗争最前沿。他领导创建了世界上第一个无产阶级政党——共产主义者同盟，领导了世界上第一个国际工人组织——国际工人协会，热情支持世界上第一次工人阶级夺取政权的革命——巴黎公社革命，他满腔热情、百折不挠推动各国工人运动发展。

"幽灵，一个共产主义的幽灵，在欧洲上空徘徊"，① 这是《共产党宣言》里第一句话。1848 年，马克思、恩格斯合作撰写了这部不朽名篇。

宣言第一次全面系统阐述科学社会主义理论，指出共产主义运动将成为不可抗拒的历史潮流。宣言指出："共产党人不屑隐瞒自己的观点和意图，他们公开宣布：他们的目的只有用暴力推翻全部现存的社会制度才能达到。"②

《共产党宣言》最后庄严宣告：让统治阶级在共产主义革命面前发抖吧。③

《共产党宣言》发出国际主义的战斗号召："全世界无产者，联合起来!"④"英特纳雄纳尔就一定要实现!"⑤"无产者在这个革命中失去的只是锁链，他们获得的将是整个世界!"⑥

《共产党宣言》一经问世就震动了世界。恩格斯说，《共产党宣言》是"全部社会主义文献中传播最广和最具有国际性的著作，是从西伯利亚到加利福尼亚的千百万工人公认的共同纲领"。⑦

一部《共产党宣言》的传播史，就是一部工人运动史。政治选举权、八小时工作制、劳工立法……正如德国作家伯尔所说：没有马克思的理论，没有马克思为未来斗争所制定的路线，几乎不可能取得任何的社会进步。

---

① 马克思恩格斯选集(第一卷)[M]. 北京：人民出版社，1995：271.
② 马克思恩格斯选集(第一卷)[M]. 北京：人民出版社，1995：307.
③ 马克思恩格斯选集(第一卷)[M]. 北京：人民出版社，1995：307.
④ 马克思恩格斯选集(第一卷)[M]. 北京：人民出版社，1995：307.
⑤ 马克思恩格斯选集(第一卷)[M]. 北京：人民出版社，1995：307.
⑥ 马克思恩格斯选集(第一卷)[M]. 北京：人民出版社，1995：307.
⑦ 马克思恩格斯选集(第一卷)[M]. 北京：人民出版社，1995：264.

正如习近平总书记对马克思的高度评价："马克思是全世界无产阶级和劳动人民的革命导师，是马克思主义的主要创始人，是马克思主义政党的缔造者和国际共产主义的开创者，是近代以来最伟大的思想家。两个世纪过去了，人类社会发生了巨大而深刻的变化，但马克思的名字依然在世界各地受到人们的尊敬，马克思的学说依然闪烁着耀眼的真理光芒！"①

拓展链接：
马克思的事业（来源：网易公开课）

（三）马克思与我们同在

遥望 200 多年前人类历史的天空，一颗名叫马克思的思想巨星冉冉升起；30 年后，他所创立的学说犹如一道闪电，划破了欧洲天空，也照亮了东方世界。在马克思及其思想指导下，社会主义由空想变为科学、由理论变为现实、从一国走向多国……可以说，在中国共产党人的字典中，马克思从来就不仅是一个人物的名字，还是一种主义的称谓，更是一种崇高信仰的符号、一种远大理想的标识。

马克思主义在"西学东渐"中来到了中国，随后成为中国共产党人的信仰和真理。马克思主义一直是中国共产党的指导思想。中国共产党一经创立，就"始终把马克思主义这一科学理论作为自己的行动指南，并坚持在实践中不断丰富和发展马克思主义"，中国共产党的指导思想发展史就是马克思主义不断丰富和发展的历史。从毛泽东思想到包括邓小平理论、"三个代表"重要思想、科学发展观、习近平新时代中国特色社会主义思想在内的中国特色社会主义理论体系，都是马克思主义基本原理和每一时期时代特点的紧密结合，都是我们党对中国面临的时代问题的回答。

生活在 19 世纪的马克思始终与我们同在。这是因为马克思毕生奋斗的社会主义事业在中国得到了忠实的继承和生机勃勃的发展，马克思的理论通过中国特色社会主义实践得到了极大的丰富和发展，马克思主义研究在中国扎下根来，且生机勃勃。我们要深刻领会马克思理论的精髓即科学的方法论，还要把握住马克思在哲学上的革命性飞跃、在政治经济学领域的重大贡献以及他所创建的科学社会主义基本理论。学习、继承马克思的思想，最终目的是要落实到怎么用上来，就是要以马克思为师，像马克思那样分析问题、解决问题、创新理论。

马克思的理论孕育了"农村包围城市"等革命方法，毛泽东思想领导中国人民推翻"三座大山"，让中国从此站了起来；马克思的方法发展出"社会主义市场经

---

① 习近平. 论中国共产党历史［M］. 北京：中央文献出版社，2021：193.

济"等创新理论，邓小平理论引领改革开放，让中国一路成为世界上第二大经济体；今天，马克思的学说演变成"八个明确""十四个坚持"，习近平新时代中国特色社会主义思想指引中华民族伟大复兴。

拓展链接：
马克思主义与 21 世纪中国(来源：共青团中央)

二、马克思主义与中国共产党

(一)马克思与中国

马克思和他的战友恩格斯非常关注中国，在《马克思恩格斯全集》中，有 800 多处提到了中国，《资本论》及其手稿有 90 多处论及中国问题。

1848 年《共产党宣言》问世时，古老的中国正笼罩在第一次鸦片战争失败的漫天阴云之中，中华民族陷入屈辱悲惨的命运。马克思和恩格斯这两位思想巨人热切地关注中国的前途命运，在《共产主义原理》中，恩格斯指出，随着资本主义的世界性扩展，大工业逐步"把世界各国人民互相联系起来"，在这种历史趋势下，中国现在也正在走向革命。

鸦片战争是中国近代史的起点，也是马克思和恩格斯集中分析中国问题的着眼点和切入点。1853 年 5 月—1862 年 7 月，马克思和恩格斯先后撰写了 18 篇有关中国的专题文稿，向世界揭露西方列强侵略中国的真相，为中国人民伸张正义。这一时期，中国历史发生一连串前所未有的重大变局，验证了革命导师的预言和推论。两次鸦片战争中，英法等帝国主义国家疯狂野蛮地用坚船利炮轰开了古老中国的大门。随着资本主义势力的入侵，中国社会开始发生根本性的变化，逐渐沦为半殖民地半封建社会，中国人民被迫走上了反帝反封建的救亡图存谋兴之路。

马克思在《鸦片贸易史》中指出："一个人口几乎占人类三分之一的幅员广大的帝国，不顺时势，安于现状，人为地隔绝于世并因此竭力以天朝尽善尽美的幻想来欺骗自己，这样一个帝国注定最后要在一场殊死的决斗中死去。"[1]由此，马克思找到了近代中国走向衰落的一个重要原因，也看到了古老中国走出愚昧、开眼睹世、凤凰涅槃的希望。马克思恩格斯科学预见了"中国社会主义"的出现，甚至为他们心中的新中国取了靓丽的名字——"中华共和国"。

马克思认为："过不了多少年，我们就会亲眼看到世界上最古老的帝国的垂死

---

[1] 马克思恩格斯选集(第一卷)[M]. 北京：人民出版社，1995：712.

挣扎，看到整个亚洲新纪元的曙光。"①这束曙光来自"中国这块活化石"正面临的一场翻天覆地的革命，西方列强运来的"鸦片没有起催眠作用，反而起了警醒作用"。它激起了中国民众的爱国之心、自救之志。后来的事实证明，在失败和屈辱面前，中国这头沉睡的雄狮终于睁开了眼睛，在伟大的思想嬗变、观念裂变中势不可挡地前进了，尽管征程曲折、伤痕累累，但最终还是赢得了解放，走向了独立。

拓展链接：
马克思主义与 21 世纪中国（来源：共青团中央）

（二）中国共产党扛起马克思主义的大旗

马克思对中国的预测非常精准，伟大的"中华人民共和国"的成立标志着马克思对中国的预测变成了现实。不仅如此，马克思主义的命运同中国共产党的命运、中国人民的命运、中华民族的命运紧紧连在一起。

19 世纪中叶—20 世纪中叶，各种政治势力和思潮轮番登上中国历史舞台，诸多仁人志士前赴后继地发动改良运动和革命运动，寻求着民族复兴的希望，这些努力最后纷纷以失败告终。在这个历史大潮中，一个以马克思主义为指导、一个勇担民族复兴历史大任、一个必将带领中国人民创造人间奇迹的马克思主义政党——中国共产党应运而生。

中国共产党自成立起，就以马克思主义为指导，开始了全新的中国革命。以毛泽东同志为主要代表的中国共产党人敏锐地认识到，只有用马克思主义的"矢"，射中国革命的"的"，形成"活"的马克思主义，才能指引中国革命取得胜利，他们创造性地提出了马克思主义中国化的重大命题，在中国革命和建设过程中，实现了马克思主义与中国实际相结合的第一次飞跃，形成了马克思主义中国化的重大理论成果——毛泽东思想，彰显出了马克思主义在中国的强大作用。

以邓小平同志为主要代表的中国共产党人根据时代和人民的要求，找到了马克思主义同中国实际有机结合的独特路径，探索出了一条适合当代中国发展的社会主义新路，成功开创了中国特色社会主义，实现了马克思主义中国化的第二次伟大飞跃，形成了邓小平理论，在新的历史条件下继承和发展了马克思主义。

进入新世纪以后，我们党进一步推进马克思主义中国化的历史进程，不断使当代中国的马克思主义——中国特色社会主义理论体系焕发出勃勃生机。在进一步回答社会主义的本质和党的先进性等问题，特别是在解决建设什么样的党、怎样建设

---

① 马克思恩格斯选集(第一卷)［M］. 北京：人民出版社，1995：712.

党的重大问题上，形成了"三个代表"重要思想；在解决全面、协调、可持续发展的突出问题上，特别是在创造性地回答新形势下实现什么样的发展、怎样发展等重大问题上，形成了科学发展观。"三个代表"重要思想、科学发展观既实现了我们党在指导思想上的一次次与时俱进，也一步步开辟了当代中国马克思主义发展新境界。

党的十八大以来，中国特色社会主义进入新时代，这是我国发展新的历史方位。以习近平同志为核心的党中央在统揽伟大斗争、伟大工程、伟大事业、伟大梦想的生动实践中，从理论和实践结合上系统地回答了新时代坚持和发展什么样的中国特色社会主义、怎样坚持和发展中国特色社会主义等基本问题，进一步找到了马克思主义与新时代中国特色社会主义道路有机结合的时代路径，形成了习近平新时代中国特色社会主义思想，把马克思主义中国化的伟大进程，再次推向新的理论高度和新的思想境界。

可以告慰马克思的是，马克思主义指引中国成功走上了全面建设社会主义现代化强国的康庄大道，中国共产党人作为马克思主义的忠诚信奉者、坚定实践者，正在为坚持和发展马克思主义而执著努力！马克思主义虽然诞生于西方，但它指导中国实践的进程中，非但没有水土不服，反而在不断地中国化的进程中，为中国革命、建设和改革提供了强大的思想武器，使中国这个古老的东方大国创造了人类历史上前所未有的发展奇迹！马克思主义没有辜负中国共产党，马克思主义在中国催生、武装、壮大了中国共产党；中国共产党没有辜负马克思主义，中国共产党在世界东方捍卫、践行、发展了马克思主义。

拓展链接：
纪念马克思诞辰 200 周年大会在京举行(来源：人民网)

（三）中国化时代化的马克思主义

提出"开辟马克思主义中国化时代化新境界"的重大命题，是党的二十大报告的一个重要内容和突出亮点。习近平总书记在报告中，强调推进马克思主义中国化时代化是一个追求真理、揭示真理、笃行真理的过程，对党的十八大以来党的理论创新成果和新鲜经验作出科学概括，为新时代新征程继续推进实践基础上的理论创新指明前进方向。认真学习领会这个重大命题，对我们深入学习贯彻习近平新时代中国特色社会主义思想，把握好这一思想的主要内容和蕴含其中的世界观和方法论，不断谱写马克思主义中国化时代化新篇章，具有十分重大的理论意义和实践意义。

一百多年来，中国共产党坚持把马克思主义写在自己的旗帜上，不断推进马克思主义中国化时代化，用博大胸怀吸收人类创造的一切优秀文明成果，用马克思主义中国化时代化的科学理论引领伟大实践。

以毛泽东同志为核心的党的第一代中央领导集体，开启了马克思主义中国化时代化的道路，为中国特色社会主义奠定了坚实的政治前提、制度条件、物质基础和宝贵经验；以邓小平同志为核心的党的第二代中央领导集体，开启了中国特色社会主义的开创时代，深刻总结了我国社会主义建设正反两方面经验，把党和国家工作重心转移到经济建设上来，明确提出走自己的路，确立了在改革开放中建设社会主义的基本路线；以江泽民同志为核心的党的第三代中央领导集体，继承了中国特色社会主义，确立了社会主义市场经济体制的框架，成功把中国特色社会主义推向21世纪；以胡锦涛同志为总书记的党中央团结带领全党全国各族人民，基本完成了中国特色社会主义的经济制度、政治制度以及各方面制度的定型。时代不断进步，党的十八大以来，在以习近平同志为核心的党中央领导下，正在开启用与时俱进的马克思主义指导全面发展中国特色社会主义的时期。

中国人民之所以能够夺取新民主主义革命伟大胜利，完成社会主义革命和推进社会主义建设，进行改革开放和社会主义现代化建设，开创中国特色社会主义新时代，就是因为中国共产党是一个伟大的党，不忘初心、牢记使命，带领全国各族人民披荆斩棘、踔厉前行；就是因为中国人民选择了社会主义，成功开创了中国式现代化道路。所有这些伟大成就的取得，归根到底还是因为坚持马克思主义的中国化时代化。

三、马克思主义行、中国化时代化的马克思主义"行"在哪里

马克思主义到底"行"在哪里？"行"在它是科学的理论、人民的理论、实践的理论、不断发展的开放理论。这是对马克思主义理论特质的高度总结和系统凝练。中国共产党成立一百年来，始终把马克思主义基本原理同中国具体实践相结合，在为中国人民谋幸福、为中华民族谋复兴的革命、建设和改革中，充分彰显了马克思主义科学性、人民性、实践性和开放性的科学真谛，以历史性的变革和历史性的成就，生动诠释了马克思主义为什么"行"。

拓展链接：
马克思主义为什么"行"（来源：北大思政课）

（一）科学的理论：在揭示规律中彰显真理光芒

马克思主义诞生以后，指导了许多国家的社会主义革命和建设实践，中国是取得成功的范例。历史上，我们也曾用其他西方的学说解决中国的问题，但是都没有成功，比如洋务运动、维新变法等。为什么只有马克思主义成功了？最主要的原因就是马克思主义是科学的理论。它把社会主义从空想变成了科学，而中国共产党人把马克思主义的普遍真理和中国实际相结合，走出了中国特色的革命建设和改革开放的道路，这就是中国特色社会主义道路。如果不是中国共产党人的探索和创新，中国的独立和自由都很难实现，更不要说发展了。这是历史的经验和教训所昭示的。

"马克思的思想理论源于那个时代又超越了那个时代，既是那个时代精神的精华又是整个人类精神的精华。"①马克思主义是科学的理论，是关于自然、社会和人类思维发展一般规律的科学认识。马克思、恩格斯在继承人类思想文化优秀遗产的基础上，立足于人类物质生产实践，创立了由马克思主义哲学、政治经济学和科学社会主义三大组成部分有机统一的马克思主义理论。此外，还创立了科学的自然观、科学观、伦理观、军事观等，集总结历史、分析现实和预测未来于一体。博大精深的理论体系是马克思主义为什么"行"的重要支撑。马克思主义既是世界观，又是方法论，其结合实践需要形成了关于人类社会发展规律的思想、关于坚守人民立场的思想、关于生产力和生产关系的思想、关于人民民主的思想、关于文化建设的思想、关于社会建设的思想、关于人与自然关系的思想、关于世界历史的思想、关于马克思主义政党建设的思想等，科学回答了实践提出的重大问题，从认识世界和改造世界的方法论层面回答了马克思主义为什么"行"。

马克思主义创造性地揭示了人类社会发展规律，深刻改变了中国人民和中华民族的前途命运。中国共产党将马克思主义基本原理同中国具体实际相结合，推动马克思主义中国化进程不断实现飞跃。从马克思列宁主义、毛泽东思想、邓小平理论、"三个代表"重要思想、科学发展观，再到习近平新时代中国特色社会主义思想，党的指导思想一脉相承、与时俱进。习近平新时代中国特色社会主义思想作为马克思主义中国化的最新理论成果，为新时代坚持和发展中国特色社会主义、推进党和国家事业发展提供了基本遵循和行动指南。马克思主义在与中国具体实际相结合的过程中，科学昭示了马克思主义为什么"行"的强大生命力。

拓展链接：
充分彰显马克思主义理论的科学真谛（来源：光明网）

---

① 习近平. 论中国共产党历史[M]. 北京：中央文献出版社，2021：197.

（二）人民的理论：在人民至上中凸显根本属性

在全党全国学习贯彻党的十九届六中全会精神之际，光明日报推出了系列短片《思想伟力 实践故事——习近平新时代中国特色社会主义思想在基层》，将深邃的思想和理论融入百姓身边的一个个故事中，生动诠释了中国共产党人"我将无我，不负人民"的为民情怀。十集系列短片聚焦十个主题，将镜头对准鲜活的基层实践，以发生在你我他身边的生动事例折射出党的十八大以来人民群众生活翻天覆地的变化，让大众切实感受到习近平新时代中国特色社会主义思想这一马克思主义中国化最新理论成果的科学伟力。

拓展链接：
《思想伟力 实践故事——习近平新时代中国特色社会主义思想在基层》（来源：光明日报）

"马克思主义之所以具有跨越国度、跨越时代的影响力，就是因为它植根人民之中，指明了依靠人民推动历史前进的人间正道。"①马克思主义第一次创立了人民实现自身解放的思想体系，人民性是马克思主义最鲜明的品格。马克思主义认为，人民群众不仅是社会物质财富和精神财富的创造者，还是社会变革的决定力量，在人类社会发展中起着决定性作用。社会基本矛盾运动是人类社会发展的动力，人民群众的社会实践最终决定历史发展的结局。马克思主义以实现人的自由而全面的发展和全人类解放为己任，以科学的理论为最终建立一个没有压迫、没有剥削、人人平等、人人自由的理想社会指明了方向。马克思主义认为，人的自由而全面的发展就是"社会的每一个成员都能完全自由地发展和发挥他全部才能和力量，并且不会因此而危及这个社会的基本条件"。② 人民性的终极指向成为马克思主义为什么"行"的内生动力。

中国共产党从诞生之日起，就把马克思主义写在自己的旗帜上，牢牢把握马克思主义人民性的理论特征。在革命、建设和改革的不同历史时期，中国共产党始终与人民同呼吸共命运，以全心全意为人民服务为根本宗旨，把实现好、维护好、发展好最广大人民群众的根本利益作为一切工作的根本出发点和落脚点。

党的十八大以来，以习近平同志为核心的党中央不忘初心、牢记使命，坚守人民立场，回应人民关切，解决了许多长期想解决而没有解决的难题，办成了许多过去想办而没有办成的大事，尤其是决胜全面建成小康社会的推进、精准扶贫等系列

---

① 习近平. 论中国共产党历史[M]. 北京：中央文献出版社，2021：198.
② 马克思恩格斯全集(第四十二卷)[M]. 北京：人民出版社，2006：373.

民生举措的实施，切实增强了人民群众的获得感、幸福感和安全感。当前，中国特色社会主义进入新时代，全体中国人民已经凝聚起实现"两个一百年"奋斗目标、实现中华民族伟大复兴中国梦的磅礴力量，必将在实现对美好生活的向往中继续诠释马克思主义为什么"行"的生动篇章。

拓展链接：
总书记的人民情怀（来源：CCTV-13）

（三）实践的理论：在扎根实践中回应时代之问

马克思主义实践性在中国得到充分检验，是在中国共产党人创造性地把马克思主义基本原理与中国具体实际相结合、同中华优秀传统文化相结合的过程中实现的；栉风沐雨百年路，中国共产党始终践行马克思主义实践理论，指引着人民改造世界的行动。从半殖民地半封建社会到全面建成小康社会的历程中，中国共产党立足实践，结合中国国情，不断深化认识、总结经验、创新理论，推进了马克思主义实践观的中国化。

"实践性是马克思主义理论区别于其他理论的显著特征。"[1]马克思主义的本质是服务于无产阶级和人民大众改造世界的实践的理论。马克思指出，"哲学家们只是用不同的方式解释世界，而问题在于改变世界"。[2] 马克思主义改变了旧唯物主义对对象、现实和感性只是"从客体的或者直观的形式去理解"的局限，克服了唯心主义"不知道现实的、感性的活动本身"的弊端，成为"实践的唯物主义"。实践的观点体现于马克思主义整个体系之中，科学解答了物质与精神、自然与社会、自在自然和人化自然相互区分和统一的基础，客观阐明了认识的产生来源、发展动力和检验认识真理性的标准等重大理论问题，深刻揭示了全部社会生活本质上是实践的，社会实践是历史发展的动力。

实践发展永无止境，理论创新永无止境。党和人民的实践是不断前进的，指导这种实践的理论也要不断前进。中国共产党自成立以来，以毛泽东同志为主要代表的中国共产党人，创造性地解决了马克思列宁主义基本原理同中国实际相结合的一系列重大问题。党的十一届三中全会以后，以邓小平同志为主要代表的中国共产党人，成功开创了中国特色社会主义。以江泽民同志和胡锦涛同志为主要代表的中国共产党人接续奋斗，成功在新的历史起点上坚持和发展了中国特色社会主义。在新

---

① 习近平. 论中国共产党历史［M］. 北京：中央文献出版社，2021：198.
② 马克思恩格斯选集（第一卷）［M］. 北京：人民出版社，1995：61.

形势下，以习近平同志为核心的党中央，以巨大的政治勇气和强烈的责任担当，全面深化改革、扩大对外开放，推动党和国家事业发生历史性变革、取得历史性成就，中国特色社会主义进入新时代。

拓展链接：
《实践是检验真理的唯一标准》(来源：共产党员网)

(四)开放的理论：在与时俱进中汲取活力源泉

人类历史发展到今天，与马克思所处的时代相比已经发生了巨大而深刻的变化，但从人类历史发展的大视野来看，世界依然处于马克思主义所指明的从资本主义走向社会主义的大时代。运用马克思主义来分析和解决时代问题，就必然要求马克思主义理论本身始终保持开放性，不断实现理论本身的时代转化和创新发展。

"马克思一再告诫人们，马克思主义理论不是教条，而是行动指南，必须随着实践的变化而发展。"[1]马克思主义之所以能够始终站在时代前列，就是因为其具有开放性的理论特征。马克思主义是历史的产物，在不同时代有着不同的形式和内容。恩格斯指出："马克思的整个世界观不是教义，而是方法。它提供的不是现成的教条，而是进一步研究的出发点和供这种研究使用的方法。"[2]马克思主义在不断探索时代发展提出的新课题、回应人类社会面临的新挑战中，向着现在和未来开放，充分彰显了马克思主义为什么"行"。

拓展链接：
论马克思主义的开放性理论品格(来源：宣讲家网)

党的十八大以来，以习近平同志为核心的党中央带领全党紧密结合新的时代条件和实践要求，以全新的视野深化对共产党执政规律、社会主义建设规律、人类社会发展规律的认识，从理论和实践结合上系统回答了新时代坚持和发展什么样的中国特色社会主义、怎样坚持和发展中国特色社会主义这一重大时代课题，创立了习近平新时代中国特色社会主义思想。这是新时代中国共产党人以科学的态度对马克思主义的理论总结和时代表达，特别是在回答时代和实践提出的重大课题中对马克思主义创新发展作出的原创性贡献，使科学社会主义在 21 世纪中国焕发出强大生

---

① 习近平. 论中国共产党历史[M]. 北京：中央文献出版社，2021：199.
② 马克思恩格斯全集(第三十九卷)[M]. 北京：人民出版社，2006：224.

机活力，深刻彰显了马克思主义理论的开放性特征，在理论创新和实践创新的良性互动中生动诠释了马克思主义为什么"行"的真谛。

第五节　唱响"能""好""行"主旋律

青春，一个富有活力的代名词，意味着拼搏、无畏、进取，象征着乐观、创新、开放。青年兴则国家兴，青年强则国家强。当代青年，朝气蓬勃、充满活力，是祖国的未来、民族的希望，始终是中华民族伟大复兴的先锋力量，每个青年都是新时代的主导，应坚定不移听党话跟党走，坚定"四个自信"，以"逆水行舟，不进则退"的危机感，以奋斗姿态激扬青春，唱响"能""好""行"主旋律。做堪当民族重任的新时代青年。

拓展链接：
思想的力量 | 未来中国什么样？（来源：人民日报）

一、做坚定不移听党话跟党走的新时代青年

（一）坚持和加强党的全面领导的重要意义

从莫高窟的飞天壁画到明朝万户的飞天壮举，逐梦星辰大海与中华民族的沧桑历史一样悠远，从中国第一架飞机制造者冯如坠机牺牲到"火箭之父"钱学森登上归国的航程，中华民族的飞天之路几多艰辛、几多坎坷；如今，"天眼"问宇、"北斗"闪耀、"嫦娥"奔月、"祝融"探火、"天宫"巡天……"可上九天揽月"的航天成就惊艳全球、震撼世界。一百年来，中国共产党团结带领人民，聚焦实现中华民族伟大复兴这个主题，开辟了伟大道路、创造了伟大事业、取得了伟大成就、铸就了伟大精神，书写了中华民族几千年历史上最恢宏的史诗。

中国特色社会主义是中国共产党团结带领人民开创的，党的领导和中国特色社会主义内在一体、密不可分。中国共产党是领导我们事业的核心力量，中国最大的国情就是中国共产党的领导。百年来中国共产党矢志不渝为人民谋幸福、为民族谋复兴，团结带领亿万人民书写了中华民族几千年历史上最恢宏的史诗，中华民族迎来了从站起来、富起来到强起来的伟大飞跃。党的十八大以来，正是因为坚持和加强党的全面领导，我们攻克了许多长期没有解决的难题，办成了许多事关长远的大事要事，推动党和国家事业取得举世瞩目重大成就，在中华大地上全面建成小康社会、胜利实现第一个百年奋斗目标，又乘势而上开启全面建设社会主义现代化国家新征程。历史和现实都充分证明，没有中国共产党，就没有新中国，就没有中华民族伟大复兴。

踏上新征程，全面建设社会主义现代化国家、全面推进中华民族伟大复兴，关键在党。党的领导确保中国式现代化锚定奋斗目标行稳致远，我们党的奋斗目标一以贯之，一代一代地接力推进，取得了举世瞩目、彪炳史册的辉煌业绩。

风雨不惧，砥柱中流。中国共产党是我们成就伟业最可靠的主心骨，只要始终不渝坚持党的全面领导，就一定能够战胜前进道路上的任何艰难险阻，就一定能够办成我们想办的任何事情。

（二）坚定拥护"两个确立"，坚决做到"两个维护"

2023年3月10日上午，这是庄严的时刻——

国徽高悬，熠熠生辉。在十四届全国人大一次会议第三次全体会议上，全票当选为国家主席、中央军委主席的习近平面向近3000名全国人大代表宣读誓词。

长时间的热烈掌声响彻人民大会堂，亿万人民心潮激荡。这充分体现了党的意志、人民意志、国家意志的高度统一，充分反映了全党全军全国各族人民的共同愿望和心声。

党的十八大以来，习近平总书记以深厚人民情怀、卓越政治智慧、强烈使命担当，带领全党全国人民发扬伟大的历史主动精神，开创中国特色社会主义新时代，推动党和国家事业取得历史性成就、发生历史性变革。国内生产总值增加到121万亿元，十年增加近70万亿元、年均增长6.2%；近1亿农村贫困人口实现脱贫，历史性地解决了绝对贫困问题；科技进步贡献率提高到60%以上；高速铁路运营里程增加到4.2万千米；基本养老保险参保人数覆盖10.5亿人……人心是最大的政治。谁把人民放在心上，人民就把谁放在心上。在老百姓心中，习近平总书记是"全国人民的福星""群众的贴心人""自家人"。坚定拥护"两个确立"、坚决做到"两个维护"，是党心民心所向，是亿万人民不可撼动的思想共识和行动自觉。

坚决做到"两个维护"，是我们党最重要的政治纪律和政治规矩。全党坚决维护习近平总书记党中央的核心地位和全党的核心地位，坚决维护党中央权威和集中统一领导，团结成"一块坚硬的钢铁"，步调一致向前进。只要坚定不移坚持党的全面领导、维护党中央权威和集中统一领导，我们就能够确保全党全国拥有团结奋斗的强大政治凝聚力、发展自信心，集聚起守正创新、共克时艰的强大力量，形成风雨来袭时全体人民最可靠的主心骨，面对任何惊涛骇浪都能做到"任凭风浪起，稳坐钓鱼船"。

(三)用党的科学理论指引广大青年成长成才

> 抛头颅、洒热血，明翰早已视等闲。
> 各取所需终有日，革命事业代代传。
> 红珠留着相思念，赤云孤苦望成全。
> 坚持革命继吾志，誓将真理传人寰。

——大革命失败后，共产党员夏明翰在汉口被捕，英勇就义前给妻子写信诀别。在那些风雨如晦的岁月里，像夏明翰这样为了共产主义信仰九死而不悔、坚信革命理想一定会实现的烈士，何止千千万万。他们一旦认定了信仰和主义，就再也没有彷徨过、动摇过，不惜用青春和鲜血浇灌"共产花开"。

党的二十大报告指出："拥有马克思主义科学理论指导是我们党坚定信仰信念、把握历史主动的根本所在。""全党要把青年工作作为战略性工作来抓，用党的科学理论武装青年，用党的初心使命感召青年，做青年朋友的知心人、青年工作的热心人、青年群众的引路人。"

马克思主义深刻揭示了自然界、人类社会、人类思维发展的普遍规律，其基本原理具有普遍适用性，但各个国家的具体国情不同，不能把马克思主义当作一成不变的教条。一部马克思主义发展史，就是马克思主义不断根据时代、实践、认识发展而发展的历史。我们党自诞生以来，就将马克思主义鲜明写在自己的旗帜上，不断推进马克思主义中国化时代化。实践证明，坚持和发展马克思主义，必须坚持用马克思主义之"矢"去射新时代中国之"的"，准确把握时代大势，积极回应现实需要，以更宽广的视野、更长远的眼光增强预见性、把握规律性，让马克思主义在中国大地上展现出更强大、更有说服力的真理力量。

二、做坚定"四个自信"的新时代青年

(一)坚定"四个自信"的基本依据

今天的青少年之所以能成为平视世界的一代，与中国取得的巨大发展成果密不可分，是一代代中国人靠拼搏奋斗、苦干实干而得来的。平视世界的一代更是自信的一代，我们的道路自信、理论自信、制度自信、文化自信，为"平视一代"提供不竭养分和底气。

只有坚持道路自信，才能确保中国特色社会主义实现路径的科学。中国特色社会主义道路既坚持了科学社会主义基本原理又赋予其鲜明的中国特色，是马克思主义基本原理与当代中国实际有机结合的成果。中国特色社会主义道路在短短几十年

的时间里使我国生产力得到快速发展，综合国力得到快速增强，人民生活水平得到快速提高。理论的科学性和实践的成效性是我们坚持道路自信的最根本的内在依据。

只有坚持理论自信，才能确保中国特色社会主义指导思想的正确。党的百年历程，既是理论不断创新和飞跃的过程，也是理论自信和创新能力不断增强的过程。纵观马克思主义中国化的三次飞跃，每次重大理论成果的形成都与中国共产党人宝贵的理论勇气和坚定的理论自信密不可分。新民主主义革命时期、社会主义革命和建设时期，没有以毛泽东同志为主要代表的中国共产党人的理论自信，就没有新民主主义革命和社会主义革命与建设的伟大成就。改革开放和社会主义现代化建设新时期，没有以邓小平、江泽民、胡锦涛同志为主要代表的中国共产党人的理论自信，就没有改革开放和社会主义现代化建设的伟大成就。党的十八大以来，没有以习近平总书记为主要代表的中国共产党人的理论自信，就没有新时代中国特色社会主义的伟大成就。

只有坚持制度自信，才能确保中国特色社会主义制度体系的完善。制度自信是马克思主义政党的鲜明特征，是推进中国特色社会主义事业的强大动力。中国特色社会主义制度，是广泛民主与高度集中的统一、党的领导与人民当家作主的统一、民主决策与高效执行的统一、宏观调控与市场调节的统一、中央治理和地方自主的统一。这些以"统筹结合"为特征的科学高效、实用便利的制度安排，使我们党、国家和社会拥有强大的资源整合力、统筹协调力、组织动员力、决策执行力和危机应对力，拥有集中一切力量、资源和智慧，同声相应、同气相求、同心同德地向着共同目标前进的强大力量。坚持制度自信，就是要坚信中国特色社会主义制度是当代中国发展进步的根本制度保障，是具有鲜明中国特色、明显制度优势、强大自我完善能力的先进制度。

只有坚持文化自信，才能确保中国特色社会主义精神文明的进步。文化自信是一个民族、国家或政党对本民族传统文化和现代文化价值的积极认同、充分肯定和积极践行，是对自身文化及其生命力持有的坚定信心。坚持文化自信，是对道路自信、理论自信和制度自信内容的进一步深化和完善，体现了我们党高度的文化自觉，彰显了我们党鲜明的文化立场，进一步凸显了文化在中国特色社会主义事业全局中的重要地位。党和人民伟大斗争中孕育的革命文化、社会主义先进文化，尤其是贯穿其中的科学理论、理想信念和价值追求，为中国特色社会主义发展指引着前进方向、提供着精神动力。离开文化自信，道路自信、理论自信和制度自信就会失去精神基石和文化滋养。

(二)立身"道路自信"，坚定前进方向

党的光辉历程就是一部最好的教科书。翻开历史的画卷，辉煌又灿烂；过去的

峥嵘岁月，仍然历历在目。当铁锤向腐朽砸出一声巨响，当镰刀向黑暗挥出一道霹雳，这个古老的东方国度再度焕发光彩。

回首过去，我们乘风破浪，展望未来，我们从容自信。当今世界风云变幻，中国正处于近代以来最好的发展时期，两者同步交织、相互激荡。中国的发展已经与世界格局深度融合，要想变"逆境"为"顺境"，变"危机"为"契机"，变"僵局"为"新局"，我们就必须坚定中国特色社会主义道路自信，毫不动摇坚持和发展中国特色社会主义。

中国道路的目标首先是明确的，那就是促进人的全面发展，实现全体人民共同富裕，建成社会主义现代化强国。中国道路追求的目标，不是人为的主观的随意的设定，它是符合中华民族历史进程尤其是近代以来中国历史的客观进程的，它将马克思主义、中华优秀传统文化追求的价值目标置于中国国情的充分考量中，很好地打通了国家、社会、个人的关系，因而可以说是立足于实际、完全可以实现的目标。

中国道路通往其目标的过程，伴随着科学理论的指导，坚持的是科学社会主义基本原则。中国道路的出发点、立足点是基本国情，中国道路是科学社会主义基本原则与中国国情结合的道路，只谈其中一点、忽略另一点的思维方式，都是对中国道路的误读。中国道路的灵活，不是异想天开，不是主观幻想，更不是莽撞蛮干，而是牢牢把握原则基础上的开拓创新，是深深扎根于现实国情的自我革新。中国道路还是一条全面与重点相结合的道路，是一条既讲两点论、又讲重点论的道路。

无论世界格局如何改变，中国的国情已经注定，只有坚持和发展中国特色社会主义才能拯救中国，才能带领中华民族实现伟大复兴。党的十八大以来，在以习近平同志为核心的党中央坚强领导下，在习近平新时代中国特色社会主义思想的科学指引下，中国特色社会主义道路越走越宽广，中华民族伟大复兴展现出前所未有的光明前景。"鞋子"合不合脚，走过的高速发展之路已证明了一切，沿着这条路坚定不移地走下去，十四亿中国人同心同德、锐意进取，便能变"逆境"为"顺境"，创造引领世界的奇迹。

"他强由他强，清风拂山岗；他横由他横，明月照大江。"中国的发展之所以一路飞驰，除了一代又一代的中国人刻苦努力、发奋图强外，还因为我们始终在时代快速发展的浪潮中不忘初心、不骄不躁。无论世界处于什么样的变局中，都要坚定信心做好自己的事、走好自己的路，才能以不变应万变，以最好的姿态屹立于世界的东方。

（三）培育"理论自信"，坚持与时俱进

2021年6月18日，"'不忘初心、牢记使命'中国共产党历史展览"开幕。玻

璃展柜里，一份马克思《布鲁塞尔笔记》手稿原件格外抢眼，引来无数人驻足观看。其实，很多人看不懂手稿上的文字，吸引他们的是一种神奇力量，这种神奇的力量就是真理的力量。人们要寻找和感悟的是一百年来激励我们不懈奋斗的力量之源。

一个民族要走在时代前列，就一刻不能没有理论思维，一刻不能没有正确思想指引。习近平总书记指出："中国共产党为什么能，中国特色社会主义为什么好，归根到底是因为马克思主义行。马克思主义之所以行，就在于党不断推进马克思主义中国化时代化并用以指导实践。"①这是深刻总结近代以来中国历史发展得出的科学结论，也是我们坚定理论自信的根本依据。

科学的思想理论，总能够指引人们廓清思想迷雾、认清光明前途，具有改变历史的思想伟力。党的百年奋斗历程和百年真理追求深刻昭示我们：中国共产党为什么能，中国特色社会主义为什么好，归根到底是因为马克思主义行！一百年来，一代又一代中国共产党人坚持把马克思主义基本原理同中国具体实际相结合、同中华优秀传统文化相结合，创立了毛泽东思想、邓小平理论，形成了"三个代表"重要思想、科学发展观，创立了习近平新时代中国特色社会主义思想，指导党和人民事业不断从辉煌走向辉煌。

时代出课题，思想解难题。中国特色社会主义进入新时代，能不能跟上时代步伐，深刻回答全面建成社会主义现代化强国这一崭新课题，这是中国共产党人责无旁贷的理论责任。"新发展阶段、新发展理念、新发展格局""中国式现代化新道路、人类文明新形态""发展全过程人民民主""绿水青山就是金山银山"……这些彰显了真理的光芒、思想的伟力。社会主要矛盾已经发生深刻转变，人民对美好生活提出了新的更多需要、更高期待。"坚持以人民为中心的发展思想""推动共同富裕取得更为明显的实质性进展""解决群众急难愁盼问题""增强人民群众获得感、幸福感、安全感"……正是在这些思想理念的引领下，我们党不断交出人民满意的答卷。百年变局和世纪疫情相互交织，人类社会正处于何去何从的十字路口。世界怎么了、我们怎么办，成为全世界都在思考的问题。习近平总书记提出"构建人类命运共同体"理念，深刻回答了"建设一个什么样的世界、如何建设这个世界"这一关乎人类社会前途命运的重大课题，成为引领人类文明进步方向的鲜明旗帜，为解决全球面临的共同问题提供了中国智慧、中国方案。"'一带一路'倡议""中国开放的大门只会越开越大""弘扬全人类共同价值""人类文明交流互鉴"……

新时代新征程，我们实现梦想的前景无比光明，我们面临的挑战也极为严峻。我们要自觉做习近平新时代中国特色社会主义思想的坚定信仰者和忠实实践者，以更加坚定的理论自信奋进新征程，奋力谱写全面建设社会主义现代化国家崭新篇章。

---

① 习近平谈治国理政(第四卷)［M］.北京：外文出版社，2022：29.

（四）厚植"制度自信"，实现全面发展

"中国为世界经济点亮明灯"，第二届中国国际进口博览会吸引了全世界的目光。此次参加的国别、地区、国际组织和参展商均超过首届，世界 500 强和行业龙头企业参展数量超过 250 家，国内外采购商和专业观众有望超过 50 万人，境外采购商由去年 3600 人左右增至 7000 多人……规模更大、范围更广、热度更高，这一国际性盛会不仅展示出中国扩大开放的坚定决心，更从一个侧面生动说明中国经济发展的巨大实力和旺盛活力。

中国经济绩效优、发展潜力大，背后是制度优势强、治理效能高。从更大的视野看，我们之所以能创造世所罕见的经济快速发展奇迹和社会长期稳定奇迹，中华民族迎来了从站起来、富起来到强起来的伟大飞跃，是因为党领导人民建立和完善了中国特色社会主义制度，不断加强和完善国家治理。正所谓"现实的成功是最好的理论，没有一种抽象的教条能够和它辩论"，"中国之治"是我国制度优势最有说服力的证明，也是我们坚定制度自信的现实根基。

一个国家选择什么样的制度和治理体系，是由这个国家的历史传承、文化传统、经济发展水平决定的。只有扎根本国土壤、汲取充沛养分的制度，才最可靠，也最管用。衡量一个社会制度是否科学、是否先进，主要看是否符合国情、是否有效管用、是否得到人民拥护。中国特色社会主义制度之所以行得通、有生命力、有效率，就是因为它是从中国的社会土壤中生长起来的。我们的制度自信，奠基于960 多万平方千米的广袤土地，来源于 5000 多年悠久灿烂的文明传承，根植于近14 亿人民发自内心的自觉认同。

国之兴衰系于制，制度是定国安邦之根本。党的十八大以来，以习近平同志为核心的党中央带领全党全国各族人民坚持和完善中国特色社会主义制度、推进国家治理体系和治理能力现代化，书写"中国之制"新篇章，创造"中国之治"新辉煌。

一个国家的现代化，不仅是经济、科技、国防等的现代化，更是制度和治理的现代化。习近平总书记强调："必须坚持完善和发展中国特色社会主义制度，不断发挥和增强我国制度优势。"[1]

新征程上，我们需要应对的风险和挑战、需要解决的矛盾和问题比以往更加错综复杂。我们必须坚定制度自信，不断把我国制度优势更好转化为国家治理效能，为实现第二个百年奋斗目标、实现中华民族伟大复兴的中国梦提供坚强有力的制度保障。

（五）发扬"文化自信"，传承中国精神

从海昏侯的马蹄金到故宫的石渠宝笈，博物馆一票难求，人们在与文物的对话

---

[1] 习近平谈治国理政（第三卷）[M]. 北京：外文出版社，2020：185.

中感受历史；从《大圣归来》到《大鱼海棠》，电影院人头攒动，一年 440 亿元票房堪称奇迹……这只是当代中国文化场景的两个"特写镜头"。近年来，文化的繁荣与发展，为公众拓展了心灵空间、构筑起精神家园。"由人化文，以文化人"，人与文化的互动生长，正是一个最好的注脚，印证着重要判断——"文化自信，是更基础、更广泛、更深厚的自信"。

何以自信？有三个比喻，值得沉思。

文化，可喻之为河。有源头活水，有支流汇入，一路奔腾向海，会穿行峡谷掀起巨浪，也会途经平原静水深流，沉淀下河床，滋养出沃野，哺育出勃勃生机。理解文化，就需要理解其水有源、其流有势、其去有向，才能在大浪淘沙中赓续文化的基因。

对于我们，五千多年文明发展，孕育出中华优秀传统文化；近百年来上下求索，形成了革命文化和社会主义先进文化。这是中华民族深层精神追求的结晶，代表着中华民族独特的精神标识，是涵养我们文化最肥沃的土壤、最充沛的水源。源通流畅、源远流长，这是我们文化自信的根本基础。

文化，可喻之为山。壁立万仞，挺拔巍峨，为地之锁钥，为天之柱石。山中既有大树参天，也有溪流边野花烂漫，可曲径通幽，更可登临远望。把握文化，就需要把握其高远之处、其仰止所在，才能在高天厚土间树立文化的坐标。

对于今天，社会主义核心价值观划定时代的价值航标，是人生奋斗的梦想之舵、中华民族的精神之钙、当代中国的兴国之魂。以爱国主义为核心的民族精神、以改革创新为核心的时代精神，是流淌于历史与现实的精神潜流。奇伟瑰丽、高迈超绝，这是我们文化自信的重要内容。

文化，也可喻之为海。万川涌入，涓流汇集，因包容而成其大，因丰富而成其广。可载大舟，亦可浮一苇，"日月之行，若出其中。星汉灿烂，若出其里"。发展文化，就需要发展其多元、多样，其宽容、宽广，才能在兼容并蓄时更新文化的血脉。

对于中国，历史之船已经驶入"世界历史"的广阔海洋，"文化的对话"成为必然和必须。一方面，海纳百川，有容乃大，要吸收借鉴人类一切优秀文明成果。另一方面，文明因交流而多彩，文明因互鉴而丰富，也要以中国文化丰富人类文明的基因库。不拒众流、扬帆出海，这是我们文化自信的前行方向。

一个民族的复兴，总是以文化的兴盛为强大支撑；一个时代的进步，总是以文化的繁荣为鲜明标识。坚定文化自信，是事关国运兴衰、事关文化安全、事关民族精神独立性的大问题。习近平总书记指出："文化自信是一个国家、一个民族发展中最基本、最深沉、最持久的力量。"①作为新时代青年，我们应始终坚持文化自

---

① 习近平谈治国理政（第四卷）[M]. 北京：外文出版社，2022：103.

信，凝聚精神力量，为推进社会主义现代化国家建设，实现中华民族伟大复兴贡献力量。

三、做堪当民族复兴重任的新时代青年

"强国建设、民族复兴的接力棒，历史地落在我们这一代人身上。我们要按照党的二十大的战略部署，坚持统筹推进'五位一体'总体布局、协调推进'四个全面'战略布局，加快推进中国式现代化建设，团结奋斗，开拓创新，在新征程上作出无负时代、无负历史、无负人民的业绩，为推进强国建设、民族复兴作出我们这一代人的应有贡献！"①3 月 13 日上午，中共中央总书记、国家主席、中央军委主席习近平在十四届全国人大一次会议闭幕会上发表重要讲话。这一重要讲话坚定历史自信、饱含人民情怀、彰显使命担当、指引前进方向，必将激励新时代青年在新征程上踔厉奋发、勇毅前行，为全面建设社会主义现代化国家、全面推进中华民族伟大复兴而团结奋斗。

(一)传承红色基因，在强国道路上坚定理想信念

"六个字铁骨铮铮，以血肉挡住危险，哪怕自己坠入深渊……"失去双手双眼的排雷英雄杜富国，从不曾为当时的选择后悔。如果时光倒流，他还是会坚定地说出那六个字："你退后，让我来！"在递交入党申请书的那一刻，富国或许就已做好了最坏的打算。

理想信念之火一经点燃，就永不熄灭。"砍头不要紧，只要主义真""敌人只能砍下我们的头颅，决不能动摇我们的信仰""宁肯少活二十年，拼命也要拿下大油田""脱贫攻坚，我是党员，向我看齐""疫情不退我不退"……这些从心底迸发出来的话语，无一不表达着共产党人对理想信念的执着和坚贞。

一切向前走，都不能忘记走过的路；走得再远、走到再光辉的未来，也不能忘记走过的过去，不能忘记为什么出发。习近平总书记指出："中国共产党之所以叫共产党，就是因为从成立之日起我们党就把共产主义确立为远大理想。我们党之所以能够经受一次次挫折而又一次次奋起，归根到底是因为我们党有远大理想和崇高追求。"②

前人栽树后人乘凉，正是一代代青年的理想与抱负造就了今日之中国。没有五四青年的理想，就没有民众思想的觉醒；没有青年革命战士的报国理想，就没有今

---

① 习近平. 在第十四届全国人民代表大会第一次会议上的讲话[M]. 北京：人民出版社，2023：2.

② 习近平谈治国理政(第二卷)[M]. 北京：外文出版社，2017：34.

日和平的环境；没有改革先锋敢闯敢拼的理想，就没有今日经济的腾飞；没有刘永坦等科学家永不言弃的理想，就没有今日举世瞩目的科研成果……时代变迁鼓舞着青年树立远大的理想，而理想的实现又不断推动着历史车轮滚滚向前。

心有所信，方能行远。学习党的百年历史，就是要深刻认识红色政权来之不易、新中国来之不易、中国特色社会主义来之不易，深刻认识到中国共产党为什么"能"、马克思主义为什么"行"、中国特色社会主义为什么"好"等，自觉做共产主义远大理想和中国特色社会主义共同理想的坚定信仰者、忠实实践者，不断增强历史定力，更加坚定中国特色社会主义道路自信、理论自信、制度自信、文化自信。

（二）厚植人民情怀，在奉献社会中实现人生价值

"就像火一样，任凭大雪封山，鸟兽藏迹，只要我们有火种，就能驱赶严寒，带来光明和温暖。"张桂梅和黄文秀，都是播撒火种的人。

北京师范大学硕士毕业，放弃在大城市的工作机会，回到家乡革命老区百色；选择到贫困村担任第一书记，把双脚扎进泥土，为群众脱贫攻坚殚精竭虑；忍痛告别重病卧床的父亲，深夜冒雨奔向受灾群众，面对危险坚定前行，不幸遭遇突如其来的山洪，年轻的生命永远定格在扶贫路上……汽车仪表盘记录的里程数，是黄文秀心中的"长征"。

"我这辈子的价值，我救了一代人。不管是多还是少，毕竟她们后边走得比我好，比我幸福就足够了。""如果我有追求，那就是我的事业；如果说我有期盼，那就是我的学生；如果说我有动力，那就是党和人民。"六十多岁，身患20多种疾病的张桂梅说："当听到学生大学毕业后能为社会作贡献时，我觉得值了。"

江山就是人民，人民就是江山。为中国人民谋幸福，为中华民族谋复兴，是中国共产党人始终不渝的初心和使命，是激励一代代中国共产党人前赴后继、英勇奋斗的根本动力。

回顾党的历史，为什么我们党在那么弱小的情况下能够逐步发展壮大起来，在腥风血雨中能够一次次绝境重生，在攻坚克难中能够不断从胜利走向胜利，根本原因就在于不管是处于顺境还是逆境，我们党始终坚守为中国人民谋幸福、为中华民族谋复兴这个初心和使命，义无反顾向着这个目标前进，从而赢得了人民衷心拥护和坚定支持。正如习近平总书记指出的，我们党的百年历史，就是一部践行党的初心使命的历史，就是一部党与人民心连心、同呼吸、共命运的历史。学习百年党史，就要永葆赤子之心，牢记"为人民服务"的根本宗旨，坚信党的根基在人民、党的力量在人民，坚持一切为了人民、一切依靠人民，充分发挥广大人民群众积极性、主动性、创造性，不断把为人民造福事业推向前进。唯有不忘初心，方可告慰历史、告慰先辈，方可赢得民心、赢得时代，方可善作善成、一往无前。

功成不必在我，功成必定有我。青年人既要秉持"吹尽狂沙始到金"的决心，

又要永葆"一枝一叶总关情"的信念，更要涵养"风物长宜放眼量"的胸怀，一张蓝图绘到底，一任接着一任干，创造出经得起实践、人民、历史检验的"成绩单"。要自觉践行以人民为中心的发展思想，正如党的二十大报告所说，采取更多惠民生、暖民心的举措，着力解决好人民群众"急难愁盼"问题。要牢记党的宗旨，摆正自己的位置，甘当人民的公仆，真心倾听群众呼声，将百姓的安危冷暖挂在心头，用心用情用力解决群众关心的就业、教育、社保、医疗、住房、养老等实际问题，以实际行动践行"人民至上"的价值理念，在平凡的岗位上厚植"无怨无悔、倾情奉献"的为民服务情怀。

（三）担当时代使命，在追梦征程中书写青春华章

国之生民，青年为主；强国复兴，青年接力。青年兴则国家兴，青年强则国家强。

2022年4月23日，是中国人民解放军海军成立73周年的日子。73年，从黄水到蓝水，到走向深蓝；从沿江到沿海，到逐梦大洋；从第一艘驱逐舰服役，到如今双航母入列，人民海军一路劈波斩浪，驰骋万里海疆。从舰载机飞行员到航母副舰长，徐英是青年一辈应该追随的榜样。

"第一次见航母，看到什么都想看一看，于是东瞅瞅，西看看，一扭头的时候，发现大部队不见了，我迷路了！"2011年，还是飞行员的徐副舰长第一次见到舾装中的辽宁舰时，就被神秘的16舰直接给了个"下马威"。回忆当时的情景，徐副舰长讲："叫天天不应，叫地地不灵，自己寸步不能行，头上的汗一下子就下来了，就麻爪了。"这趟初见的"迷路之旅"让现场好问青年白孟宸调侃道："您再带我们参观航母，我们绝不会迷路"。

第二次和航母的相遇是在空中。"那个曾经给了我下马威的辽宁舰，已经在海面上驰骋了。"谈到首次驾驶飞机完成昼间着舰，徐英感慨万千："着舰成功时脑袋发蒙，没有想象中的兴奋和激动，那种特别不真实的感受令人难忘。"

舰载机飞行员被称为"刀尖上的舞者"。谈到从飞行员到舰载机飞行员的突破，徐英坦言："我们最大的困难不是掌握新技术，而是忘掉老技术，不是增加新的经验，而是清空旧的内存。"夜间起降是公认的训练风险系数最高的科目，飞行员不仅要有过硬的技术水平，更要具备强大的心理素质。面临漆黑的飞行环境时，要保持足够的清醒。徐副舰长在现场给大家"沉浸式"描述了夜间着舰的难度——蒙着眼睛，从松弛着悬在空中的绳子上顺利走过。2017年年底，舰载机飞行员首次进行夜间着舰，取得了夜间着舰技术的重大突破。

新时代是追梦者的时代，也是广大青年成就梦想的时代。惟亦如何？自可雕磨；踔厉奋发，自我修契。党旗飘飘一百载，这是一百载的风雨同舟，这是一百载的艰苦奋斗。党旗之所以鲜艳，那是因为全心全意为人民服务的初心永不变，党旗

之所以飘扬，那是因为中华民族伟大复兴的目标指日可待。我们要做一簇有理想的星火，紧紧地团结在党中央的周围，跟紧党旗飘扬的方向，立大志、明大德、成大才、担大任，在建成中国特色社会主义现代化强国实现中华民族伟大复兴的征程中书写自己的青春篇章！

（四）坚持脚踏实地，在砥砺前行中练就过硬本领

"只要有愚公移山的志气、滴水穿石的毅力，脚踏实地，埋头苦干，积跬步以至千里，就一定能够把宏伟目标变为美好现实。"①2022 年 12 月 31 日，习近平主席发表 2023 年新年贺词时说道。

新时代是追梦者的时代，也是广大青少年成就梦想的时代。脚踏实地、成就梦想，首先需要打好基础、增长才干。短绠难汲深井之水，浅水难负载重之舟。任何人都不可能轻轻松松地成才，要想干成一番事业，必须积极主动学习新知识新思想，练就过硬本领。当今时代日新月异，知识更新不断加快，社会分工日益细化，新技术新模式新业态层出不穷。新时代青年正处于学习的黄金时期，应该把学习作为首要任务，作为一种责任、一种精神追求、一种生活方式，树立梦想从学习开始、事业靠本领成就的观念，让勤奋学习成为青春远航的动力，让增长本领成为青春搏击的能量。

脚踏实地、成就梦想，还要不惧困难、顽强拼搏。"人才自古要养成，放使干霄战风雨"。人生的道路上不可能一帆风顺，年轻人很容易因受到挫折而气馁，但绝不能因此一蹶不振、自暴自弃。在北京冬奥会上斩获 2 金 1 银的谷爱凌曾经训练摔倒造成脑震荡，"记不起任何东西"，还曾右手粉碎性骨折、大拇指韧带撕裂，但仍坚持带伤参加比赛；苏翊鸣年仅 18 岁，多次骨折，但一次次受伤从未动摇他继续训练的决心；28 岁的短道速滑运动员武大靖因常年训练脚上满是伤疤、老茧，骨头也变形了，他说"我有一双很丑的脚"，但网友说他是中国最帅的奥运冠军……中国冰雪健儿们的事迹告诉我们，面对挫折困难，要始终坚守希望、不惧挫折、迎难而上、坚持到底，才能获得成功，笑到最后。

2022 年是我们全面贯彻落实党的二十大精神的开局之年。在全面建设社会主义现代化国家的新征程上，面对未来的各种挑战，要实现我们的伟大目标，我们没有捷径，只有脚踏实地、求真务实，埋头苦干、笃行不怠，用接续奋斗为中国式现代化贡献智慧与汗水，逐步实现我们的个人梦、中国梦，不断把我们的宏伟蓝图变为美好现实。

---

① 国家主席习近平发表二〇二三年新年贺词[N]. 人民日报，2023-01-01.

第二章
追寻党的足迹　赓续精神血脉

中国共产党区别于其他政党的一个显著标志，是在于其甫一出世，便开始铸造了不同于其他政党的精神气质，成为马克思主义、中华民族伟大精神、中国近现代革命奋斗精神的主要承载者。在 100 多年的奋斗历程中，培育形成了一系列彰显党的性质、宗旨和品格，体现人民和时代要求，凝聚各方力量的精神谱系。它们来自并彰显于革命、建设和改革实践，支撑着中国道路探索拓展的前行步伐，事实上成为中国道路的精神谱系。

伟大事业孕育伟大精神，伟大精神引领伟大事业。这些宝贵精神，跨越时空、历久弥新，既一脉相承又与时俱进，集中彰显了中华民族和中国人民长期以来形成的伟大创造精神、伟大奋斗精神、伟大团结精神、伟大梦想精神，彰显了一代又一代中国共产党人"为有牺牲多壮志，敢教日月换新天"的奋斗精神。学习党的百年历史，必须深刻认识这一延续百年的精神图谱，教育引导青年学生大力发扬红色传统、传承红色基因，赓续共产党人精神血脉，始终保持革命者的大无畏奋斗精神，鼓起迈进新征程、奋进新时代的精气神。

第一节　新民主主义革命时期精神谱系

新民主主义革命时期的中国共产党精神，其主题是革命，是中国共产党精神次第演进中出现的第一个主要形态。邓小平同志把革命精神概括为：发扬革命和拼命精神，严守纪律和自我牺牲精神，大公无私和先人后己精神，压倒一切敌人、压倒一切困难的精神，坚持革命乐观主义、排除万难去争取胜利的精神。这五种革命精神成为我们理解革命精神内涵的基本依据。

党在这一时期培育产生的具体精神形态，都属于革命精神范畴，主要包括：伟大建党精神、井冈山精神、苏区精神、长征精神、遵义会议精神、延安精神、抗战精神、红岩精神、西柏坡精神、照金精神、东北抗联精神、南泥湾精神、太行精神（吕梁精神）、大别山精神、沂蒙精神、老区精神、张思德精神等。以"坚持真理、坚守理想，践行初心、担当使命，不怕牺牲、英勇斗争，对党忠诚、不负人民"为内涵的伟大建党精神，是中国共产党的精神之源。长征精神、延安精神等把革命精神推向一个高峰，诠释了革命精神的真髓，是中国共产党革命精神最生动、最完整的鲜活范本和表现形态。

一、伟大建党精神

2021 年 7 月 1 日，习近平总书记在庆祝中国共产党成立 100 周年大会上的讲话指出："一百年前，中国共产党的先驱们创建了中国共产党，形成了坚持真理、坚守理想，践行初心、担当使命，不怕牺牲、英勇斗争，对党忠诚、不负人民的伟大建党精神，这是中国共产党的精神之源。"①这是我们党第一次提出建党精神。

坚持真理、坚守理想，就是坚持马克思主义的科学真理，坚守共产主义远大理想和中国特色社会主义共同理想。践行初心、担当使命，就是坚持为中国人民谋幸福、为中华民族谋复兴的初心和使命。不怕牺牲、英勇斗争，就是始终保持斗争精神、顽强意志、优良作风，毫无畏惧地面对一切困难和挑战，坚定不移地开辟新天地。对党忠诚、不负人民，就是无条件地对党的信仰忠诚、对党组织忠诚、对党的理论和路线方针政策忠诚，始终坚持全心全意为人民服务的根本宗旨。

伟大建党精神，是中国共产党先驱在 20 世纪 20 年代探索救国救民道路中创造的宝贵精神财富，是马克思主义基本原理同中国具体实际相结合、同中华优秀传统文化相结合产生的宝贵精神财富，凝聚着中国共产党人的初心和使命，激励着中国共产党人不断开拓前行。

伟大建党精神是中国共产党人精神谱系的历史源头，伟大建党精神是在创建中国共产党的伟大实践中形成的。树高千尺有根，水流万里有源。党的创建是中国共产党奋斗征程的起点，伟大建党精神的形成是中国共产党人精神谱系的开篇。在百年接续奋斗中，中国共产党弘扬伟大建党精神，团结带领人民创造了一系列伟大成就，铸就了一系列伟大精神。这一系列伟大精神，是伟大建党精神这一"源头"在不同历史时期的"活水"涌流，是中国共产党在完成不同历史任务中弘扬伟大建党

---

① 学习贯彻习近平总书记在庆祝中国共产党成立 100 周年大会上的重要讲话精神[N]. 人民日报，2021-07-03.

精神的具体表现，共同构筑起中国共产党人的精神谱系。

伟大建党精神是中国共产党人精神谱系的高度凝练。历史川流不息，精神代代相传。中国共产党在不同历史时期铸就的一系列伟大精神，既各有侧重、各具特点，又从不同方面体现了伟大建党精神的基本内涵。这一系列伟大精神的主要内容，都蕴含着伟大建党精神的基本内涵，充分表明伟大建党精神既在创建中国共产党的实践中形成，又在党的百年光辉历史中发扬光大。

伟大建党精神是贯穿中国共产党人精神谱系的红色血脉。"石可破也，而不可夺坚；丹可磨也，而不可夺赤。"伟大建党精神集中体现了中国共产党的性质宗旨、优良作风和伟大品格，深刻揭示了中国共产党最鲜明的特质和特点，充分展示了中国共产党人精神谱系的本质内容和精神实质，是贯通中国共产党人精神谱系的一条红线，是中国共产党不断发展壮大的基因密码。

习近平总书记在庆祝中国共产党成立 100 周年大会上，号召全党继续弘扬光荣传统、赓续红色血脉，永远把伟大建党精神继承下去、发扬光大。①

拓展链接：
伟大建党精神：中国共产党的精神之源

二、井冈山精神

井冈山是中国革命的摇篮。1927 年 10 月，毛泽东率领三湾改编后的秋收起义部队到达井冈山北麓的宁冈县，开始了创建井冈山革命根据地的斗争。井冈山革命根据地的创建，点燃了中国革命的星星之火，开辟了"农村包围城市、武装夺取政权"的道路，成为中国革命不断走向胜利的光辉起点。

井冈山精神内涵为：坚定信念、艰苦奋斗、实事求是、敢闯新路、依靠群众、勇于胜利。

2016 年 2 月，习近平总书记赴江西看望慰问广大干部群众时指出，井冈山是中国革命的摇篮。井冈山时期留给我们最为宝贵的财富，就是跨越时空的井冈山精神。今天，我们要结合新的时代条件，坚持坚定执著追理想、实事求是闯新路、艰苦奋斗攻难关、依靠群众求胜利，让井冈山精神放射出新的时代光芒。②

---

① 在庆祝中国共产党成立 100 周年大会上的讲话［N］. 人民日报，2021-07-02.
② 习近平. 论中国共产党历史［M］. 北京：中央文献出版社，2021：112.

井冈山精神(刘子煜，武汉科技大学产品设计专业)

拓展链接：

精神的追寻——中国共产党人精神谱系 第 2 集：井冈山精神

三、苏区精神

1931 年 11 月，中华苏维埃共和国在中央革命根据地瑞金宣告成立，谱写了中国共产党领导的革命根据地建设和红色政权建设的新篇章。在革命根据地的创建和发展中，在建立红色政权、探索革命道路的实践中，无数革命先辈用鲜血和生命铸就了苏区精神。

苏区精神内涵为：坚定信念、求真务实、一心为民、清正廉洁、艰苦奋斗、争创一流、无私奉献。

2015 年 3 月 6 日，在全国两会期间参加江西代表团审议讲话时，习近平总书记强调指出："井冈山精神和苏区精神是我们党的宝贵精神财富，要永远铭记、世代传承，教育引导广大党员、干部在思想上正本清源、固根守魂，始终保持共产党人政治本色。"①

拓展链接：

精神的追寻——中国共产党人精神谱系 第 3 集：苏区精神

四、长征精神

面对生死存亡的严峻考验，1934 年 10 月—1936 年 10 月，红军第一、第二、第四方面军和第二十五军进行了伟大的长征。我们党领导红军，以非凡的智慧和大无畏的英雄气概，战胜千难万险，付出巨大牺牲，胜利完成震撼世界、彪炳史册的长征，宣告了国民党反动派消灭中国共产党和红军的图谋彻底失败，宣告了中国共产党和红军肩负着民族希望胜利实现了北上抗日的战略转移，实现了中国共产党和中国革命事业从挫折走向胜利的伟大转折，开启了中国共产党为实现民族独立、人民解放而斗争的新的伟大进军。

长征精神的主要内涵有：把全国人民和中华民族的根本利益看得高于一切，坚定革命的理想和信念，坚信正义事业必然胜利的精神；为了救国救民，不怕任何艰难险阻，不惜付出一切牺牲的精神；坚持独立自主、实事求是，一切从实际出发的精神；顾全大局、严守纪律、紧密团结的精神；紧紧依靠人民群众，同人民群众生死相依、患难与共、艰苦奋斗的精神。

2016 年 10 月 21 日，习近平总书记在纪念红军长征胜利 80 周年大会上的讲话指出，伟大长征精神，是中国共产党人及其领导的人民军队革命风范的生动反映，是中华民族自强不息的民族品格的集中展示，是以爱国主义为核心的民族精神的最高体现。② 习近平总书记强调，长征永远在路上。一个不记得来路的民族，是没有出路的民族。不论我们的事业发展到哪一步，不论我们取得了多大成就，我们都要大力弘扬伟大长征精神，在新的长征路上继续奋勇前进。

---

① 习近平在全国两会期间参加江西代表团审议讲话，[N]光明日报，2015-03-07.
② 习近平. 论中国共产党历史[M]. 北京：中央文献出版社，2021：146.

长征精神（赵雅璇，武汉科技大学公共艺术专业）

拓展链接：
精神的追寻——中国共产党人精神谱系 第 4 集：长征精神

五、遵义会议精神

1935 年 1 月 15—17 日，中共中央政治局召开扩大会议，即遵义会议。这次会议是在紧急的战争形势下以及与共产国际联系中断的情况下召开的，集中解决了党内面临的最迫切的军事问题和组织问题，结束了"左"倾教条主义错误在中央的统治，开始确立以毛泽东为主要代表的马克思主义正确路线在党中央的领导地位。遵义会议是在历史洪流中应运而生的伟大事件，形成了遵义会议精神。

遵义会议精神实质是求索精神，基本内涵是：坚定信念、实事求是、独立自主、民主团结。

2015 年 6 月，习近平总书记在贵州参观遵义会议会址和遵义会议陈列馆时指出，遵义会议作为我们党历史上一次具有伟大转折意义的重要会议，在把马克思主义基本原理同中国具体实际相结合、坚持走独立自主道路、坚定正确的政治路线和政策策略、建设坚强成熟的中央领导集体等方面，留下宝贵经验和重要启示。我们要运用好遵义会议历史经验，让遵义会议精神永放光芒。①

拓展链接：

精神的追寻——中国共产党人精神谱系 第 5 集：遵义会议精神

六、延安精神

1935 年 10 月，中央红军经过二万五千里长征胜利抵达陕北，陕北自此成为中共中央的"落脚点"，也成为建立抗日民族统一战线、赢得抗日战争胜利、进而夺取人民解放战争胜利的"出发点"。十三载峥嵘岁月，孕育了永放光芒的延安精神。在位于西北黄土高原的延安，中国共产党人引领民族独立和人民解放事业实现了伟大转折，我们的党走向成熟，我们的军队走向壮大，我们的事业不断从胜利走向新的胜利。

延安精神的内涵：坚定正确的政治方向、解放思想实事求是的思想路线、理论联系实际的精神、全心全意为人民服务的根本宗旨、自力更生艰苦奋斗的精神。

习近平总书记多次强调要弘扬延安精神。2022 年 10 月 27 日，习近平总书记带领新一届中央政治局常委来到延安，宣示新一届中央领导集体将继承和发扬延安时期党形成的优良革命传统和作风，弘扬延安精神。他强调，在延安时期形成和发扬的光荣传统和优良作风，培育形成的以坚定正确的政治方向、解放思想实事求是的思想路线、全心全意为人民服务的根本宗旨、自力更生艰苦奋斗的创业精神为主要内容的延安精神，是党的宝贵精神财富，要代代传承下去。②

---

① 习近平. 论中国共产党历史［M］. 北京：中央文献出版社，2021：102.

② 习近平. 继承和发扬党的优良革命传统和作风，弘扬延安精神［J］. 求实，2022(12).

延安精神（张大藩，武汉科技大学工业设计专业）

拓展链接：
精神的追寻——中国共产党人精神谱系 第 6 集：延安精神

七、抗战精神

1937 年，日本帝国主义悍然发动了全面侵华战争。在中华民族生死存亡的危急关头，中国共产党高举抗日民族统一战线的旗帜，团结各个党派、各界群众和一切爱国同胞，同仇敌忾，共赴国难，同日本侵略者展开了英勇顽强的斗争。中国人民抗日战争的伟大胜利，宣告了世界反法西斯战争的完全胜利。抗战期间，中国共产党坚持动员人民、依靠人民，推动形成了全民族抗战的历史洪流。全体中华儿女勠力同心、以弱胜强的英雄壮举，显示了中国人民和中华儿女坚不可摧的磅礴力量！

抗战精神内涵：天下兴亡、匹夫有责的爱国情怀，视死如归、宁死不屈的民族气节，不畏强暴、血战到底的英雄气概，百折不挠、坚忍不拔的必胜信念。

2020 年 9 月 3 日，习近平总书记在纪念中国人民抗日战争暨世界反法西斯战争胜利 75 周年座谈会上指出，中国人民在抗日战争的壮阔进程中孕育出伟大抗战精神，向世界展示了天下兴亡、匹夫有责的爱国情怀，视死如归、宁死不屈的民族气节，不畏强暴、血战到底的英雄气概，百折不挠、坚忍不拔的必胜信念。伟大抗战精神，是中国人民弥足珍贵的精神财富，将永远激励中国人民克服一切艰难险阻、为实现中华民族伟大复兴而奋斗。[①]

拓展链接：
精神的追寻——中国共产党人精神谱系 第 7 集：抗战精神

八、红岩精神

抗日战争到解放战争初期，以毛泽东、周恩来同志为主要代表的中国共产党人，在国民党政权统治中心的重庆暨中共中央南方局所辖地区，为争取民族独立和人民解放积极开展革命斗争。重庆地下党组织遭到破坏后，被捕的共产党员及革命志士多数被集中关押在渣滓洞和白公馆监狱。以江竹筠、王朴、许晓轩、陈然等为代表的革命英烈，以坚如磐石的理想信念、正义凛然的英雄气概经受住种种酷刑折磨，为中国人民解放事业献出了宝贵生命。他们以感天动地的英雄人生，谱写了彪炳史册的红岩精神。

红岩精神的内涵：崇高思想境界、坚定理想信念、巨大人格力量、浩然革命正气。

2018 年 3 月 10 日，习近平总书记在参加十三届全国人大一次会议重庆代表团审议时强调："以周恩来为首的中共中央南方局在这里驻守 8 年，高举抗战民主旗帜，坚持和发展抗日民族统一战线，为争取政治民主和抗战胜利以及战后中国光明前途作出了卓越贡献，在此过程中培育了伟大的红岩精神，还产生了影响几代人的《红岩》小说及相关作品背后的故事，烈士们的真实事迹远比艺术加工更加感人，'狱中八条'作为烈士们临终前给党留下的血泪嘱托，至今仍然具有很强的现实意义。"[②]

---

① 习近平. 论中国共产党历史[M]. 北京：中央文献出版社，2021：274.
② 习近平在参加十三届全国人大一次会议重庆代表团审议时讲话[N]. 光明日报，2018-03-11.

红岩精神（孙李楠，武汉科技大学环境设计专业）

拓展链接：
精神的追寻——中国共产党人精神谱系 第 8 集：红岩精神

九、西柏坡精神

抗日战争胜利后不久，蒋介石挑起了第三次国内战争，派出大军围剿延安。党中央做出了英明决定，转战华北，最后确定在天时地利人和俱佳的西柏坡开展工作，党中央在这里指挥夺取了中国革命的最终胜利。在西柏坡召开的党的七届二中全会上，毛泽东要求全党在胜利面前要保持清醒头脑，在夺取全国政权后要经受住执政的考验，务必使同志们继续地保持谦虚、谨慎、不骄、不躁的作风，务必使同志们继续保持艰苦奋斗的作风。

西柏坡精神的主要内涵包括：谦虚谨慎戒骄戒躁的精神，敢于斗争、敢于胜利的精神，依靠群众、团结统一的精神。

习近平总书记在河北省调研指导党的群众路线教育实践活动时指出，毛泽东同志当年在西柏坡提出"两个务必"，包含着对我国几千年历史治乱规律的深刻借鉴，包含着对我们党艰苦卓绝奋斗历程的深刻总结，包含着对胜利了的政党永葆先进性和纯洁性、对即将诞生的人民政权实现长治久安的深刻忧思，包含着对我们党坚持全心全意为人民服务根本宗旨的深刻认识，思想意义和历史意义十分深远。全党同志要不断学习领会"两个务必"的深邃思想，始终做到谦虚谨慎、艰苦奋斗、实事求是、一心为民，继续把人民对我们党的"考试"、把我们党正在经受和将要经受各种考验的"考试"考好，使我们的党永远不变质、我们的红色江山永远不变色。①

在党的二十大开幕会上，习近平总书记首次提出了"三个务必"的重要论断："全党同志务必不忘初心、牢记使命，务必谦虚谨慎、艰苦奋斗，务必敢于斗争、善于斗争，坚定历史自信，增强历史主动，谱写新时代中国特色社会主义更加绚丽的华章。"②

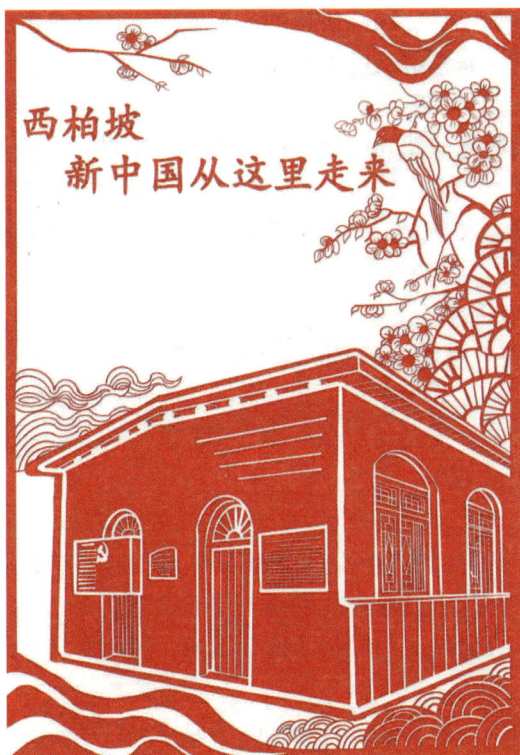

西柏坡精神(李栋洋，武汉科技大学环境设计专业)

---

① 习近平. 论中国共产党历史[M]. 北京：中央文献出版社，2021：26.
② 中国共产党第二十次全国代表大会在京开幕[N]. 人民日报，2022-10-17.

拓展链接：
精神的追寻——中国共产党人精神谱系 第 9 集：西柏坡精神

十、照金精神

土地革命战争时期，刘志丹、谢子长、习仲勋等老一辈无产阶级革命家在领导创建以照金为中心的陕甘边革命根据地，并在此后西北革命根据地的艰苦斗争中，培育和发扬了伟大的照金精神。

在创建西北革命根据地的过程中形成的革命精神——照金精神，有着深刻的科学内涵。主要为：不怕牺牲、顽强拼搏的英雄气概，独立自主、开拓进取的创新勇气，从实际出发、密切联系群众的工作作风。

2015 年 2 月 14 日，习近平总书记在陕西考察时的讲话指出："照金精神在现在还是很适用的，当时老一辈无产阶级革命家能够在照金落脚，就是因为群众基础好，他们能够密切联系群众，这里的群众能够支持革命，现在我们党要依靠群众，要把照金精神传承好，发扬好，如果能做到这些，我们的事业就固若金汤了。"①

拓展链接：
精神的追寻——中国共产党人精神谱系 第 10 集：照金精神

十一、东北抗联精神

从 1931 年"九一八"事变到 1945 年日本侵略者投降，东北抗日联军辗转于白山黑水之间，经历了生与死、血与火的磨砺与考验，进行了长达 14 年不屈不挠的斗争，开辟了全国最早、坚持时间最长的抗日战场，用鲜血和生命铸就了伟大的东北抗联精神。

东北抗联精神的基本内涵包括：坚定的信仰信念、高尚的爱国情操、伟大的牺牲精神。

2016 年 5 月，习近平总书记在黑龙江考察调研时指出："加强干部作风建设，黑龙江有不少有利条件，东北抗联精神、北大荒精神、大庆精神、铁人精神激励了几代人。今天，我们仍然要用这些精神来教育广大党员、干部，引导他们发扬优良

---

① 习近平在陕西考察时的讲话［N］. 光明日报，2015-02-17.

传统，在全社会带头弘扬新风正气。"①

拓展链接：
精神的追寻——中国共产党人精神谱系 第 11 集：东北抗联精神

十二、南泥湾精神

1939 年后，日军对我根据地反复进行大规模扫荡，国民党调集几十万军队包围陕甘宁边区，实行严密的军事包围和经济封锁，叫嚣着要"饿死八路军，困死八路军"。为摆脱困境、战胜敌人的封锁，党中央和毛泽东同志号召边区军民积极开展大生产运动。1941 年 3 月，八路军三五九旅开赴南泥湾屯田垦荒，指战员们艰苦奋战，实行战斗、生产、学习三结合，战胜了重重困难，把一个荒无人烟的南泥湾，变成了到处是庄稼、遍地是牛羊的"陕北好江南"，成为全军大生产运动的一面光辉旗帜，也创造了宝贵的南泥湾精神。

南泥湾精神的核心和本质就是艰苦奋斗、自力更生。

南泥湾精神是延安精神的组成部分，它也是在党中央、毛主席的直接培育下形成的，是延安精神在南泥湾大生产中的具体体现。我们从南泥湾精神中汲取不竭动力和宝贵经验，保持忧患意识，赓续创业精神，必将激励一代又一代中华儿女迎难而上，奋发图强。

拓展链接：
精神的追寻——中国共产党人精神谱系 第 12 集：南泥湾精神

十三、太行精神（吕梁精神）

"左手一指太行山，右手一指是吕梁……"太行山壁立万仞，吕梁山沟壑纵横，南北绵延 400 多公里的太行吕梁，犹如两条巨龙纵卧在中国北方。抗日战争爆发后，一二九师进入太行山，用坚定生命、鲜血和钢铁般的斗志，依托有利地形，依靠广大人民群众的拥护与支持，同日寇展开殊死搏斗。在极其艰难、复杂、曲折、险恶的斗争环境中，培养、锻炼了一大批治党、治国、治军的文武英才，形成了难能可贵的太行（吕梁）精神。

---

① 习近平. 论中国共产党历史[M]. 北京：中央文献出版社，2021：36.

太行精神的实质与要义就是：不怕牺牲、不畏艰险，百折不挠、艰苦奋斗，万众一心、敢于胜利，英勇奋斗、无私奉献。

2009 年 5 月，习近平同志在视察八路军太行纪念馆时强调："结合新的实际与时俱进地大力弘扬太行精神，坚定正确的理想信念，始终保持对党对人民对事业的忠诚；坚持执政为民的政治立场，始终保持同人民群众的密切联系；锤炼坚忍不拔、百折不挠的品格，始终保持知难而进、奋发有为的精神状态；坚守党的政治本色，始终保持艰苦奋斗的优良作风，为推动经济社会又好又快地发展提供强大的精神动力。"①

2017 年 6 月，习近平总书记参观晋绥边区革命纪念馆，向革命烈士敬献花篮。他指出："革命战争年代，吕梁儿女用鲜血和生命铸就了伟大的吕梁精神。我们要把这种精神用在当今时代，继续为老百姓过上幸福生活、为中华民族伟大复兴而奋斗。"②

拓展链接：
精神的追寻——中国共产党人精神谱系 第 13 集：太行精神

十四、大别山精神

从中国共产党成立到新中国成立，以大别山为中心的鄂豫皖三省交界地区，由中国共产党及其领导的武装力量和革命群众，为了民族解放、人民独立，在推翻帝国主义、封建主义和官僚资本主义的长期革命斗争中用鲜血和生命铸就了"大别山精神"。

大别山精神的主要内涵有：坚守信念、胸怀全局、团结奋斗、勇当先锋。

习近平总书记指出："鄂豫皖苏区根据地是我们党的重要建党基地，焦裕禄精神、红旗渠精神、大别山精神等都是我们党的宝贵精神财富。开展主题教育，要让广大党员、干部在接受红色教育中守初心、担使命，把革命先烈为之奋斗、为之牺牲的伟大事业奋力推向前进。"③

拓展链接：
精神的追寻——中国共产党人精神谱系 第 14 集：大别山精神

---

① 与时俱进 大力弘扬太行精神、吕梁精神[N]. 人民日报，2021-11-01.
② 太行精神、吕梁精神是我们党宝贵的精神财富[N]. 人民日报，2017-06-24.
③ 习近平. 论中国共产党历史[M]. 北京：中央文献出版社，2021：261.

十五、沂蒙精神

在长达 12 年的沂蒙革命斗争实践中，各级党组织和人民军队为了人民利益出生入死、浴血奋战，沂蒙人民在党的领导下舍生忘死、参军参战、奋勇向前，党政军民水乳交融、生死与共，共同铸就了伟大的沂蒙精神。

2022 年 3 月，经党中央批准，沂蒙精神基本内涵正式表述为"党群同心、军民情深、水乳交融、生死与共"。

2013 年 11 月 25 日，习近平总书记来到华东革命烈士陵园，向革命烈士纪念塔敬献花篮，参观沂蒙精神展，听取沂蒙地区革命战争历史介绍，并会见了当地先进模范和当年支前模范后代代表。他深情地说："我一来到这里就想起了革命战争年代可歌可泣的峥嵘岁月。在沂蒙这片红色土地上，诞生了无数可歌可泣的英雄儿女，沂蒙六姐妹、沂蒙母亲、沂蒙红嫂的事迹十分感人。沂蒙精神与延安精神、井冈山精神、西柏坡精神一样，是党和国家的宝贵精神财富，要不断结合新的时代条件发扬光大。"①

沂蒙精神（李栋洋，武汉科技大学环境设计专业）

---

①　让沂蒙精神在新时代发扬光大［N］. 人民日报，2013-11-29.

拓展链接：

精神的追寻——中国共产党人精神谱系 第15集：沂蒙精神

十六、老区精神

革命老区是新中国的摇篮，是党和人民军队的根。在抗日战争和解放战争时期，老区人民全力支援、全面支援、全程支援，作出了巨大的贡献。历史证明，没有革命老区，中国革命就不会走向胜利，党领导老区人民的革命斗争历程，就是老区精神形成和丰富的过程。

老区精神的内涵包括：爱党信党、坚定不移的理想信念；舍生忘死、无私奉献的博大胸怀；不屈不挠、敢于胜利的英雄气概；自强不息、艰苦奋斗的顽强斗志；求真务实、开拓创新的科学态度；鱼水情深、生死相依的光荣传统。

习近平总书记指出：老区和老区人民，为我们党领导的中国革命作出了重大牺牲和贡献。这些牺牲和贡献永远镌刻在中国共产党、中国人民解放军、中华人民共和国的历史丰碑上。我们要永远珍惜、永远铭记老区和老区人民的这些牺牲和贡献，继承和发扬老区和老区人民的光荣传统，为实现"两个一百年"奋斗目标、实现中华民族伟大复兴的中国梦而不懈奋斗！①

拓展链接：

精神的追寻——中国共产党人精神谱系 第16集：老区精神

十七、张思德精神

张思德，共产主义战士，出生于四川省仪陇县一个穷苦农民家庭，是全心全意为人民服务的典范。1944年9月5日，他带领战士们在陕北安塞县执行烧炭任务时，即将挖成的窑洞突然塌方，他奋力把战友推出洞去，自己却被埋在窑洞中，牺牲时年仅29岁。毛泽东参加了张思德的追悼会，并亲笔题写了"向为人民利益而牺牲的张思德同志致敬"的挽词，发表了《为人民服务》的演讲，高度赞扬了张思德完全、彻底为人民服务的思想境界和革命精神。2009年9月10日，张思德被评为"100位为新中国成立作出突出贡献的英雄模范人物"之一。

---

① 习近平. 论中国共产党历史[M]. 北京：中央文献出版社，2021：45.

张思德精神的内涵是：全心全意为人民服务。

毛泽东同志对张思德精神作了精辟概括："我们的共产党和共产党所领导的八路军、新四军，是革命的队伍。我们这个队伍完全是为着解放人民的，是彻底地为人民的利益工作的。张思德同志就是我们这个队伍中的一个同志"。"为人民利益而死，就比泰山还重；替法西斯卖力，替剥削人民和压迫人民的人去死，就比鸿毛还轻。张思德同志是为人民利益而死的，他的死是比泰山还要重的。"①

2017 年 8 月 13 日，在以普通党员身份参加所在党支部的专题组织生活会时，习近平总书记号召全体党员以张思德、白求恩、焦裕禄等为榜样，"这些人都是在普通的岗位上，但他们有一颗金子般发光的心，我希望同志们的参照系就是这些楷模"。② 2015 年 2 月 15 日，习近平总书记在陕西考察工作时也指出："延安时期，毛泽东同志在追悼张思德同志时发表的《为人民服务》的演讲，深刻揭示了党群关系、干群关系、军民关系的真谛。"③

拓展链接：
精神的追寻——中国共产党人精神谱系 第 17 集：张思德精神

第二节　社会主义革命和建设时期精神谱系

社会主义革命和建设时期的中国共产党精神，是中国共产党精神次第演进中产生的第二个主要形态。这一时期，党担负着开国奠基的创业重任，即建立中华人民共和国、奠定新中国政治制度及经济社会国防等各方面基础，为进一步发展准备条件。

习近平总书记高度评价这一时期在党史国史上的地位，他在《关于坚持和发展中国特色社会主义的几个问题》报告中指出：中国特色社会主义是在改革开放历史新时期开创的，但也是在新中国已经建立起社会主义基本制度并进行了二十多年建设的基础上开创的。其所体现的鲜明时代精神是：独立自主、自力更生，艰苦奋斗、奋发图强，团结一心、积极探索等，概言之就是艰苦创业精神。

这一时期党培育产生的具体精神形态主要有：抗美援朝精神、"两弹一星"精

① 弘扬张思德精神，全心全意为人民服务[N]. 人民日报，2021-11-10.
② 习近平谈治国理政[M]. 北京：外文出版社，2014：22.
③ 习近平. 论中国共产党历史[M]. 北京：中央文献出版社，2021：100.

神、雷锋精神、焦裕禄精神、大庆精神(铁人精神)、红旗渠精神、北大荒精神、塞罕坝精神、"两路"精神、老西藏精神(孔繁森精神)、西迁精神、王杰精神。创造这些精神的主体人物喊出的"雄赳赳，气昂昂，跨过鸭绿江""宁肯少活 20 年，拼命也要拿下大油田""一不怕苦，二不怕死""到农村去，到边疆去，到祖国最需要的地方去"等铿锵有力的誓言口号，是这一时代精神的最强音符。这一时期合奏出的催人奋进的战曲乐章，永远回响在历史天空。

一、抗美援朝精神(含上甘岭精神)

1950 年 10 月初，美国悍然发动对朝鲜的全面战争，并不顾中国政府多次警告，把战火烧到了新生的中华人民共和国国土。危急关头，我们党和政府毅然作出抗美援朝、保家卫国的历史性决策，以大无畏的英雄气概承担起保卫和平的历史使命。

伟大抗美援朝精神的内涵包括：祖国和人民利益高于一切、为了祖国和民族的尊严而奋不顾身的爱国主义精神，英勇顽强、舍生忘死的革命英雄主义精神，不畏艰难困苦、始终保持高昂士气的革命乐观主义精神，为完成祖国和人民赋予的使命、慷慨奉献自己一切的革命忠诚精神，为了人类和平与正义事业而奋斗的国际主义精神。

上甘岭精神的内涵表现为：听党指挥、英勇顽强、艰苦奋斗、团结友爱、严守纪律。上甘岭战役是抗美援朝的一次著名战役，奉命防守上甘岭的志愿军第十二、

抗美援朝精神(康志昊，武汉科技大学绘画专业)

十五军部分兵力，历时 43 天，发扬英勇顽强的战斗作风，克服缺粮、缺水、缺弹药的严重困难，击退敌人 650 多次冲击，歼敌 25000 余人，彻底粉碎了敌人的阴谋，创造了现代战争史上坚守防御作战的奇迹，锻造了伟大的上甘岭精神。

2020 年 10 月 23 日，习近平总书记在纪念中国人民志愿军抗美援朝出国作战 70 周年大会上发表重要讲话，深刻指出："抗美援朝战争锻造形成的伟大抗美援朝精神，是弥足珍贵的精神财富，必将激励中国人民和中华民族克服一切艰难险阻、战胜一切强大敌人。"①

拓展链接：
精神的追寻——中国共产党人精神谱系 第 18 集：抗美援朝精神

二、"两弹一星"精神

"两弹一星"指的是原子弹、氢弹和人造卫星。中华人民共和国成立之初，我们面临的是一个经济落后、技术空白、人才奇缺、环境恶劣，国防科技工业基础十分薄弱，资金和设备极端匮乏的严峻形势，各项发展步履维艰。从 20 世纪 50 年代后期开始，在中央的坚强领导下，举国同心，坚定执行"自力更生，过技术关，质量第一，安全第一"的方针，汇聚起广大科研工作者的奋斗合力，攻克了一个又一个导弹和卫星研制的难关。

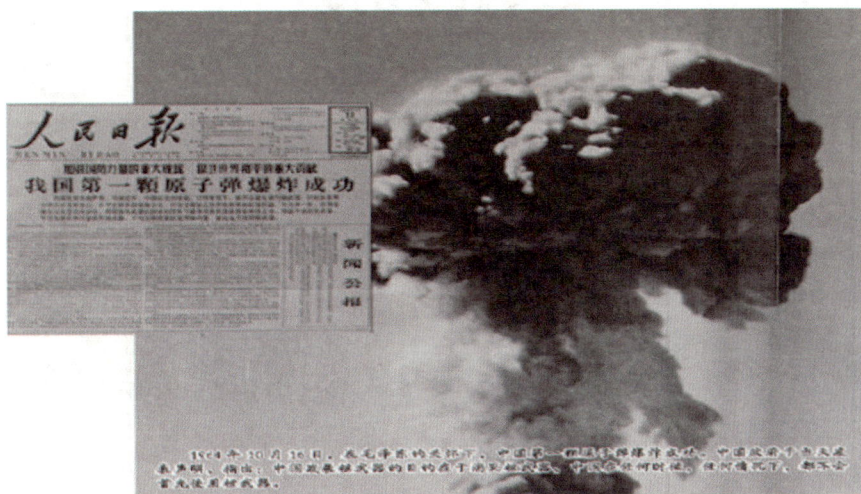

① 习近平. 论中国共产党历史［M］. 北京：中央文献出版社，2021：297.

1964年10月16日，这注定是一个载入新中国史册的日子，这一天，我国自行制造的第一颗原子弹成功爆炸。喜报连连，1967年6月17日，我国自行制造的第一颗氢弹爆炸成功，1970年4月24日，我国又成功地把"东方红"的人造地球卫星送上了太空。在为"两弹一星"事业进行的艰苦奋斗中，广大研制工作者培育和发扬了一种崇高的精神，那就是热爱祖国、无私奉献，自力更生、艰苦奋斗，大力协同、勇于登攀的"两弹一星"精神。

2022年5月2日，习近平总书记回信勉励广大航天青年强调，建设航天强国要靠一代代人接续奋斗。希望广大航天青年弘扬"两弹一星"精神，勇于创新突破，在逐梦太空的征途上发出青春的夺目光彩，为我国航天科技实现高水平自立自强再立新功。①

"两弹一星" 精神 （曹霈珂，武汉科技大学绘画专业）

拓展链接：
精神的追寻——中国共产党人精神谱系 第19集："两弹一星"精神

---

① 习近平谈治国理政(第三卷)[M].北京：外文出版社，2020：113.

三、雷锋精神

雷锋，男，汉族，中共党员，湖南望城人，1940年12月出生，1960年入伍，生前系原工程兵工程某团汽车连班长。他把自己有限的生命投入无限的为人民服务之中，1962年8月执行运输任务时不幸殉职。1963年3月5日，伟大领袖毛主席亲笔题词"向雷锋同志学习"，3月5日就成为"学雷锋纪念日"。

雷锋精神内涵包括：热爱党、热爱祖国、热爱社会主义的崇高理想和坚定信念，服务人民、助人为乐的奉献精神，干一行爱一行、专一行精一行的敬业精神，锐意进取、自强不息的创新精神，艰苦奋斗、勤俭节约的创业精神。

2023年2月，中共中央总书记、国家主席、中央军委主席习近平作出重要指示指出，2023年是毛泽东等老一辈革命家为雷锋同志题词60周年。60年来，学雷锋活动在全国持续深入开展，雷锋的名字家喻户晓，雷锋的事迹深入人心，雷锋精神滋养着一代代中华儿女的心灵。实践证明，无论时代如何变迁，雷锋精神永不过时。新征程上，要深刻把握雷锋精神的时代内涵，更好地发挥党员、干部模范带头作用，加强志愿服务保障和支持，不断发展壮大学雷锋志愿服务队伍，让学雷锋在人民群众特别是青少年中蔚然成风，让学雷锋活动融入日常、化作经常，让雷锋精神在新时代绽放更加璀璨的光芒，为全面建设社会主义现代化国家、全面推进中华民族伟大复兴凝聚强大力量。①

雷锋精神(伍小雨，武汉科技大学环境设计专业)

---

① 习近平.论中国共产党历史[M].北京：中央文献出版社，2021：38.

拓展链接：
精神的追寻——中国共产党人精神谱系 第20集：雷锋精神

四、焦裕禄精神

焦裕禄，1922年8月16日出生在山东省淄博一个贫苦农民家庭。1946年1月，焦裕禄光荣地加入中国共产党。1962年12月，焦裕禄调任兰考县委书记后，带领全县人民全身心投入封沙、治水、改地斗争。1964年5月14日，焦裕禄患肝癌病逝。

焦裕禄精神的内涵主要有：亲民爱民、艰苦奋斗、科学求实、迎难而上、无私奉献。

2014年3月18日上午，习近平总书记在兰考县委老办公楼举行的县委常委扩大会议上开门见山："我之所以选择兰考作为联系点，一个重要考虑就是因为兰考是焦裕禄同志工作和生活过的地方，是焦裕禄精神的发源地。我希望通过学习焦裕禄精神，为推进党和人民事业发展、实现中华民族伟大复兴的中国梦提供强大正能量。"[①]

拓展链接：
精神的追寻——中国共产党人精神谱系 第21集：焦裕禄精神

五、大庆精神(含铁人精神)

1949年，我国石油产量仅仅12万吨，因为缺油，北京的汽车背上了煤气包，有的地方汽车甚至烧起了酒精、木炭。1953年，毛泽东主席感叹：要进行建设，石油是不可缺少的，天上飞的，地上跑的，没有石油都转不动。大庆石油人不信邪，不相信只有外国人才能开发出大油田，他们坚定地表示：我们有能力找到大油田，也一定能够开发好大油田。以铁人王进喜为代表的中国石油工人和知识分子，头顶蓝天、脚踏荒原，创下高速度高水平开发建设世界级特大油田的奇迹。

大庆精神的内涵体现为：爱国、创业、求实、奉献。而铁人精神是大庆精神的典型化、人格化。

---

① 习近平. 论中国共产党历史[M]. 北京：中央文献出版社，2021：29.

2019 年 9 月，习近平总书记在致信祝贺大庆油田发现 60 周年时强调："站在新的历史起点上，希望大庆油田全体干部职工不忘初心、牢记使命，大力弘扬大庆精神、铁人精神，不断改革创新，推动高质量发展，肩负起当好标杆旗帜、建设百年油田的重大责任，为实现'两个一百年'奋斗目标、实现中华民族伟大复兴的中国梦作出新的更大的贡献！"①

拓展链接：
精神的追寻——中国共产党人精神谱系 第 22 集：大庆精神

六、红旗渠精神

20 世纪 60 年代，河南林县（现林州市）人民为了改变千百年来缺水的天然困境，坚信与其苦熬不如苦干，立誓重新安排林县河山，历时十年，修建了中国的水上长城、天下第一人工河——红旗渠。当时参加工程修建的干部群众达 30 万，经

红旗渠精神　（雷赛西，武汉科技大学产品设计专业）

---

① 习近平致大庆油田发现 60 周年的贺信［EB/OL］. 中国政府网，http://www.gov.cn/xinwen/2019-09/26/content_5433458.htm，2019-09-26.

受了最困难时期的考验，在环境极其恶劣、条件十分欠缺的情况下，凭借一锤一钎一双手，跨经两省，削平山头 1250 座，凿通隧道 211 个，架设渡槽 152 个，挖砌土石方 1640 万立方米，投资 6865.64 万元，在沟壑纵横、悬崖绝壁叠生的太行山上修成长达 1500 公里的人工天河。那场气壮山河的伟大实践中，孕育了伟大的红旗渠精神。

红旗渠精神的内涵表现：自力更生、艰苦奋斗、团结协作、无私奉献。

2022 年 10 月，习近平总书记在河南安阳考察时指出，红旗渠就是纪念碑，记载了林县人不认命、不服输、敢于战天斗地的英雄气概。要用红旗渠精神教育人民特别是广大青少年，社会主义是拼出来、干出来、拿命换来的，不仅过去如此，新时代也是如此。没有老一辈人拼命地干，没有他们付出鲜血乃至生命，就没有今天的幸福生活，我们要永远铭记他们。今天，物质生活大为改善，但愚公移山、艰苦奋斗的精神不能变。红旗渠很有教育意义，大家都应该来看看。①

拓展链接：
精神的追寻——中国共产党人精神谱系 第 23 集：红旗渠精神

七、北大荒精神

北大荒，位于松嫩平原、三江平原、完达山和小兴安岭地区，是有着 5 万多平方公里的黑土地。一年四季冬最长——全年中 2/3 的时间是冬天，最低温度甚至达到 -40℃。经过 70 多年的建设发展，这里已经成为我国耕地规模最大、现代化程度最高、综合生产能力最强的国家重要商品粮基地和粮食战略后备基地。从北大荒到北大仓，几代拓荒人在这里战天斗地，百折不挠，前赴后继，勇往直前——从人迹罕至的"莽莽荒原"到富饶丰盈的"中国饭碗"，他们在半个多世纪里锤炼出伟大的北大荒精神。

北大荒精神的内涵表现为：艰苦奋斗、勇于开拓、顾全大局、无私奉献。

2018 年 9 月 25 日，在北大荒精准农业农机中心一楼大厅，习近平总书记仔细端详墙壁上的老照片，指着全国劳动模范、新中国第一位女拖拉机手梁军的照片说，她就是一元人民币上女拖拉机手的原型。"北大荒能有今天不容易啊！"习近平总书记感慨道，"真是居功至伟！"黑土地上孕育锻造的北大荒精神，凝聚着中国共产党人的优秀品质，是民族精神和时代精神的生动写照，是中国共产党人精神谱系

---

① 习近平. 论中国共产党历史［M］. 北京：中央文献出版社，2021：36.

的重要组成部分，永远是中华民族宝贵的精神财富。①

拓展链接：

精神的追寻——中国共产党人精神谱系 第24集：北大荒精神

八、塞罕坝精神

"六二年那么呼儿嘿，建林场那么呼儿嘿，热血青年响应号召，来到塞罕坝，创大业那么呼儿嘿"，这是一首来自塞罕坝的歌曲，几代塞罕坝人以坚韧不拔的斗志和永不言败的担当精神坚守在"黄沙遮天日，飞鸟无栖树"的荒漠沙地上，他们坚持植树造林，建设百万亩人工林海的感人事迹家喻户晓。

塞罕坝精神的特质表现为：牢记使命、艰苦创业、绿色发展。

2017年8月，习近平总书记对河北塞罕坝机械林场建设者感人事迹作出重要批示指出，55年来，河北塞罕坝林场的建设者们听从党的召唤，在"黄沙遮天日，

塞罕坝精神　（赵雅璇，武汉科技大学公共艺术专业）

---

①　以北大荒精神鼓舞信心、鼓舞斗志［N］.人民日报，2021-11-15.

飞鸟无栖树"的荒漠沙地上艰苦奋斗、甘于奉献，创造了荒原变林海的人间奇迹，用实际行动诠释了绿水青山就是金山银山的理念。

2021年8月23日下午，习近平总书记来到塞罕坝精神发源地、百万亩林海起源地塞——机械林场尚海纪念林，他指出："你们做的事非常有示范意义，对全国生态文明建设具有激励作用和深远影响。塞罕坝精神是中国共产党人精神谱系的组成部分。全党全国人民要发扬这种精神，把绿色经济和生态文明发展好。塞罕坝要更加深刻地理解生态文明理念，再接再厉，二次创业，在新征程上再建功立业。"①

拓展链接：
精神的追寻——中国共产党人精神谱系 第25集：塞罕坝精神

九、"两路"精神

新中国成立前，整个西藏除拉萨城内布达拉宫到罗布林卡一条不到1公里的土路外，没有一条现代意义的公路。在建设新中国和巩固西南边疆、促进民族团结进步的形势和要求下，11万"筑路大军"在没有一张完整地图、没有任何地质水文资料的情况下，在平均海拔超过4000米的"世界屋脊"，创造了世界公路史上的奇迹。1954年，总长4360公里的川藏、青藏公路通车，它们犹如张开的双臂，让西藏和祖国大家庭紧紧拥抱在一起。

两路精神表现为：一不怕苦、二不怕死，顽强拼搏、甘当路石，军民一家、民族团结。

2014年8月，习近平总书记就川藏、青藏公路通车60周年作出重要批示，要求进一步弘扬"两路"精神，助推西藏发展。

2020年，习近平总书记对川藏铁路开工建设作出重要指示，强调"广大铁路建设者要发扬'两路'精神和青藏铁路精神，科学施工、安全施工、绿色施工，高质量推进工程建设，为全面建设社会主义现代化国家作出新的贡献"。②

拓展链接：
精神的追寻——中国共产党人精神谱系 第26集："两路"精神

---

① 习近平在河北承德市考察强调 贯彻新发展理念弘扬塞罕坝精神 努力完成全年经济社会发展主要目标任务[N].人民日报，2021-08-26.
② 习近平总书记对川藏铁路开工建设作出重要指示，弘扬"两路"精神，在新征程上作出新贡献[N].人民日报，2021-11-22.

十、老西藏精神(含孔繁森精神)

平均海拔高于 4000 米的西藏，含氧量不及内地。和平解放以前，这里生态脆弱、经济落后、环境恶劣，没有一条公路、一所学校、一家医院、一座厂房、一座电站。这里是人们口中的"生命禁区"。1950 年 3 月，以中国人民解放军第十八军为主力的进藏部队，徒步在高原行军 3000 公里，翻雪山、蹚冰河、宿草地，完成了和平解放西藏的历史使命。这群舍生忘死才取得胜利的解放者，又咬紧牙关，"长期建藏、边疆为家"，为西藏解放和发展献出了自己的青春韶华甚至宝贵生命。在历史坐标中，他们共同镌刻出一个名字——"老西藏"，他们为西藏发展留下了最宝贵的精神财富——"老西藏精神"。

"老西藏精神"主要内涵表现为：特别能吃苦、特别能战斗、特别能忍耐、特别能团结、特别能奉献。

孔繁森(1944—1994 年)，西藏自治区阿里地区原地委书记。在他的带领下，经过广大干部群众的努力，阿里经济有了较快发展，受到藏族群众的普遍称赞。1994 年 11 月，他在考察工作途中因车祸殉职，终年 50 岁。孔繁森同志是优秀共产党员，焦裕禄式的好干部、时代先锋、领导干部的楷模，也是我们学习的好榜样。2018 年 12 月 18 日，党中央、国务院授予孔繁森同志改革先锋称号，颁授改革先锋奖章。2019 年 9 月 25 日，孔繁森同志被评为"最美奋斗者"个人，并被评为100 位"新中国成立以来感动中国人物"之一。

2021 年 7 月，在西藏考察调研时，见到年轻的新入藏干部，习近平总书记叮嘱他们："一定要看到这个岗位的来之不易，倍加珍惜。这是机会也是考验，弘扬好'老西藏精神'。"[①]不论过去、现在还是将来，党的光荣传统和优良作风都是激励我们不畏艰难、勇往直前的宝贵精神财富。在新时代更好弘扬"老西藏精神"，从中国共产党人精神谱系中汲取奋进力量，我们就一定能不断满足人民对美好生活的向往，在新征程上不断创造新的伟大奇迹。

拓展链接：
精神的追寻——中国共产党人精神谱系 第 27 集：老西藏精神

---

① 习近平在西藏考察强调全面贯彻新时代党的治藏方略 谱写雪域高原长治久安和高质量发展新篇章[N]. 人民日报，2021-07-24.

十一、西迁精神

1955 年，我国第一个五年计划的第三年，出于国家工业建设和西部地区经济社会发展的考虑，党中央、国务院作出了交通大学内迁西安的决定。一呼而百者应，学校 70% 以上的教师、80% 以上的学生响应党和国家的号召，从繁华的大上海奔赴艰苦的大西北，扎根黄土奋斗，满腔热情地投身于西部的开发建设。一代代西迁人薪火相传、无私奉献，铸就了伟大的西迁精神。

西迁精神的内容包括：胸怀大局、无私奉献、弘扬传统、艰苦创业。"西迁精神"的核心是爱国主义，精髓是听党指挥跟党走，与党和国家、民族和人民同呼吸共命运。

2020 年 4 月，习近平总书记来陕考察期间回顾西安交通大学艰辛的西迁历史并指出："要发扬老教授们这种西迁精神。重大的历史进步都是在一些重大的灾难之后，我们这个民族就是这样在艰难困苦中历练、成长起来的。我也完全相信我们的交大人，我们西部的同志们，一定会，在未来的新时代的历史进程中，为中华民族立下卓越的贡献！"①

西迁精神　（谷闻越，武汉科技大学视觉传达设计专业）

---

①　弘扬"西迁精神"到祖国最需要的地方[N].人民日报，2021-11-24.

拓展链接：
精神的追寻——中国共产党人精神谱系 第 28 集：西迁精神

十二、王杰精神

王杰（1942—1965 年），男，汉族，山东省金乡县人，中共党员。1961 年入伍，生前系中国人民解放军 73081 部队工兵营 1 连 5 班班长。王杰入伍后，牢记全心全意为人民服务的宗旨，坚持从一点一滴做起，两次荣立三等功，被评为"模范共青团员"和一级技术能手。1965 年 7 月，为保护官兵，英勇牺牲，献出年仅 23 岁的生命。1965 年 11 月，解放军总政治部、全国总工会、共青团中央、全国妇联等分别发出通知，要求广泛开展学习王杰活动。2009 年，王杰当选 100 位新中国成立以来"感动中国人物"。2019 年 9 月，在新中国成立 70 周年之际，王杰被中宣部授予"最美奋斗者"称号。

王杰精神的内涵表现为：一不怕苦，二不怕死。这八个字是从王杰在 1965 年 5 月 1 日的写的日记中提炼出来的。

2017 年 12 月 13 日，习近平总书记看望王杰同志生前所在连官兵并指出，王杰"在荣誉上不伸手，在待遇上不伸手，在物质上不伸手"，这"三不伸手"是一面镜子，共产党员都要好好照照这面镜子。他强调，王杰精神过去是、现在是、将来永远是我们的宝贵精神财富，要学习践行王杰精神，让王杰精神绽放新的时代光芒。①

拓展链接：
精神的追寻——中国共产党人精神谱系 第 29 集：王杰精神

第三节　改革开放和社会主义现代化建设时期精神谱系

改革开放和社会主义现代化建设新时期的中国共产党精神，其鲜明标识是改革开放，是中国共产党精神次第演进中产生的第三个主要形态。

改革开放精神是在改革开放过程中不断淬炼提升的。习近平总书记在庆祝改革

① 习近平. 论中国共产党历史［M］. 北京：中央文献出版社，2021：38.

开放 40 周年大会上的讲话中，第一次明确提出了"伟大改革开放精神"，他指出："改革开放铸就的伟大改革开放精神，极大丰富了民族精神内涵，成为当代中国人民最鲜明的精神标识！"①改革开放精神要求解放思想、实事求是，提倡敢闯敢试、开拓创新，主张开放包容、兼容并蓄，强调科学发展、务求实效等内涵，必然体现在党和国家的各项工作中，并通过各种形式表现出来。

这一时期党培育产生的具体精神形态主要包括：改革开放精神、特区精神、抗洪精神、抗击非典精神、抗震救灾精神、载人航天精神、劳模精神（劳动精神、工匠精神）、青藏铁路精神、女排精神。这些都是不同时空条件下的改革开放精神之一。伟大改革开放精神与伟大改革开放实践互为支撑、相互促进、相得益彰，在中华民族伟大复兴道路上矗立起了新的丰碑。

一、改革开放精神

1978 年 12 月，我们党召开十一届三中全会，实现了新中国成立以来党的历史上具有深远意义的伟大转折，开启了改革开放和社会主义现代化的伟大征程。2013 年 11 月，党的十八届三中全会吹响了全面深化改革的号角，实现改革由局部探索、破冰突围到系统集成、全面深化的转变，开创了我国改革开放新局面。通过改革开放，我国跃升为世界第二大经济体。从"赶上时代"到"引领时代"，中华民族在富起来、强起来的征程上迈出了决定性步伐。

改革开放精神内涵表现为解放思想、实事求是，敢闯敢试、勇于创新，互利合作、命运与共。

习近平总书记在 2018 年举行的庆祝改革开放 40 周年大会上强调："改革开放是党和人民大踏步赶上时代的重要法宝，是坚持和发展中国特色社会主义的必由之路，是决定当代中国命运的关键一招，也是决定实现'两个一百年'奋斗目标、实现中华民族伟大复兴的关键一招。"习近平总书记深刻指出："改革开放铸就的伟大改革开放精神，极大丰富了民族精神内涵，成为当代中国人民最鲜明的精神标识！"②

拓展链接：
精神的追寻——中国共产党人精神谱系 第 30 集：改革开放精神

---

① 习近平. 在庆祝改革开放 40 周年大会上的讲话[M]. 北京：人民出版社，2018：14.
② 习近平. 论中国共产党历史[M]. 北京：中央文献出版社，2021：213.

二、特区精神

1978 年 12 月，党的十一届三中全会作出把全党的工作重点转移到社会主义现代化建设上来、实行改革开放的历史性决策。1979 年 7 月，党中央、国务院批准广东、福建两省实行特殊政策、灵活措施，先行一步，并试办出口特区。1980 年 8 月，党和国家批准在深圳、珠海、汕头、厦门设置经济特区。1988 年 4 月又批准建立海南经济特区，明确要求发挥经济特区对全国改革开放和社会主义现代化建设的重要窗口和示范带动作用。

经济特区创造了一个又一个伟大奇迹，书写了一个又一个"春天的故事"，取得了令世界刮目相看的伟大成就。实践证明，经济特区在经济体制改革中发挥了"试验田"作用，在对外开放中发挥了重要"窗口"作用，成为中国改革开放的"探路者"。经济特区是中国共产党探索中国特色社会主义道路的早期实践，是中国改革开放的先行地、试验区、排头兵，更是新时代中国特色社会主义先行示范区。

特区精神的内涵主要表现为：敢闯敢试、敢为人先、埋头苦干。

2018 年 4 月，习近平总书记在庆祝海南建省办经济特区 30 周年大会上强调，要"发扬敢闯敢试、敢为人先、埋头苦干的特区精神"。① 此后，他在深圳经济特区建立 40 周年庆祝大会上强调，要继续发扬特区精神，激励干部群众勇当新时代的"拓荒牛"。②

拓展链接：
精神的追寻——中国共产党人精神谱系 第 31 集：特区精神

三、抗洪精神

1998 年，一场洪水肆虐大半个中国。一时间，长江告急、松花江告急、珠江告急；一时间，洪水如猛兽般席卷全国，致使 2 亿多人受灾，不少工厂、良田被滔滔洪水吞噬。危难之际，军民一心严防死守、顽强战斗，一幕幕催人泪下、感人至深的动人画面在洪水中上演，一幅幅战天斗地、可歌可泣的雄壮乐曲在三江奏响。经彼一役，我们战胜了洪水，形成了伟大的抗洪精神。

---

① 习近平. 在庆祝海南建省办经济特区 30 周年大会上的讲话[N]. 人民日报，2018-04-14.
② 习近平. 在深圳经济特区建立 40 周年庆祝大会上的讲话[M]. 北京：人民出版社，2020：14.

抗洪精神的内涵主要表现为：万众一心、众志成城，不怕困难、顽强拼搏，坚韧不拔、敢于胜利。

2020年8月19日，习近平在安徽考察时的讲话指出，广大干部群众和人民解放军、武警官兵坚决响应党和政府号召，发扬不怕累苦、不怕疲劳、不怕牺牲的精神斗志，坚守在防汛抗洪救灾第一线，涌现了许多先进典型和感人事迹，展现了中国人民众志成城、顽强拼搏、敢于胜利的英雄气概，书写了洪水无情人有情的人间大爱。①

抗洪精神（蔡文洁，武汉科技大学视觉传达专业）

拓展链接：
精神的追寻——中国共产党人精神谱系 第32集：抗洪精神

四、抗击"非典"精神

2003年1月7日，第一例非典型肺炎患者在广东省中医院总院急诊被发现，

---

① 习近平在安徽考察时强调 坚持改革开放坚持高质量发展 在加快建设美好安徽上取得新的更大进展[N]. 人民日报，2020-08-22.

症状表现为持续高烧，呼吸衰竭。随之，接诊的医护人员接二连三感染 SARS 病毒倒下。在党中央、国务院的坚强领导下，全国人民奋起抗击非典型性肺炎疫病。在多方共同努力下，取得了抗击"非典"的伟大胜利。

抗击"非典"精神内涵主要有：万众一心、众志成城，团结互助、和衷共济，迎难而上、敢于胜利。

抗击非典的胜利，充分显示出我国社会主义制度的巨大优越性。从全国防治非典型肺炎指挥部成立，到世卫组织宣布解除对北京的旅行警告，同时将北京从非典疫区名单中排除，我们仅仅用了两个月时间。这一速度，超乎预期。中国攻坚克难的能力，再次让世界惊叹！

拓展链接：
精神的追寻——中国共产党人精神谱系 第 33 集：抗击"非典"精神

五、抗震救灾精神

2008 年 5 月 12 日，四川汶川发生里氏 8.0 级特大地震。在党中央、国务院和中央军委领导下，我们开展了历史上救援速度最快、动员范围最广、投入力量最大的抗震救灾斗争，最大限度地挽救了受灾群众生命，最大限度地减低了灾害造成的损失，夺取了抗震救灾斗争的重大胜利，形成了伟大抗震救灾精神。

抗震救灾精神的内涵表现为：万众一心、众志成城，不畏艰险、百折不挠，以人为本、尊重科学。

2013 年 5 月 2 日，习近平总书记就芦山地震抗震救灾工作作出重要指示时强调："大力弘扬伟大抗震救灾精神，大力发挥各级党组织领导核心和战斗堡垒作用、广大党员先锋模范作用。"[1]

拓展链接：
精神的追寻——中国共产党人精神谱系 第 34 集：抗震救灾精神

六、载人航天精神

载人航天是当今世界高新技术发展水平的集中展示，是衡量一个国家综合国

---

① 习近平就芦山地震抗震救灾工作作出重要指示[N]. 人民日报，2013-05-04.

力的重要标志。几十年来，航天人艰苦创业、奋力攻关，取得了连战连捷的辉煌战绩，使我国空间技术发展跨入国际先进行列。从 2003 年 10 月中国第一艘载人飞船神舟五号成功发射，到实现我国太空出舱、交会对接、在轨补加等多项核心技术"零"的突破，再到天和核心舱发射成功，时至今日，中国空间站已全面建成……

载人航天精神的内涵表现为：特别能吃苦、特别能战斗、特别能攻关、特别能奉献。

习近平总书记在会见神舟十号载人飞行任务航天员和参研参试人员代表时指出，载人航天事业的成就，充分展示了伟大的中国道路、中国精神、中国力量，坚定了全国各族人民实现中华民族伟大复兴的中国梦的决心和信心。你们为祖国和人民建立的卓越功勋，历史将永远铭记。①

拓展链接：
精神的追寻——中国共产党人精神谱系 第 34 集：抗震救灾精神

七、劳模精神

在我党领导人民进行革命斗争中，就涌现出了一批批"劳动英雄"，"边区工人"赵占魁穿着湿棉袄在高达 2000 摄氏度的熔炉前工作，终日汗流浃背，从不叫苦叫累；大庆"铁人"王进喜立下"宁肯少活二十年，拼命也要拿下大油田"的铮铮誓言；产业工人许振超先后 6 次打破集装箱装卸世界纪录，创下令世界惊叹的"振超效率"；"金手天焊"高凤林先后为 90 多发火箭焊接过"心脏"，先后攻克航天焊接 200 多项难关，成为航天航空领域"大国工匠"……

劳模精神的主要内涵表现为：爱岗敬业、争创一流，艰苦奋斗、勇于创新，淡泊名利、甘于奉献。

2020 年 11 月 24 日，习近平在全国劳动模范和先进工作者表彰大会上的讲话指出，劳模精神、劳动精神、工匠精神是以爱国主义为核心的民族精神和以改革创新为核心的时代精神的生动体现，是鼓舞全党全国各族人民风雨无阻、勇敢前进的强大精神动力。②

---

① 习近平会见神舟十号载人飞行任务航天员和参研参试人员代表[N]. 人民日报，2013-07-26.

② 习近平在全国劳动模范和先进工作者表彰大会上的讲话[N]. 人民日报，2020-11-25.

拓展链接：

精神的追寻——中国共产党人精神谱系 第 36 集：劳模精神

八、青藏铁路精神

2006 年 7 月 1 日，世界上海拔最高、线路最长、速度最快的高原铁路——青藏铁路全线开通运营。一条神奇的"天路"满载全国各族人民的希望，跨昆仑、越草原、穿戈壁，在雪山流云间蜿蜒穿梭。面对"多年冻土、高寒缺氧、生态脆弱"三大世界难题和戈壁荒漠、茫茫雪域、人迹罕至的极端恶劣自然环境，青藏铁路工程建设者和运营维护者以不惧艰险的英雄气概和求真务实的工作态度，在世界屋脊挑战着生理与心理极限，勇创世界一流的高原铁路运营管理水平，以惊人的毅力和勇气战胜各种艰难险阻，用汗水和智慧谱写了人类高原铁路建设和运营史上的辉煌篇章。

青藏铁路精神的内涵表现为：挑战极限、勇创一流。

2020 年 11 月，习近平总书记对川藏铁路开工建设作出重要指示强调，广大铁路建设者要发扬"两路"精神和青藏铁路精神，科学施工、安全施工、绿色施工，高质量推进工程建设，为全面建设社会主义现代化国家作出新的贡献。①

拓展链接：

精神的追寻——中国共产党人精神谱系 第 37 集：青藏铁路精神

九、女排精神

20 世纪 80 年代，当时中国处于改革开放初期，整个社会处于百废待兴的状态。此时，中国女排站了出来，使得迷茫中的老百姓看到了希望。1981 年，中国的跳水、体操和乒乓球项目也取得了许多辉煌，但因排球赛是集体作战，其对抗程度激烈，在当时带给国人很深的触动。这一年，袁伟民率领中国女排在世界杯上首夺世界冠军，开启五连冠的辉煌；2003 年，陈忠和麾下的"黄金一代"时隔 17 年重夺世界冠军；2016 年里约奥运会和 2019 年女排世界杯，郎平带着新一代中国女排

---

①　习近平对川藏铁路开工建设作出重要指示强调 发扬"两路"精神和青藏铁路精神 高质量推进工程建设［N］. 人民日报，2020-11-09.

成功卫冕。中华民族和中国人民的自尊、自强在排球赛场酣畅淋漓的扣杀中得以体现。

女排精神的内涵主要表现为：祖国至上、团结协作、顽强拼搏、永不言败。

2019年9月30日，习近平总书记在会见获得女排世界杯冠军的中国女排队员、教练员代表时指出，广大人民群众对中国女排的喜爱，不仅是因为你们夺得了冠军，更重要的是你们在赛场上展现了祖国至上、团结协作、顽强拼搏、永不言败的精神面貌。女排精神代表着一个时代的精神，喊出了为中华崛起而拼搏的时代最强音。①

女排精神　（赵雅璇，武汉科技大学公共艺术专业）

拓展链接：
精神的追寻——中国共产党人精神谱系 第38集：女排精神

---

①　习近平会见中国女排代表[N].人民日报，2019-10-01.

第四节　中国特色社会主义新时代精神谱系

中国特色社会主义新时代是当前中国最接近中华民族伟大复兴的中国梦实现的历史阶段。它既与改革开放新时期有着紧密联系，又呈现出许多不同历史特点，在新时代，我国经济实力、科技实力和综合国力等实现飞速发展，并且保持了长期政治稳定。关于中国特色社会主义新时代取得的成就，党的二十大报告指出，"十年来，我们采取一系列战略性举措，推进一系列变革性实践，实现一系列突破性进展，取得一系列标志性成果，经受住了来自政治、经济、意识形态、自然界等方面的风险挑战考验，党和国家事业取得历史性成就、发生历史性变革，推动我国迈上全面建设社会主义现代化国家新征程"；并从创立了习近平新时代中国特色社会主义思想、全面加强党的领导、对新时代党和国家事业发展作出科学完整的战略部署等 16 个方面进行了总结。

伟大成就孕育伟大精神，伟大精神引领伟大成就。党的十八大以来，习近平总书记强调最多的是奋斗精神，鲜明提出：我们要永远保持建党时中国共产党人的奋斗精神，永远保持对人民的赤子之心。新时代党的伟大精神，就是中国共产党人精神谱系在新时代的集中体现，就是中国共产党精神次第演化中的最新主要形态。新时代伟大奋斗精神所包含的艰苦奋斗、不懈奋斗、开拓奋斗、砥砺奋斗、接续奋斗、竞相奋斗、团结奋斗等新内涵新要求，使党的奋斗精神升华到一个新的境界。

中国特色社会主义新时代，党已经提出及产生的具体精神形态主要包括：新的伟大斗争精神、新的自我革命精神、钉钉子精神、宪法和法治精神、工匠精神、知识分子爱国创业精神、科学家精神、企业家精神、右玉精神、塞罕坝精神、新时代硬骨头精神、新时代北斗精神，脱贫攻坚精神、抗疫精神、"三牛"精神、探月精神、丝路精神等。所有这些，都从不同方面彰显了中国人民、中华民族在新时代因为实践而焕发出的伟大创造精神、伟大团结精神、伟大奋斗精神和伟大梦想精神。

在中华人民共和国成立 70 周年之际，2019 年 9 月 29 日，经党中央批准，中央宣传部梳理的第一批纳入中国共产党人精神谱系的伟大精神得以发布。新时代中国共产党的伟大精神的叙述将根据这个"官方"正式发布的顺序与大家分享：分别是脱贫攻坚精神、抗疫精神、"三牛"精神、科学家精神、企业家精神、探月精神、新时代北斗精神、丝路精神。

一、脱贫攻坚精神

2021 年 2 月 25 日，习近平总书记在全国脱贫攻坚总结表彰大会上庄严宣告：

经过全党全国各族人民共同努力，在迎来中国共产党成立一百周年的重要时刻，我国脱贫攻坚战取得了全面胜利，现行标准下 9899 万农村贫困人口全部脱贫，832 个贫困县全部摘帽，12.8 万个贫困村全部出列，区域性整体贫困得到解决，完成了消除绝对贫困的艰巨任务，创造了又一个彪炳史册的人间奇迹！①

大会上，习近平总书记用 24 个字高度概括了伟大脱贫攻坚精神："上下同心、尽锐出战""精准务实、开拓创新""攻坚克难、不负人民"。"上下同心、尽锐出战"是力量之源；"精准务实、开拓创新"是科学之方；"攻坚克难、不负人民"是谋事之基。

脱贫攻坚精神，是中国共产党性质宗旨、中国人民意志品质、中华民族精神的生动写照，是爱国主义、集体主义、社会主义思想的集中体现，是中国精神、中国价值、中国力量的充分彰显，赓续传承了伟大民族精神和时代精神。全党全国全社会都要大力弘扬脱贫攻坚精神，团结一心，英勇奋斗，坚决战胜前进道路上的一切困难和风险，不断夺取坚持和发展中国特色社会主义新的更大的胜利。

脱贫攻击精神　（胡雨洁，武汉科技大学视觉传达设计专业）

---

① "彪炳史册的人间奇迹"[N]. 人民日报，2021-02-27.

拓展链接：
精神的追寻——中国共产党人精神谱系 第 39 集：脱贫攻坚精神

二、抗疫精神

抗疫精神的内涵表现为：生命至上、举国同心、舍生忘死、尊重科学、命运与共

2020 年 9 月 8 日，习近平总书记在全国抗击新冠疫情表彰大会指出："伟大抗疫精神，同中华民族长期形成的特质禀赋和文化基因一脉相承，是爱国主义、集体主义、社会主义精神的传承和发展，是中国精神的生动诠释，丰富了民族精神和时代精神的内涵。我们要在全社会大力弘扬伟大抗疫精神，使之转化为全面建设社会主义现代化国家、实现中华民族伟大复兴的强大力量。"①

抗疫精神　（郭璐羽，武汉科技大学视觉传达设计专业）

拓展链接：
精神的追寻——中国共产党人精神谱系 第 40 集：抗疫精神

---

① 习近平. 论中国共产党历史［M］. 北京：中央文献出版社，2021：41.

三、"三牛"精神

2021 年是农历辛丑牛年。在 2020 年 12 月 31 日举行的全国政协新年茶话会上，习近平总书记指出："我们要深刻铭记中国人民和中华民族为实现民族独立、人民解放和国家富强、人民幸福而奋斗的百年艰辛历程，发扬为民服务孺子牛、创新发展拓荒牛、艰苦奋斗老黄牛的精神，永远保持慎终如始、戒骄戒躁的清醒头脑，永远保持不畏艰险、锐意进取的奋斗韧劲，在全面建设社会主义现代化国家新征程上奋勇前进。"①这是我们党第一次提出"三牛"精神。

"三牛"精神是指为民服务孺子牛、创新发展拓荒牛、艰苦奋斗老黄牛的精神。"三牛"精神的内涵各有侧重，又相得益彰，共同发掘传承了中华优秀传统文化中赋予"耕牛"的美好品质并拓展出新时代人民群众改革创新实践倚重的精神品格。

2021 年 2 月 10 日，习近平总书记在春节团拜会上指出："在中华文化里，牛是勤劳、奉献、奋进、力量的象征。人们把为民服务、无私奉献比喻为孺子牛，把创新发展、攻坚克难比喻为拓荒牛，把艰苦奋斗、吃苦耐劳比喻为老黄牛。前进道路上，我们要大力发扬孺子牛、拓荒牛、老黄牛精神，以不怕苦、能吃苦的牛劲牛力，不用扬鞭自奋蹄，继续为中华民族伟大复兴辛勤耕耘、勇往直前，在新时代创造新的历史辉煌！"②

拓展链接：
精神的追寻——中国共产党人精神谱系 第 41 集："三牛"精神

四、科学家精神

新中国成立以来，一代又一代科学家心系祖国和人民，不畏艰难，勇攀高峰，无私奉献，为科学技术进步、人民生活改善、中华民族发展作出了重大贡献，在中华大地上树立起一座座科技创新的丰碑，铸就了独特的精神气质，这就是科学家精神。

科学家的内涵包括：弘扬胸怀祖国、服务人民的爱国精神，勇攀高峰、敢为人先的创新精神，追求真理、严谨治学的求实精神，淡泊名利、潜心研究的奉献精神，集智攻关、团结协作的协同精神，甘为人梯、奖掖后学的育人精神。

2021 年 5 月 28 日，习近平总书记在中国科学院第二十次院士大会、中国工程

---

① 大力发扬孺子牛、拓荒牛、老黄牛精神[N]. 人民日报，2021-12-04.
② 习近平在二〇二一年春节团拜会上的讲话[N]. 人民日报，2021-02-11.

院第十五次院士大会和中国科协第十次全国代表大会上指出："在中华民族伟大复兴的征程上，一代又一代科学家心系祖国和人民，不畏艰难，无私奉献，为科学技术进步、人民生活改善、中华民族发展作出了重大贡献。新时代更需要继承发扬以国家民族命运为己任的爱国主义精神，更需要继续发扬以爱国主义为底色的科学家精神。"①

拓展链接：
精神的追寻——中国共产党人精神谱系 第 42 集：科学家精神

五、企业家精神

党的十九大报告明确提出，要"激发和保护企业家精神"。2019 年 12 月，国务院首次发布《关于营造企业家健康成长环境、弘扬优秀企业家精神、更好发挥企业家作用的意见》，第一次以规范性文件形式表述了企业家精神的重要地位和社会价值。

企业家精神的主要内涵包括：增强爱国情怀、勇于创新、诚信守法、承担社会责任、拓展国际视野。

2020 年 7 月 21 日，习近平总书记主持召开企业家座谈会强调，企业家要带领企业战胜当前的困难，走向更辉煌的未来，就要弘扬企业家精神，在爱国、创新、诚信、社会责任和国际视野等方面不断提升自己，努力成为新时代构建新发展格局、建设现代化经济体系、推动高质量发展的生力军。②

拓展链接：
精神的追寻——中国共产党人精神谱系 第 43 集：企业家精神

六、探月精神

2020 年 12 月嫦娥五号返回器携带月球样品安全着陆，中国探月工程"绕、落、回"三步走实验规划如期完成，习近平总书记代表党中央、国务院和中央军委致电祝贺任务取得圆满成功，勉励探月工程任务指挥部及参加嫦娥五号任务的全体同志，第一次揭示了伟大探月精神。

---

① 中国科学技术协会第十次全国代表大会文件[M]. 北京：人民出版社，2021：12.
② 习近平在企业家座谈会上的讲话[N]. 人民日报，2020-07-22.

探月精神的内涵包括：追逐梦想、勇于探索、协同攻坚、合作共赢。追逐梦想，激活中华民族自强不息的飞天揽月豪情；勇于探索，是建设航天强国实现航天梦想的必由之路；协同攻坚，是中国特色社会主义制度新型举国体制优势的生动展现，合作共赢，是中国特色社会主义制度新型举国体制优势的生动展现。

2021 年 2 月 22 日，习近平总书记会见探月工程嫦娥五号任务参研参试人员代表并参观月球样品和探月工程成果展览，指出"人类探索太空的步伐永无止境。希望你们大力弘扬追逐梦想、勇于探索、协同攻坚、合作共赢的探月精神，一步一个脚印开启星际探测新征程，为建设航天强国、实现中华民族伟大复兴再立新功，为人类和平利用太空、推动构建人类命运共同体作出更大的开拓性贡献"。①

拓展链接：
精神的追寻——中国共产党人精神谱系 第 44 集：探月精神

七、新时代北斗精神

北斗系统是党中央决策实施的国家重大科技工程。工程自 1994 年启动，2000 年完成北斗一号系统建设，2012 年完成北斗二号系统建设。2020 年 7 月 31 日，"北斗三号"全球卫星导航系统建成暨开通仪式在北京举行，北斗三号全球卫星导航系统全面建成并开通服务，标志着工程"三步走"发展战略取得决战决胜，我国成为世界上第三个独立拥有全球卫星导航系统的国家。目前，全球已有 120 余个国家和地区使用北斗系统。

新时代北斗精神的内涵是：自主创新、开放融合、万众一心、追求卓越 。自主创新是北斗工程的核心价值，开放融合是北斗工程的世界胸襟，万众一心是北斗工程的制胜基因，追求卓越是北斗工程的目标追求。

在"北斗三号"全球卫星导航系统建成暨开通仪式上，习近平总书记指出："26 年来，参与北斗系统研制建设的全体人员迎难而上、敢打硬仗、接续奋斗，发扬'两弹一星'精神，培育了新时代北斗精神，要传承好、弘扬好。"②

拓展链接：
精神的追寻——中国共产党人精神谱系 第 45 集：新时代北斗精神

---

① 弘扬探月精神 建设航天强国[N]. 人民日报, 2021-12-08.
② 传承好、弘扬好新时代北斗精神[N]. 人民日报, 2021-12-14.

八、丝路精神

两千多年前，我们的先辈筚路蓝缕，穿越草原沙漠，开辟出联通亚欧非的陆上丝绸之路；扬帆远航，穿越惊涛骇浪，闯荡出连接东西方的海上丝绸之路。古丝绸之路凝聚了先辈们对美好生活的追求，促进了亚欧大陆各国互联互通，推动了东西方文明交流互鉴，为人类文明发展进步作出了重大贡献。2013 年秋，习近平总书记西行哈萨克斯坦、南下印度尼西亚，先后提出建设丝绸之路经济带和 21 世纪海上丝绸之路的重大倡议。2014 年 6 月 5 日习近平总书记在中阿合作论坛第六届部长级会议开幕式上做了主题为"弘扬丝路精神、深化中阿合作"的重要讲话。习近平在讲话中初步阐述了"丝路精神"——就是要促进文明互鉴，尊重道路选择，坚持合作共赢，倡导对话和平。这是中国领导人首次提出并阐释"丝路精神"。2017 年 5 月 14 日习近平总书记在"一带一路"国际合作高峰论坛开幕式上发表主旨演讲《携手推进"一带一路"建设》，引经据典、史论结合，对丝路精神进行了深入阐述。

习近平总书记指出："古丝绸之路绵亘万里，延续千年，积淀了以和平合作、开放包容、互学互鉴、互利共赢为核心的丝路精神。"①

党的十八大以来，以习近平同志为核心的党中央结合新的历史条件，继承和发扬丝路精神，提出"一带一路"倡议，唤起了沿线国家的历史记忆，赋予古丝绸之路以全新的时代内涵。习近平总书记指出："我们完全可以从古丝绸之路中汲取智慧和力量"，强调"共商共建'一带一路'，推动区域经济繁荣，维护世界和平稳定，顺大势、应民心。我们要弘扬丝路精神，共创共享美好未来。"②

拓展链接：
精神的追寻——中国共产党人精神谱系 第 46 集：丝路精神

第五节　精神谱系的传承与探索

人无精神则不立，国无精神则不强。武汉科技大学在 125 年的办学历程中，形成了独特的精神气质，"坚韧不拔，勇承重载，崇实求精，表里如一"的钢铁品质，就是武汉科技大学时代精神的写照。总结 125 年的办学历程，深入挖掘武汉科技大

---

① 弘扬丝路精神，共创共享美好未来[N]. 人民日报，2021-12-17.
② 以中国的新发展为世界提供新机遇[N]. 人民日报，2022-03-04.

学独特的精神谱系，对于激励无数武科大人以听党指挥跟党走、爱国没有选择项、奋斗永在进行时的政治觉悟和家国情怀，用实际行动践行"忠诚于党、服务人民、献身党的高等教育事业"的立德树人初心，具有重大的现实意义。

一、武科大精神谱系之：红色摇篮——群英荟萃的早期红色校友①

中国共产党成立前后，武汉科技大学(前身为湖北省立甲种工业学堂，源自湖北工艺学堂)至少有15名学子接受马克思主义，加入中国共产党，是名副其实的红色摇篮。对一所当时规模只有二三百人的学校而言，这个党员比例已经是相当高了。如此多的学子加入中国共产党，并不是一个偶然的现象。

1. 积极投身实践，在政治斗争中成长，是一个重要的原因

1919年5月4日，五四运动爆发，武汉是全国最早响应的城市之一，我校是武汉最早响应的学校之一，表现相当出彩。

5月10日，15所学校集会于中华大学，我校位列其中。在群情激昂中，咬破中指，血书"提倡国货"、引起全场共鸣的是我校学生萧世杰。5月12日，武汉学生团产生，发起者15校，我校位列其中。5月17日，学生团易名武汉学生联合会，成员有26所学校，我校也位列其中。次日，3000人大游行，我校100多人参加。6月1日，武汉学生组织罢课，湖北当局疯狂镇压，造成"六一惨案"，伤者中有我校学生。我校组织国货营业部，提倡国货，抵制日货，闻名一时，各大媒体争相报道。在五四运动中，凡在校者，无不参与爱国运动，许白昊因此被开除。

1915年5月7日被称为国耻日，1925年的国耻日纪念活动，从我校点燃。学生杨春波印制传单，遭日籍教师北冈善治破坏，师生怒火中烧，冲进他的住宅，北冈善治吓得偷偷躲进日本租界。帅云山(帅汉章)、聂洪钧迅速上报，省学联决定罢课、游行。在中共领导下，省学联取得胜利，教育厅被迫同意学生所请。爱国运动点燃了学子们的激情，爱国学生在斗争中成长。在斗争中头角峥嵘的学子，日后多加入了党的组织。

2. 积极参加进步团体或组织，在组织中接受教育，也是一个重要原因

在前述1925年的反日爱国运动中，中共领导的湖北省学联起到了主导作用，帅云山、聂洪钧、汪士田、吴干臣等人就加入其中。湖北省学联是通过各校学生会来领导学生运动的，学生会是中共党组织与进步学生联系的纽带。在我校，学生会的领导者就是帅云山等人。国共合作后，共产党员以个人身份加入国民党。在此背景下，共产党人在基层帮助建立国民党的组织。杨春波回忆说："学校先后成立了地下国民党区分部，由于国共合作，共产党员帅云山(天门人)、聂洪钧(咸宁人，

---

① 本部分作者为武汉科技大学法学与经济学院组织员张继才。

解放初曾任湖北省人民政府副主席）掌握国民党区分部的领导权，还成立了学生会，我参加了国民党和学生会两种组织，开始从事民主政治活动。"

聂洪钧在校期间就为寻找进步团体和党组织而苦恼："1924年，从《学生杂志》上，看到杨贤江对学生所提问题均作答复。于是我也写了一信去问他：共产主义、工团主义、无政府主义哪一个好，并希望他能为我介绍加入。"后来，聂洪钧写信给恽代英，希望恽代英介绍他加入中国共产党，但恽代英并不在武汉，按照规定，他不能作为介绍人，只能由武汉的党员介绍。1924年年底，他看到张学武在散发传单，估计张学武是共产党人，便请张学武介绍，这样才与武汉党组织取得了联系，经过考察与培养，党组织吸纳了他。

柯松涛是湖北阳新人，和一些积极追求进步的同乡组织了"阳新学友同乡会"，他们"在武昌买了一间房子为会馆。每逢节假日，会聚一堂，探讨共进的理想"。这些学生有来自我校的柯松涛、冯英堂，还有湖北法政专门学校的何时英，中华大学的柯少轩，湖北省立甲种商业学校的罗伟等。后来，这些人都成长为共产党员。

吴干臣于1923年进入该校学习，参加了旅省同学会。该会是在省城读书的汉阳县籍尹成章、龚崇香等人建立的。尹成章此时已经是中共党员，也是武汉学联的成员。1923年"二七惨案"发生，武汉学联组织了声援活动，吴干臣在尹成章的影响下，参加了游行示威。"经过此番斗争的实践，使他看清了统治者的凶残面目，同时也体验到工人阶级团结斗争的巨大力量，进而开始信奉马克思列宁主义。"

3. 积极追求真知，在比较鉴别中接受马克思主义，是最重要的原因

追求真理是进步学生成长的关键环节，获取进步知识是探求真理的重要方式。学校不远处的横街有大量的书店，出售《新青年》《中国青年》《向导周报》等刊物。同学中有不少人阅读了这些进步书刊，思想受到影响。1924年进入学校附中的陈珣就发现，学生"一聚会都是谈革命，谈国内外大势"。有些同学床头上摆着《政治周刊》《中国青年》《向导周报》《醒狮》《武汉评论》。不久他发现，不同思想倾向的同学，对书刊是有所选择的，比如，读《醒狮》的是国家主义派，看《政治周刊》的倾向于国民党，信仰共产主义的看《中国青年》《向导周报》。也就是说，这些书刊宣传的思想内容良莠不齐、薰莸同器，需要比较鉴别。

郑位三即从我校求学时成长起来，他在校期间常去位于横街的利群书社读书，借阅的《共产党宣言》就是郑南宣亲手交给他的。郑南宣是进步青年，协助恽代英办理利群书社。郑位三读后连连赞叹受益匪浅。经过共产党人肖楚女的指导，郑位三接受了马克思主义。后来，他回忆说："《共产党宣言》那是我第一次读到的革命理论书，可以说我的革命生涯正是从那里起步！"

吴干臣的成长经历颇有代表性。他生于殷实的儒医之家，父亲吴长泽在当地行医，且擅长旧体诗，颇有声名。少年时代，目睹土豪劣绅的巧取豪夺，痛恨腐败的社会制度。1917年，随父北上京城。在风云激荡的新思潮中，受到空想社会主义的影响，立志做中国的欧文，建立一个没有压迫和剥削、人人平等的理想社会。

1923年，他返回湖北，怀着"工业救国"的理想，迈入湖北省甲种工业学校，阅读了一些进步书刊。以何种方案改造中国？吴干臣与尹成章常常争得面红耳赤。共产党员尹成章对吴干臣进行了耐心引导，指导他参加爱国运动和政治斗争。在实践中他看到工人阶级的伟大力量，找到了共产主义实现的途径，"从而对性善说和空想社会主义，以唤起人性之善念而放弃压迫剥削的思想，产生了动摇。加之尹成章反复对他进行宣传教育"。终于，他从空想社会主义者转变为马克思主义者。

上述成长的进步学生先后加入党组织，有的是在校期间入党的，如吴干臣、杨白，还有大部分是毕业后入党的，不论怎样，其马克思主义的信仰是在校期间形成或初步形成的（董锄平除外）。毕业后，这15名党员为共产主义奉献了青春和热血。

张亚巨毕业于1922年，次年3月，赴德国普鲁士高等工业学校留学。是年，中国共产党旅德支部建立，朱德是负责人之一。张亚巨与朱德过从甚密，在朱德的引导下，张亚巨加入中国共产党。1925年回国，被党组织安排在国民革命军工作。1927年在周恩来领导下从事工人运动。

从事工人运动的有董锄平和许白昊。1921年8月，中共建立领导工人运动的机构——中国劳动组合书记部，董锄平是骨干成员，负责机关刊物《劳动周刊》编辑出版的具体工作。后来，他参与组织上海工人运动，是中共早期工人运动的领导者之一。许白昊在1919年被开除后，辗转于江、浙、沪一带，在工厂做工。中国劳动组合书记部成立不久，他就积极加入。在上海，他参加、组织并领导了六次罢工。他参加了党的二大、五大，是首届中央监察委员会委员。他还参加了全国第一至第四次劳动大会。在湖北，他参与领导多次工人罢工，曾任中共武汉区执行委员会秘书兼中共汉阳组组长，中共湖北区委执行委员、职工运动委员会书记，湖北省总工会秘书长，也是著名的中共早期工人运动领袖。

大多数人从事农民运动，在农村革命中扮演了革命思想的播火者、基层党组织创建者的角色。聂洪钧回到咸宁，宣传马克思主义，领导建立农民协会和农民武装，是咸宁党组织的创建者。柯松涛毕业后，回到家乡，从事农民运动。1926年8月，中共阳新县委成立，这是阳新历史上第一个中共县级组织，柯松涛任宣传部部长。1926年，吴干臣毕业后，被派回家乡从事农民运动。次年，他在汉阳的合贤地区建立了该地区第一个党支部，隶属中共汉阳县委，吴干臣任支部书记，这是汉阳最早的支部之一。1930年，他任县委宣传部部长。1926年，杨白毕业，受组织派遣，回到崇阳，从事农民运动，在大沙坪、石城、桂口、虎爪一带建立基层党组织，后以省委交通员身份参与了鄂南秋收起义。

15名校友为民族独立和人民解放作出了贡献。其中，许白昊等8人在大革命时期或土地革命战争时期牺牲，徐会之则牺牲于1951年。

二、武科大精神谱系之：我愿淌干眼泪，我愿洒尽碧血——校友许白昊的初心故事①

许白昊是我党早期著名的工人运动领袖，中共二大、五大代表，第一届中央监察委员会委员，武汉科技大学杰出校友。

1899年，许白昊出生于湖北应城富水河畔一个农民家庭。他年少时离开家乡，先后就读于湖北省甲种工业学校（武汉科技大学前身）和上海中华职业学校。在革命氛围浓厚的校园中，许白昊结识了许多革命志士，并积极参加反帝反封建爱国斗争，逐渐萌发出变革社会、救国救民的革命思想，他曾在文章《鹃血》中写道："我愿淌干眼泪，洗净大千世界，我愿洒尽碧血，参透昏聩人生。"1922年春，许白昊加入中国共产党。从此，他把一切献给了党，他的初心自始至终从未改变。

1. 枵腹从公，废寝忘食，只为"秋花之怒放，夏水之暴涨"

1922年，许白昊回武汉领导组建中国劳动组合书记部武汉分部。为秘密联络工人骨干，发动工人运动，他挽着高高的裤腿，脚穿磨破的布鞋，扮起了卖水工。许白昊的家人回忆说，那时他从汉江挑水，要走八十多个台阶上岸，再走街串巷，穿梭于工人棚户区叫卖。"那活苦啊！"

日子虽苦，许白昊却乐此不疲。白天，他深入工厂、铁路、码头、学校及各劳工团体调查了解情况；晚上，他还要到工人识字班、工人夜校宣讲革命道理。他的工运战友项英曾这样描述他百般操劳时的情形："白昊同志当此工作紧张之际，每天差不多只能吃一次饭，真是枵腹从公、废寝忘食。"

在许白昊带领和组织下，武汉地区的工会组织纷纷成立，当时新闻报道称之为"秋花之怒放，夏水之暴涨"。在武汉、郑州和上海等地，许白昊组织并指挥了震惊中外的京汉铁路工人"二七"大罢工、收回汉口英租界、上海工人同盟大罢工等斗争，培养锤炼了一支听党指挥、有组织、有纪律、能斗争的工人阶级队伍，赢得了党在人民群众中的威信。

2. 对自家人"钱算得真准"，对公家钱"决不能疏忽"

许白昊曾先后担任中共武汉地委、中共湖北区委、湖北全省总工会、中共江苏省委、上海总工会等重要负责人。1927年4月，在党的第五次全国代表大会上，许白昊高票当选首届中央监察委员会委员。由于许白昊在国共合作时曾担任过国民党汉口特别市党部监察委员，因此他成为我党历史上曾在国共两党中都担任过监察委员职务的唯一一人。

---

①　本部分作者为武汉科技大学党委学生工作部副部长、学生工作处副处长、毕业生就业指导中心主任（兼）杨永彬，内容根据许白昊侄孙许振斌提供素材授权进行的修改整理。

无论担任何种职务，许白昊都洁身律己，清廉自守。许白昊的父亲因思念儿子，坐船到汉口看望他，临回家前，许白昊塞给父亲一些路费。当父亲买好车票时，发现剩下的钱仅仅够买一杯茶水，于是不由得感叹道："这钱算得真准啊！"其实在当时，许白昊已经是湖北全省总工会财政部部长，手里掌握着大笔革命活动经费，但他未挪用一丝一毫。

1927 年，原本担任湖北全省总工会财政部部长的许白昊调至上海工作，临行前他毫不含糊地将工会经费和详细账单一并交给接任者。不久后，听湖北的同志说这笔经费在使用中发生了问题，他心急如焚，马上和项英、刘少奇联名给中央写信，请求中央清查这笔款项的下落，一定要给全省工人同志一个清楚的交代。在这封信里，"绝不能疏忽""该款必需清楚保存""如该款开支账目不明及用途不清不正，需湖北省委负责人绝对负责"等话语斩钉截铁。这封信体现出许白昊作为首届监察委员会委员公私分明、清正廉洁的风范。

3. 视死如归，大义凛然，在狱中挖出叛徒、保护未暴露同志

许白昊到上海工作后，任中共江苏省委委员、上海总工会党团书记等职。此时的上海，经历蒋介石"四一二"反革命政变大屠杀，形势极其严峻，许白昊仍夜以继日地奔忙于恢复重建党的组织、整合失散革命力量、组织发动各工厂同盟大罢工等工作中。1928 年 2 月 17 日，许白昊出席上海总工会在黄浦区新闸路召开的秘密会议，由于叛徒告密，他当场被捕，翌日被转解到龙华监狱。

面对敌人严刑拷打，许白昊视死如归，大义凛然。在被称为人间地狱的上海龙华监狱，许白昊利用一切机会，秘密成立狱中地下党组织，设法保护未暴露身份的同志；带领狱中同志高唱《国际歌》等革命歌曲，引起狱中敌人的极大恐慌；同敌人展开不同形式的坚决斗争，挖出了敌人有意放进狱中指认和诱供的大叛徒唐瑞林。在龙华监狱，许白昊写下了"龙华千古仰高风，壮士身亡志未穷。墙外桃花墙里血，一般鲜艳一般红"的壮烈诗篇。

1928 年 6 月 6 日，许白昊英勇就义。临刑前，狱中的同志问他有什么要交代的，他泰然自若地说："你们要好好学习，把身体养好，将来出去继续革命工作。"最终，年仅 29 岁的许白昊壮烈牺牲于龙华枫林桥畔，兑现了他"我将洒干热泪""我将洒尽碧血"的承诺。

三、武科大精神谱系之：四十载的追寻仍在续写——武科大师生的红安情结①

"小小黄安，人人好汉；铜锣一响，四十八万；男将打仗，女将送饭。"一曲朗

---

① 本部分作者为武汉科技大学汽车与交通工程学院党委秘书熊田田。

朗上口的《黄安谣》在鄂东北的小城红安传诵八十多年，唱出了当时老百姓参军拥军的革命激情，唤起了人们对黄麻起义的追思，激发起对红安精神的向往。武汉科技大学师生连续四十载，坚持不辍，学习践行红安精神，只为心中的红安向往。

1. 实地探访，沉浸体验，"红安精神"深刻心中

红安，原名黄安，是麻城起义的策源地和鄂豫皖革命根据地的摇篮，在长期艰苦卓绝的革命斗争中，红安先后共涌现出 223 位将军，是全国著名的将军县。红安人民创造了独具特色的红安精神，凝练为"万众一心、为党为民、朴诚勇毅、不胜不休"，为后人留下了宝贵的精神财富和丰富的精神财富。

1983 年，时任校团委书记杨杰首次到红安参观学习，被当地浓厚的红色氛围吸引。红安精神与武科大"坚韧不拔、勇承重载、崇实求精、表里如一"的钢铁品质相契合。这让他萌发了将"红安精神"引入校园，与学校人才培养工作有机结合的想法。学习返校后，杨杰向学校汇报了自己的学习成果，提出了自己的想法。学校后来又多次前往红安实地考察，最后，在校党委的集体决策下，学校与红安正式签订协议，建立革命传统教育基地，成为全国第一个在红安建立教育基地的高校。

1984 年 5 月，学校组织大学生入党积极分子和青年教师上百人，前往红安接受革命传统教育，开始了大规模学习的历程。

此后每年的 5 月，学校师生都会赶赴一场"红色盛宴"，在鄂豫皖苏区革命烈士陵园里，聆听当地退伍军人、老干部等讲述的"一要三不要""一图两不图"的革命精神和"万众一心、为党为民、朴诚勇毅、不胜不休"的红安精神；在庄严肃穆的纪念碑前，敬献花篮，肃立默哀，庄严宣誓；在革命遗址长胜街、李先念及董必武纪念馆，浏览珍贵革命遗物和历史照片，重温革命历史，感悟红安人民不怕牺牲、勇于斗争，为新中国解放事业抛头颅、洒热血的革命精神……

年复一年，"红安行"成为学校学生和青年教师的必修课。最初几年不具备乘车条件，就组织学生步行拉练去红安接受传统教育。2020 年受新冠疫情防控形势要求，无法组织学生"走出去"，学校转变思路，将红安精神"请进来"，特别邀请红安县委党校副校长蔡德春来学校为本科生入党积极分子人选开展红安精神讲座，保持教育活动的连续性。

四十年来，学校育人初心始终不变，坚持把红安革命传统教育活动开展下去，经历了学校名称变化、办学层次提升、三校合并、新校区落成、学校领导班子和具体责任人换届等种种变化，但无论开展教育活动的外部环境如何改变，用宝贵的红安精神财富滋养师生，连续数十年重温红军歌、重走红军路，红安精神在学生心中已建立起一座共产主义信念的丰碑。

2. 丰富内容，传承践行，"红安精神"接力续写

四十年来，组织师生沉浸式感悟红安精神的同时，不断丰富教育内容，着力传承践行，赓续红色基因。

在红安实地开展教育中,紧扣时代主题,凸显学校特色,不断将新时代新思想注入红安精神的传承中,活动主题始终回应时代话题。以 2016—2020 年为例,2016 年主题为"践行社会主义核心价值观我在前行";2017 年主题为"砥砺前行谱新篇";2018 年教育活动主题为"新青年,新时代,重走信仰路";2019 年教育活动主题为"回首前路,擦亮初心,勇担使命";2020 年结合全国获得抗击新冠疫情胜利的大好形势,将主题定位"红安精神告诉你,中国做对了什么"。每一年的活动主题活动环节设计尤其注重引导学生响应时代呼唤,回应时代需求。同时开展由学生自己组织、自己排练、自己演出、自己观看的文艺汇演节目。文艺节目包含中华传统文化、古典诗词朗诵、革命故事讲述、红色歌曲联唱等环节,让红色文化及时滋养学生的精神世界。穿插体育锻炼和素质拓展环节,从早期的步行拉练,到中期的长跑竞赛,到目前采取的分组健走、爬坡、拔河等,在保证学生人身安全的同时,加入一定竞争性体育活动,帮助学生强健体魄,让学生在体育素质拓展活动中体验拼搏奋斗、不赢不休的革命精神。

回到校园,开展"红安精神"大型图片展览与专题报告会,通过丰富珍贵的图片史料,回顾红安军民并肩作战、艰苦奋斗的光辉岁月。开展"五月的花海"唱红歌活动,组织"沁湖诗会"展示"红安精神"产生、形成和发展的伟大历程,让学生了解红安,了解"红安精神"。根据网络的广泛性、互动性、参与性等特点,利用网络平台,开展网上学生党建工作,通过新闻网、官方微博和红色专题网站,还有学生的微信朋友圈,将"红安精神"持续印在学生脑中,也践行在生活中。

成立红色军旅社团、大学生青年志愿者服务队、白衣天使服务队、绿联社、搜搜志愿者服务队,走进敬老院,为军运会、马拉松赛事输送青年志愿者,开展暑期社会实践活动……用实际行动践行吃苦耐劳的红安精神,将"红安精神传得更远,以星星之火燎燃更广的平原"。

"留在基层、奉献基层、扎根基层"成为武科大的优良传统。学生毕业后留校、赴西藏、赴新疆、去大西北……将中国共产党的初心一代代地传承续写下去。

四、武科大精神谱系之:矢志不渝,艰苦创业,在辗转迁徙中熔铸武科大钢铁品质[①]

以"胸怀大局,无私奉献,弘扬传统,艰苦创业"为内涵的西迁精神不仅仅是西迁高校的精神体现,也是武科大精神的血脉根基。在武汉科技大学的办学历史中,学校几经更名、几度迁徙,历经艰难、踏破坎坷,但爱国情怀一脉相承、崇实

[①] 本部分作者为武汉科技大学党委学生工作部副部长、学生工作处副处长、毕业生就业指导中心主任(兼)杨永彬,武汉科技大学法学与经济学院辅导员杜逸涵。

理念一以贯之。

武汉科技大学办学历史源于清末湖广总督张之洞奏请清朝政府批准成立的湖北工艺学堂，后历经湖北中等工业学堂、湖北省立甲等工业学校、汉阳高级工业职业学校、武昌高级工业学校、中南钢铁工业学校、武昌钢铁工业学校的传承与发展，1958年组建为武汉钢铁学院，开办本科教育。1995年，隶属于原冶金部的武汉钢铁学院、武汉建筑高等专科学校、武汉冶金医学高等专科学校合并组建为武汉冶金科技大学。1998年，根据国家高等教育管理体制改革需要，学校成为第一批实行"中央与地方共建，以湖北省人民政府管理为主"的划转院校。1999年更名为武汉科技大学。

新校区建设，是事关学校长远发展的基础性、战略性工程。纵观国内外一流大学，建设新校区都是每个学校发展历程中的大事件，都对学校发展产生持续深远的影响。新中国成立以来，武汉科技大学各项事业快速发展、蒸蒸日上，但与此同时，教学科研用房和学生宿舍紧张的问题十分突出，办学空间不足成为制约学校发展的瓶颈，建设新校区成为全校师生员工和广大校友的热切期盼。

为了突破办学空间瓶颈，改善教学科研条件，2003年武汉科技大学新校区（黄家湖校区）建设工程开始启动，2004年9月19日，新校区建设工程奠基。

2005年8月底，黄家湖新校区一期工程26万平方米建筑顺利竣工。2005年9月7日，文法与经济学院（现为法学与经济学院）、外国语学院、计算机科学与技术学院和理学院4个学院搬入新校区。

9月10日，2005级近6000名新生到新校区报到，9月12日，新校区第一天开课，新生开学典礼暨军训动员大会在黄家湖新校区隆重举行。从此武汉科技大学开始了青山、黄家湖两地办学的历史。与此同时，每年秋季学期开学前，学校都要进行一次跨校区搬迁，材冶、机械、信息、资环、化工等未搬迁学院的近3000名学生从黄家湖校区整体搬迁回青山校区，在新环境里开启大三的学习生涯，浩浩荡荡的搬迁大军形成了一道靓丽的风景线。每次搬迁学校都会统筹协调，制定工作方案，安排客车运送学生及行李，确保搬迁工作安全、有序、高效开展。

"扬子江边，黄家湖畔，荡漾着我们青春的笑脸"，武汉科技大学即将走过125年的光辉历程。回顾学校历次搬迁，既有西迁，也有南移，既有东进，也有北上。这是一部部迁徙史，更是一部部创业史、奋斗史、发展史。在筚路蓝缕、艰辛办学的历程中，形成和凝练出了"坚韧不拔，勇承重载，崇实求精，表里如一"的钢铁品质，铸就了"厚德博学、崇实去浮"的校训。这一次次迁徙，充分展示一代又一代武科大人团结一心、攻坚克难、艰苦创业、无私奉献，始终将党和国家的需要放在第一位、听党指挥跟党走的使命担当，充分展示了"忠诚于党、服务人民、献身党的高等教育事业"的立德树人初心，从而为学校高质量发展注入澎湃动力。

五、武科大精神谱系之：女排精神的武科大样本①

武汉科技大学女篮是全国学生军的佼佼者，40 多年来，学校女篮先后培养出苗立杰、任蕾、宋力维、陈莹琦、姜微等 9 位国手，其中苗立杰在校期间就成为国家女篮队长，被誉为中国女篮的"旗帜"。学校女篮先后获得 15 次全国高校冠军，其中包括第二、四、五、六届全国大运会冠军、首届 CUBA 女篮总冠军、第三届CUBS 女篮全国总冠军；实现国内大学生女篮三大顶级赛事的"大满贯"，这在全国高校是唯一的。女篮多次获得学校表彰，成为武汉科技大学的"青春偶像天团"。

40 多年来，女篮姑娘学习践行女排精神，一路拼搏、为校争光，一路跌跌撞撞，有高峰也有低谷，不管在哪个时代，武科大女篮精神已经刻进"武科大人"的血液里。女篮主教练姜长勇说，武汉科技大学女篮精神是深深融入中华体育精神和女排精神，成为推动学校高质量发展的精神力量。

武汉科技大学女篮精神到底有哪些特质呢？

敢为人先、勇于创新的精神。40 多年前办高水平女篮运动队，武汉科技大学属第一拨"吃螃蟹"的。当时有责难、质疑，但运动队坚定地拿回了首届全国高校大学生"三好杯"冠军。后来，全国高校高水平运动队已经如雨后春笋般成长起来，教练人选也成为制约高校篮球队发展的瓶颈。学校用人不拘一格，从黑龙江华龙篮球俱乐部请来了执教经验丰富的姜长勇教练。40 多年来，女篮的发展坎坎坷坷，但他们始终不放弃，坚持走发展创新之路，走与俱乐部联合的模式，校企联合，先后向国家队输送了苗立杰、陈鹭芸、任蕾、宋力维等优秀运动员，一步一辉煌的实践告知人们，在年轻人密集的高校，探索与高水平体育项目联姻之道，武科大功不可没。

团结协作、顽强拼搏的精神。作为团队项目的篮球，集体、配合、拼搏三者集之大成。看到校史馆中女篮在大大小小征战中获得的数十座金光灿烂的奖杯，让人感叹：这不是弱者、不是一个人所能完成的。看学校的女篮训练让人感动，她们冬练三九，夏练三伏，在学习与训练的双重任务下，这些女孩们没有寒暑假，没有节假日。她们作为武汉科技大学的一员，顽强地挺了下来，成为学生们的偶像，她们的精神默默地影响着武汉科技大学学子。篮球场上，队员们更是拼命三郎。球队教练张丽丽说："球员的毅力和意志是制胜的法宝，我们通过长期艰苦训练，防守硬朗，进攻犀利。"球队如此，学校亦如此。同在校史馆，学校教学科研的各类奖项洋洋大观，两者交相辉映，昭示着武科大可贵的团结拼搏精神。苗立杰说："虽然

---

① 本部分作者为武汉科技大学党委学生工作部副部长、学生工作处副处长、毕业生就业指导中心主任(兼)杨永彬，武汉科技大学资源与环境工程学院团委书记洪运志。

自己的身体条件不是十分突出，但通过多年的努力，终归有了回报。我最大感受是，只有顽强拼搏才能走得更远。"

在女篮精神的鼓舞下，2018 年成立的武汉科技大学男子篮球队（阳光组）也逐渐走进了人们的视野，这群来自各个学院的篮球爱好者组建的队伍在体育学院王小安和孔祥新两位老师的带领下，不断地给大家带来惊喜。队员们不顾条件和环境艰苦，努力训练，挥洒汗水，2018—2021 年四届 CUBA 历届比赛稳居湖北省高校阳光组前三名，2023 年更是获得湖北省第一名，并代表湖北省高校先后取得了十六强、八强、第五名、第三名的好成绩。有理由相信，武科大男篮长江后浪推前浪，正在成长成为大学生的"偶像天团"。

六、武科大精神谱系之：不同"钒"响 —— 科学家张一敏的故事①

2018 年 1 月 8 日，张一敏第三次站上国家科技最高领奖台，接受党和国家领导人的祝贺。40 年专注研究钒资源的高效利用，在 2007—2017 年的十年间三获国家科技奖，他将我国提钒技术推入世界先进行列。

张一敏，武汉科技大学资源与环境工程学院教授、校学术委员会主任、楚天学者"特聘教授"、国务院政府特殊津贴专家、国家"863 计划"资源环境领域主题专家组成员（召集人），长期致力于洁净矿物加工、提取冶金、矿冶资源清洁生产和综合利用等领域的科学研究与教学工作。获国家、省部科学技术奖 18 项，其中以第一完成人获国家技术发明二等奖 1 项、国家科技进步二等奖 2 项、部、省技术发明和科技进步一等奖 6 项、二等奖 6 项，授权国家发明专利 41 项，美国、南非国际专利 2 项，中国专利优秀奖 1 项。

20 世纪 70 年代末，张一敏与俗称石煤的含钒页岩结缘。"钒，就是现代工业的味精，人小鬼大。"他比喻道，"如果说钢是虎，那么钒就是翼，钢含钒犹如虎添翼。"需在钢中加入百分之几的钒，钢材的强度、韧性就会大增，既耐高温又抗奇寒。

尽管全球 90% 钒页岩赋存于中国，但提取一吨钒，需要近 150 吨钒页岩矿石，而且难处理、流程长、能耗大、成本高，再加上废水排放、尾渣堆弃，同时国外对钒页岩方面的研究微乎其微，没有现成的经验作为参考，因此，高效、绿色提钒成为世界性难题。

张一敏从着手研究提钒技术，就立志研制出新工艺，既能大幅度提高钒回收率，又能节能减排和降耗增效，40 年间洒下了无数克难攻坚的汗水。

他自力更生、艰苦奋斗。攀悬崖、走峭壁上过的矿山成百上千；穿雨靴、提马灯下过的矿井不计其数；下厂时，和工人一起住工棚、吃泡饭，在实验室，五加

---

① 本部分作者为武汉科技大学本科生院主任科员叶苗。

二、白加黑，以永远忙碌的姿态埋头苦干；为了解决一个项目，把团队所有人拉到武钢宾馆"闭关"，开展专项研讨，不解决问题不出去。

在辛勤耕耘下，张一敏的绿色提钒技术诞生了，但技术迟迟找不到企业落地。旧法提钒带来的能源浪费和环境污染，如同紧箍咒般束缚着大众认知，政府有疑问、企业家不接盘、老百姓不信任。

他一次次在学术交流大会上讲解技术原理，请省市县各级政府领导到实验室参观研究成果，特邀当地农民到中试现场体验环保效力。2005年，项目顶着重重压力，在湖北、江西两地同时上马。从勘察选址到政府批建，从削峰平坡到厂房布局，两年间他事事把关。2007年，当第一批钒出炉时，提取率高、烟气排放达标、尾渣可循环利用，各项指标均在理想范围内。

他解放思想，实事求是。他常对学生说："要做好学问，先做好人，我们的研究课题很多都是实践应用项目，要服务生产力，千万不能弄虚作假。"他提倡在一线摸爬滚打，把矿区的"疑难杂症"带回实验室进行"解剖，再把实验成果带到矿区接受实践检验。"只要是拿数据说话，你们尽管大胆跟我争论。"每周二晚的学术例会，师生经常唇枪舌剑，辩得难分难解。学生准备发表的每篇文章，他都会做详细的批注。在他的指导下，一批批研究生获得省优秀博士、硕士学位论文，团队多名青年教师获湖北青年科技奖。

他全心全意为人民服务。作为九三学社社员、武汉市青山区政协常委，他积极参政议政，为老百姓谋福利。他提出打造青山国家级循环经济示范区，探索重化工聚集区循环经济发展道路。提案最终通过国家发改委专家评审，青山区成为武汉城市圈"两型社会"建设的"排头兵"、国家循环经济试点示范区，人居环境得到大幅改善。

作为湖北省政府参事，他紧紧围绕湖北省中心工作和社会热点难点问题出谋划策。2016年，他作为主笔撰写了《关于加快推进我省先进钒储能产业化发展的建议》《关于协调推进我省战略性矿产资源产业绿色发展的建议》，得到了省领导的重要批示。2017年，他提交了《关于科学推进我省自然资源资产负债表编制工作的建议》，以省政府参事的身份列席省"两会"，在联组大会上发言。其提案分获湖北省人民政府参政建议一等奖、二等奖，受到湖北省人民政府参事室发函肯定。

七、武科大精神谱系之：群星辈出　武科大青年志愿者的青春答卷①

志愿服务是现代社会文明进步的重要标志，是加强精神文明建设、培育和践行

---

① 本部分作者为武汉科技大学学校党政办公室副主任刘帅，武汉科技大学法学与经济学院研究生黄雅慧。

社会主义核心价值观的重要内容。党的十八大以来，党和国家高度重视志愿服务事业的发展，武汉科技大学校积极推动志愿服务工作，先进集体和个人不断涌现，在引领社会风尚、担当时代责任、展现青春风采、促进社会治理等方面发挥了重要作用。

在第七届世界军人运动会上的武汉科技大学青年志愿者们

"正心立德"胸怀大爱，引领社会风尚。社会风尚影响一个社会的道德塑造。武科大的志愿团体"正心立德"胸怀大爱，以实际行动在社会服务中引领时代新风尚。"社区计划"志愿联合服务队聚焦民生需求，引领尊老爱幼之风，普及法律常识，定期为家庭困难的孤寡老人料理家务、爱心义诊，为在家独处的孩子辅导功课，让志愿者的温情和关爱传递到周边社区。汽车学院青年志愿者服务队关爱弱势群体，引领扶弱助困之风，与紫阳街的阳光家园共同成立小组，帮助残疾人士学习手机自救的相关知识，同时通过模拟演练等各种活动方式来普及相应的安全知识和应急措施，获得了第五届湖北青年志愿服务项目大赛铜奖。化学与化工学院学生党总支种太阳爱心基金会关注特殊儿童，引领尊重生命之风，举办了"蓝丝带"活动，让更多的人看到了自闭症儿童的现状的同时也呼吁更多的人献出爱与关怀，让自闭症儿童能逐渐融入社会，开启新的人生篇章。

"建功立业"心系家国，担当时代责任。当代青年是同新时代共同前进的一代，时代的责任赋予青年。武汉科技大学的优秀志愿者们"建功立业"心系国家，以实干奉献在新时代的发展中与祖国同心同行。闻健投身保家卫国，用青春热血担当责任，造福国人，他积极参与无偿献血，累计54次，并加入中国造血干细胞捐献者资料库，用党员的担当诠释了新青年的信仰与大爱，荣获 2016—2017 年度全国无偿献血奉献奖铜奖；捍卫国土，他挺起脊梁，寸土不让，用军人的风采诠释了新青年的无畏与坚守，被评选为 2020 年全国"最美大学生"。方佳慧助力疫情防控，用青春奉献担当责任，她在确诊期间发起"关爱医护人员子女"志愿活动，出院后拍摄隔离视频，回汉后捐献康复期血浆，返校后参与抗疫报告会，积极传递正能量，弘扬伟大抗疫精神，获评全国"抗击新冠肺炎疫情青年志愿服务先进个人"。桂泽红书写教育情怀，用青春力量担当责任，他指导"莫朗日康"志愿服务队精准"云支教"康定市藏文中学等 9 所甘孜州高中的 1273 名学生，被共青团甘孜州委誉为"藏汉一家亲的美好写照"，获评 2020 年湖北省"本禹志愿服务队"抗疫特别个人。

"躬行立志"肩扛使命，展现青春风采。前进路上，总有催人奋进、不同寻常的使命，时代召唤历史使命，使命引领青年担当。武汉科技大学的青年志愿者们"躬行立志"肩扛使命，以热血激情在青春答卷中诠释初心。何金成为志愿者榜样，他组建了"爱之星"支教团，连续五年奔赴宜昌市秭归县梅家河乡支教，并代表"爱之星"获得了湖北省委常委、统战部部长尔肯江吐拉洪的接见，被评为"第 11 届中国青年志愿者优秀个人""全国钢铁行业优秀共青团员"。研究生支教团打造志愿品牌，展现青年情怀，学校已选拔 92 名支教团成员赴西部地区开展志愿服务，用一年的时间，为推动西部地区教育事业和经济社会发展作出了积极贡献，先后获湖北省"本禹志愿服务队""百生讲坛"省级活力团支部(银牌团支部)、湖北省第二届青年志愿公益项目大赛铜奖等荣誉，并参加了第五届全国志愿服务交流会志愿服务组织展。军运会赛事志愿者成为志愿力量，展现青年风貌，在 2019 年第七届世界军人运动会中，该校向军运会游泳赛事共派出 663 名志愿者"小水杉"，他们出色地完成了各项服务任务，为比赛的顺利举办提供了坚实的保障，向全世界展现了当代中国青年的风貌。

"笃学立行"、眼存山河，促进社会治理。心中若能容纳山海沟壑，眉目中便流转出山河湖海，新时代大学生需要心怀天下，将书斋所学带到田野实践。武科大的大学生志愿者们"笃学立行"眼存山河，以真帮实促在基层社会治理中贡献高校力量。邢杨书瑄积极助力脱贫攻坚，促进乡村振兴，她先后两次奔赴延安进行调研，足迹遍布延安市 2 区 1 县 5 个示范村镇，实际进入 80 余户家庭，覆盖近 400人次，被评选为全国"千校千项"优秀实践者。绿联社的成员们积极投身环保公益，促进生态文明，他们用自己的脚步丈量武汉，实地调查河流与湖泊的生态环境现状，连续六次竞标由世界自然基金主办的"湿地使者"行动，获得优秀团队奖、最佳文字奖、全国二等奖等佳绩。周佳丽积极参加绿色实践，促进节能减排，多次参加环保类型科技竞赛，从源头上贯彻落实节能减排理念，促进公众的环保意识，获第十三届全国大学生节能减排社会实践与科技竞赛三等奖。

八、武科大精神谱系之：情系寨湾村——脱贫攻坚道路上的武科大人①

武汉科技大学从 2009 年开始在襄阳市保康县黄堡镇派驻工作队，历经新农村建设、"三万"活动和脱贫攻坚三个阶段，其中，2009 年新农村建设驻点村是黄堡镇张家沟村；2010—2015 年，湖北省六轮"三万"活动驻点村是黄堡镇花栎树苞村、后湾村、雷家岭村和观音堂村；2015—2021 年 7 月，脱贫攻坚驻点村是保康县黄堡镇寨湾村。

美丽乡村寨湾村

2015 年以来，武汉科技大学先后在寨湾村派出三支工作队共 9 人开展驻村扶

---

① 本部分作者为武汉科技大学党委学生工作部副部长、学生工作处副处长、毕业生就业指导中心主任（兼）杨永彬，武汉科技大学党委宣传部记者梅海兵。

贫，累计投入帮扶资金 309 万元，其中帮扶及慰问资金 185 万，消费扶贫资金 124 万，协调资金 1500 多万元，用于异地搬迁、基础设施、产业扶贫、乡村旅游、消费扶贫和困难群众慰问等。

六年驻村帮扶，武汉科技大学将寨湾村从无道路、无产业、无阵地、无集体收入的"四无"空壳村，建设成为湖北省美丽乡村建设示范村。近年来，寨湾村先后被授予"保康县最美乡村暨休闲农业建设先进单位""保康县基层先进党支部"等荣誉称号，2017 年入选"湖北省美丽乡村建设示范点"；2018 年入选"湖北省级美丽乡村示范项目"；2019 年入选"湖北省美丽乡村建设示范村"；2020 年被襄阳市授予"产业发展突出奖"，2021 年被评为全省"脱贫攻坚先进集体"。

"一张蓝图干到底。"武汉科技大学三任工作队接力扶贫，对缺乏技能的村民既扶志又扶智。第一任工作队联系从事旅游规划的曹诗图教授团队来到寨湾村，实地勘测，挖掘乡村文化，编制发展规划，做好顶层设计，积极申请项目，争取扶持资金，修建水泥桥，把泥巴路改成双车道水泥路，安装太阳能路灯，建起党员群众服务中心，修通自来水、排污渠、有线电视和宽带。第二任工作队大力发展"农业＋旅游"产业，建设湖心桥、游泳池、垂钓园等旅游设施，乡村旅游初具规模，同时还开办有地方特色的年货节，带动周边村子一起展销。第三任工作队积极推进"党建引领、抱团发展"，大力实施"党员领富计划"，在党员的带领下，广大村民人人争做事，不仅发展集体产业，而且家家有菜园、果园和花园，形成一步一景的美丽村貌。

"脚粘泥土真扶贫。"曾经的重点贫困村寨湾村，现在不仅生活富裕了，精神也富足了。改变从 2017 年开始，当时寨湾村已脱贫，然而天一黑，到处是麻将声和家长里短的絮叨声。工作队得知村民李祖华在外务工时学会几支舞蹈，便请他把"城里人的时尚"带进村里，组建舞蹈队，把村民从牌桌上拉到广场上。工作队向学校争取经费，购置音响设备和舞蹈服。每天晚饭后，寂静的山村响起音乐，妇女们陆续来到广场，一跳就是两个小时，隔壁村的妇女每天由丈夫骑着摩托车送过来跳舞。舞蹈队领舞肖山桃说："现在身体健康了，心情愉快了，家庭和谐了，邻里关系也融洽了，感谢武科大工作队。"

贫困户张德山年近六旬，两口子住在山上发展产业，2018 年工作队争取政策，让他享受 2 万元危房改造资金，土房子焕然一新。他家是全村唯一不通路的贫困户，2020 年工作队又投入资金，为他家修建 1.5 公里简易土路，生产物资上去，农副产品下来，当年他通过养猪、养羊增收近 2 万元，幸福路变成致富路。"去年杀了猪，猪肉挂了满满一屋，没有卖完的现在还挂着。"张德山说，"希望继续在武汉科技大学驻村工作的帮扶下，把现有产业干好，日子越过越红火"。

脚下有多少泥土，心里才有多少感情，才能为老百姓办多少实事。驻村 6 年来，工作队通过一件件小事的落实，把武科大人的扶贫情感滴灌在每个寨湾人的心里。驻村干部梅海兵、全省"脱贫攻坚先进个人"说："中华民族千百年来存在的绝对贫困问题，在我们手里历史性地得到解决，作为亲历者、见证者，我感到无比的自豪。"他还通过视频连线，将脱贫攻坚故事"搬进"思政课堂，让学生聆听一线脱贫攻坚故事，感受蓬勃的脱贫攻坚实践战，既收获教育又收获感动。

"众人拾柴火焰高。"6年来，学校领导到寨湾村调研指导脱贫攻坚16次，每年专题研究脱贫攻坚事项不低于4次，学校相关部门积极与寨湾村对接，从教育扶贫、健康扶贫、科技扶贫、消费扶贫等领域，发挥学校优势提供支持。2016年7月，马克思主义学院专家教授来到寨湾村调研，从党建引领、产业规划等方面，为寨湾村高起点谋划。

6年来，像这样的调研每年都有，"大专家"到小山村"解剖麻雀"，对发现的问题提供解决办法。信息学院、外国语学院支教团队，六年不间断开展义务支教，一批又一批山区留守儿童从中汲取养分；后勤集团、学校工会发动力量，开展消费扶贫，村民种的土特产不愁销路了，教职工的餐桌上也有了农村的味道，有了扶贫的情怀。2020年，学校一次投入80多万元采购寨湾村的农副产品，贫困户罗世勤说："有武汉科技大学给我兜底农副产品，我们不愁销路，干劲更足。"

2021年7月，学校圆满完成襄阳市保康县寨湾村脱贫攻坚帮扶任务，再次出征十堰市郧西县上津镇石庙村进行乡村振兴定点帮扶，这一出征又是5年。学校坚持以习近平新时代中国特色社会主义思想为指导，坚决贯彻落实党中央、国务院和省委、省政府关于乡村振兴决策部署，坚持系统帮扶理念，持续开展教育、文化、科技、产业、生态、消费等多维度、立体式、全方位帮扶，有序做好乡村发展、乡村建设、乡村治理重点工作，实现巩固拓展脱贫攻坚成果同乡村振兴有效衔接，定点帮扶工作取得较好成效，学校被评为优秀派出单位，建设宜居宜业和美乡村未来可期。

第三章
激活党的细胞 展现党建风采

党的二十大报告明确提出，增强党组织政治功能和组织功能，坚持大抓基层的鲜明导向，把基层党组织建设成为有效实现党的领导的坚强战斗堡垒，激励党员发挥先锋模范作用，保持党员队伍的先进性和纯洁性。求木之长者，必固其根本。为更好地发挥基层党组织的作用，武汉科技大学各基层党组织积极找寻党建工作"着力点"，立足服务发展"受力面"，从"信""新""育""情"入手，着力实现"提升思想引领力""夯实基层组织力""增强党员凝聚力""提高社会服务力"等目标，激活基层组织"细胞"内生活力，打造引领发展的红色引擎，持续铸造并擦亮党建品牌，展现出新时代党建绚丽的风采。

第一节 树牢"信"字提升思想引领力

一、"红色钢铁熔炉"熔铸新时代"钢铁脊梁"

"先建一座铁厂，再建一座兵工厂！"从留着辫子的目瞪口呆，到穿着劳保服的热火朝天，再到穿着白大褂的苦心钻研，武汉科技大学 60 余名学生以一幕幕情景剧生动地再现了学校从湖北工艺学堂到武汉钢铁学院，再到如今的武汉科技大学的发展进程，以及因钢而生、依钢而兴的发展脉络。"大鹏一日同风起，扶摇而上九万里，中国的钢铁事业，正蒸蒸日上！"学子们用铿锵有力的声音展现着学校"为党育人、为国育才"的初心使命，与国家、民族发展同呼吸共命运的责任担当。这是学校"红色钢铁熔炉"工程特色校园文化品牌活动"沁湖诗会"的一个缩影。

从 1898 年的湖北工艺学堂到今天的武汉科技大学，125 年来，学校结合自身办学历史、办学特色和学生成长规律，充分挖掘悠久校史中的爱国主义基因和红色革命元素，把学校创办人、近代中国"钢铁之父"张之洞"实业救国"中的"实业"精神和习近平总书记强调的培养更多听党话、跟党走、有理想、有本领、具有为国奉献钢筋铁骨的高素质人才，为铸就科技强国、制造强国的钢铁脊梁作出新的更大的贡献等关于教育的指示批示精神结合起来，不断将爱国主义基因和红色革命元素注入育人全过程，以爱国主义为主导，价值引领为主线，理想信念教育为核心，紧扣学校办学特色和办学理念，围绕大学生思想政治教育体系化建设需要，开创了具有学校特色的"一个钢铁品质——两座精炼熔炉——三维浇铸锭模——四重锻造特性——五项熔炼计划""红色钢铁熔炉"育人模式，不断熔炼具有"坚韧不拔、勇承重载，崇实求精、表里如一""钢铁品质"内涵的"新时代钢铁脊梁"。

坚持钢铁品质一个定位。学校因钢而生，依钢而兴，形成了独具钢铁色彩的学科特色、育人特色。在人才定位上，百余年来，学校根据钢铁不但强度高、硬度大、弹性强、韧性好，且质地密实、性能一致、表里如一等特性，凝练出以"坚韧不拔、勇承重载，崇实求精、表里如一"为内涵的"钢铁品质"，并根据时代的不同，不断丰富钢铁品质的新内涵。作为一所起源于培养社会主义钢铁人才的行业知名高校，进入新时代以来，学校牢记习近平总书记关于人才培养方向，以及促进钢铁产业创新发展、绿色低碳发展，力争为祖国发展作出更大贡献的殷切嘱托，主动对接新一轮科技革命与产业变革，立足国家创新驱动发展战略，立足新能源、新材料等战略性新兴产业，提升主动服务产业转型升级能力，加快培养传统优势领域工程科技人才和新兴领域工程科技人才，改造升级学校传统工科专业，主动布局未来战略必争领域人才培养，把"新工科"建设作为学校综合改革的"内核"，坚持以"新理念、新标准、新模式、新方法、新技术、新文化"促进"新工科"与新文科、新医科的深度融合，坚持以需求为导向积极开展多元化发展探索，坚持以项目集群为平台加强交流合作，坚持统筹校内校外资源加大项目的支持，不断强化学生的家国情怀、国际视野、法治意识、生态意识和工程伦理意识等，着力培育学生"敬业精业、追求卓越"的工匠精神，最终培养出听党话、跟党走、有理想、有本领、具有为国奉献钢筋铁骨的高素质人才。正因如此，无论在过去，还是进入了新时代，"钢铁品质"都已经成为每一个武科大学子的品牌标识。"钢铁品质"既强调学校培养的大学生应具备钢铁般的政治定力，更将其融入人才培养的多个维度，作为人才培养的重要品质和内核追求，着力培养具有"钢铁品质"的新时代钢铁脊梁。

积极打造两座精炼熔炉。学校坚持以培养高素质应用型人才为总目标，根据育人有机体、共同体理念，面向多样化人才需求，构建具有学校特色的"四层次、多样化"人才培养体系，积极整合校内外人才培养资源，全面实现协同育人，打造校内、校外人才精炼熔炉，为培养"钢铁品质"人才创造高质量育人环境。学校以校内育人资源为主导，强化校内各育人要素的引领作用，立足于学校学科特色和专业布局，全面推进具有学校特色的培育与内涵发展，不断加强"三全育人"的体系建设，强化校内教育生态和育人环境构建，着力打造人才培养模式独特、人才培养目标清晰的校内人才精炼熔炉；同时，学校不断强化校外育人资源整合，依托丰富校友资源和行业资源，立足于社会发展需求和企业布局，广泛推进校地校企协同发展，不断拓宽校外办学资源与发展空间，以此充分发挥社会资源的协同育人作用，强化协同育人环境的探索和实践，借此打造校企校地深度合作，产教学研深度融合的校外人才精炼熔炉，从而实现育人资源共享、育人力量汇聚、育人功能提升，构建同频共振、同生共长、协同发展的育人环境，努力构造多元共融、和谐共生的育人有机体、共同体。

着力推进三维浇铸锭模。学校坚持秉承百余年的历史沉淀和思想精髓，赓续传承了学校创始人的"实业救国"精神和学校知名红色校友许白昊、郑位三等革命先辈的"爱国报国"基因，不断升华新中国成立以来学校培育出来的万千学子的"钢铁献身"情怀，历经120余年的凝练，全面推进"爱国教育是主旋律，四史教育是主话题，校史教育是主特色，廉政教育是主亮点"的红色熔炉引领体系建设，重点构建"'有效果、有趣味、有体系、有保障'的思政课程，'有机制、有设计、有典型、有反馈'的教学模式，'有计划、有重点、有亮点、有创新'的主题教育，'有平台、有机制、有品牌、有成效'的社会实践"等线下思政主渠道和网络思政主补充的高温熔炉熔炼体系，不断强化思政教师作为熔炉守护主力队伍、辅导员作为熔炉守护主力先锋、专业教师作为熔炉守护生力军、学生骨干作为熔炉守护后备军的守护熔炉保障体系，确保红色钢铁熔炉可以发挥最好的作用。

切实锻造人才四重特性。"是钢就要成脊梁"。学校始终将钢铁特色贯穿于人才培养全过程，围绕高素质人才的韧度、硬度、精度、亮度制定了全面的培养计划。学校通过确立以"四维度心理健康理念、四融入心理健康路径、四协同心理健康同盟、四保障心理健康教育基础"的"四四"心理育人模式，不断锻造学生坚韧不拔的韧度；学校按照"一院一基地""一专业一赛事"基本要求，坚持"校地结合、校企联合、部门融合、师生配合"，形成了"模式+课程+讲座+项目+创业+竞赛"六位一体的大学生创新创业教育总体架构，探索出具有地方工科院校特色的"1146"大学生创新创业能力培养体系，以双创育人锻造学生勇承重载的硬度；学校坚持"产出导向"理念，主动对接国家和区域经济社会发展和战略性新兴产业发展需求，充分发挥自身与行业产业紧密联系的优势，注重学生的科学思维训练和科技伦理教育，积极培养学生探索未知、追求真理、勇攀科学高峰的责任感和使命感，培养学生精益求精的大国工匠精神，坚持用科研育人锻造学生崇实求实的精度；学校依托厚重的历史沉淀，建成了融红安行、校史馆、文献馆、廉园、红色雕像、校友名人墙等于一体的红色实践教育体系，不断挖掘新时代文化育人新内涵。学校构建了花园式的校园环境和独特的校园文化，拥有全国高校最大的校内自然湖泊，是"全国绿化模范单位"，在搜狐最美校园评选中位居第一。每年的沁湖鱼宴、沁湖舟赛、沁湖诗会、沁湖时光、沁湖讲堂、沁湖创客等沁湖文化被权威媒体争相转载，引起了巨大的反响。学校正是通过积极发挥文化育人功能以锻造学生表里如一的亮度。

五育并举熔铸钢铁脊梁。为培养具有钢铁品质的时代新人，武汉科技大学坚持"五育并举"，将德、智、体、美、劳教育贯穿于人才培养的全过程，不断完善人才培养体系，提升育人实效，培养出一大批新时代钢铁脊梁。百余年来，学校为国家和社会培养了各类专门人才20余万人。一大批杰出校友成长为院士、专家学者、党政领导、大型钢铁企业掌门人，学校被誉为"冶金高层次人才的摇篮"。毕业生就业率保持在95%以上。武书连2021中国大学生本科新生质量、毕业生质量排名均位列湖北省属高校第一，还是连续两年唯一入选艾瑞深中国大学百强的湖北省属高校。学校拥有8个博士后科研流动站，8个一级学科博士学位授权点和41个二级学科博士学位授权点；材料科学与工程、冶金与矿业工程、机械工程等3个学科入选湖北省"国内一流学科"建设学科；材料科学与工程学科入选湖北省一流学科重点建设学科；材料科学、工程学、化学、临床医学、计算机科学等5个学科进入ESI全球排名前1%。学生多次荣获"互联网+""挑战杯"和全国大学生电子设计竞赛、大学生机械创新设计大赛、大学生智能汽车竞赛、大学生电子商务"创新、创意及创业"挑战赛等高水平竞赛大奖。"十三五"以来，学生参加各类学科和科技竞赛累计获得国际级、国家级奖励4500余项；学校在中国高等教育学会发布的"2021年全国普通高校学科竞赛评估结果"中排名第71位。学校女篮在全国享有盛名，多次获得全国大运会、CUBA和CUBS冠军，培养了10多位国家队、国青队队员。我校男篮获第25届CUBAL(中国大学生篮球联赛)二级联赛湖北赛区冠军。

二、传承红色基因 牢记初心使命

"感谢先辈们的付出，让我们现在能够在一个富强和平的国家去学习、去追寻自己的梦想。吃水不忘挖井人，我会向先辈们学习，靠近光，成为光，努力做一个对社会对国家有用的人。"这是参与"清明祭扫，缅怀先烈"活动的许白昊班成员接受采访时发出的感慨，自2021年"许白昊班"成立以来，每至清明，许白昊班学生都会来到廉园许白昊铜像前进行祭扫哀悼。武汉科技大学法学与经济学院党委充分发挥学校、学院红色文化教育优势，打造红色班级"许白昊班"，发挥红色文化铸魂育人的功能，不断创新红色育人实践途径，筑牢红色教育主阵地。

拓展链接：
武汉科技大学第二期"许白昊班"开班

（一）开设红色讲堂，突出红色文化

立足红色文化资源，邀请专家学者开设专题讲座。学院党委连续多年与共青团武汉市委和武汉革命博物馆联合举办"青年楷模恽代英"事迹展，以史实图片讲述青年楷模事迹。邀请一批红色先烈后辈和理论专家做专题讲座，董必武嫡孙董绍壬作《从〈董必武家书〉看家风建设和初心使命》专题讲座；许白昊侄孙许振斌作《牢记祖父遗训，传承红色基因》专题讲座；华中师范大学教授、博导、恽代英研究专家李良明作《恽代英的初心与使命》专题讲座；湖北省博物馆副馆长何广作《大别山红色歌谣》专题讲座。开设旗帜鲜明、底色鲜亮的红色课堂，使党史学习教育融入学生第二课堂，将红色文化注入青年基因。

（二）立足干事创业，点亮红色初心

建立专业课教师、教辅人员、思政队伍、管理队伍等不同队伍之间的"沟通协商"机制；建立联系学生机制，领导班子结对帮扶经济困难、学习困难、心理困惑学生，定期开展谈心谈话；学院领导干部、教职工党支部书记、教研室主任、班主任定期深入学生课堂、宿舍，倾听学生声音、了解师生情况，帮助解决实际困难。始终坚持"以生为本"，选配优秀党员教师担任班主任、选配综合素质过硬的高年级学生骨干担任班级助理。探索学生党支部书记参与学生班级事务管理；鼓励教师党员、学生党员参与学生团日活动，将理想信念教育、爱国主义教育、党史国史学习教育融入学生教育培养全过程，让学生更有归属感；将红色教育融入廉洁纪律教育，凸显廉政文化之红，积极打造"讲好红色校友故事，传承清廉有为精神"特色品牌，组织师生参观学校廉园，组织学院新一届党委委员、纪委委员到廉政教育基地、中国共产党纪律建设历史陈列馆接受廉政教育。学院党委逐步形成有效资源向育人环节聚集、政策导向向育人环节倾斜、教师精力向育人环节汇聚的良好局面。

学院党委获评学校先进基层党组织、"湖北省高校思想政治教育工作先进基层单位""湖北省委高校工委先进基层党组织"等荣誉称号；行政管理教师党支部获评湖北省高等学校先进基层党组织，行政管理教师党支部及研究生党支部"全国党建工作样板支部"顺利通过教育部验收；获评湖北省教育工委"支部好案例"优秀奖1项；连续多年获评学校"优秀基层党组织"称号。

（三）强化旗帜引领，创新红色育人

学院以党建工作为龙头，以学风建设为核心，以创新基地为平台，以志愿服务为重点，坚持因事而化、因时而进、因势而新，强化思想引领，创新方式方法，塑造品牌文化，为大学生健康成长营造良好的环境。通过实施"党旗在我心中""党旗伴我成长""我为党旗添彩"三个板块开展"党旗引领工程"，坚持不懈加强党组织的

政治建设和党员理想信念教育，引领师生与时代主题同心同向，推进思想政治工作守正创新。学院党委书记在校史馆主讲开学第一课，以建党初期红色校友事迹，引导学生建功立业、报效祖国，选树先进典型、抓好养成教育、加强诚信教育等主题教育活动开展学风建设，取得显著成效，学院连续多年荣获武汉科技大学优良学风学院。推进网络思想政治教育，建立"辅导员新媒体工作室"，运用微信、抖音等新媒体，以灵活生动、学生喜闻乐见的形式开展思想政治教育，任课教师、班主任联动参与。

拓展链接：
我校举行首届红色文化节开幕式

三、用好党建"微阵地"　构建"大思政"育人格局

走进武汉科技大学教六楼，党史学习教育文化长廊起始板块上"学史明理 学史增信 学史崇德 学史力行"两行大字格外引人注目。行至此处，师生往往驻足流连，这里已经成为医学院、公共卫生学院开展党性教育的"新地标"。

"在中国共产党百年华诞之际，党中央作出在全党开展党史学习教育的重大决策。我们利用近两个月的时间建设党史学习教育文化长廊，着力打造学校党史学习教育的宣传阵地，为党史学习教育成果提供展示窗口。"党史学习教育文化长廊的讲解员胡文青开启了一周内第二场的讲解工作。

一场又一场参观学习在这里接连举办、一次又一次理论宣讲入脑入心、一项又一项的党性实践有序推进……近些年来，学院立足党建工作与思政教育互动融通，落实立德树人根本任务，围绕党建阵地建设，开展系列党建活动，在打造党建品牌，写好党建文章，提升党建活力上下功夫，全力构建"大思政"育人格局。

1. 以"微建设"为"发力点"，打造"微阵地"的"新品牌"

学院结合自身的实际情况，充分开发校园环境，打造党建"微阵地"，让校园环境成为无言之师，积极发挥环境育人功效。

打造党史学习教育文化长廊。为引领师生听党话、跟党走，助力思政建设，增强党员队伍凝聚力和战斗力，学院在建党百年之际推出党史学习教育文化长廊。党史学习教育文化长廊设在学校教六楼医学院一区五楼，长廊近百米，分为抗疫专题展、中国共产党百年历程展、历届领导人重要论述、主题党日活动室、红色读本展等。抗疫专题展，展示了 8 位获得全国抗击新冠肺炎疫情先进个人的感人事迹以及武汉科技大学在校师生积极参与抗疫工作的 100 个志愿者故事。中国共产党百年历程，用长江流向图代表时间主轴线，图文并茂，生动展示了中国共产党团结带领全党全国各族人民从 1921—2021 年走过的百年历程，重点展示了 29 个重大历史事件和重要战略成果。长廊还展示了十八个教学单位党史学习教育阶段性的总结成果。

党史学习教育文化长廊

建设廉政文化长廊。为深入推进廉洁文化建设，营造"知廉、倡廉、崇廉"的廉洁文化，推动党建与廉政建设融合，在党史学习教育文化长廊基础上，学院还打造一个以"廉"为主线，以"纪"为主题的廉政文化长廊。廉政文化长廊以图文并茂的形式集中展现党的十八大以来全面从严治党方面的政策方针和廉洁自律准则、廉政故事等教育内容，党风廉政微长廊设置"习言习语""纪律制度""廉政故事"等板块，集合学党史、学抗疫精神、学廉洁文化等多种功能，使学院广大党员干部和师生切实体会到党规党纪的铮铮威严。

2. 以"微宣讲"为"主导线"，写出"微阵地"的"新文章"

学院坚持把"微宣讲"与建设党建"微阵地"有机结合，组建党建阵地讲解队，开展具有"时间短，内容精，形式活，效果实"特点的"微宣讲"，以全方位、全覆盖、互动式、情境式的宣讲，逐步打通了理论宣讲的"最后一公里"，让党的创新理论走近师生，润物无声地推动党的精神走入师生心中，为构建"大思政"格局提供了有益探索。

微宣讲形式上求新。党建阵地讲解队遵循以学生为主体，由 4~6 名具有一定理论知识的学生党员组成。成员聚焦不同板块，讲解时长约 10 分钟。讲解队成员讲解舞台既有党建阵地，也有团课、党课讲台。

微宣讲内容上求精。"微宣讲"充分利用党建阵地学习资源，根据受众特点，以青年视角、朴实语言讲好党的故事、革命的故事、英雄的故事，结合学院学科专业背景和学习生活实际，以朋辈身份和同龄人视角讲好党的政策、党的精神，用图、声、乐等形式全方位展示宣讲内容，让师生入脑、入眼、入耳、入心，引导师生加深对党史的理解和把握，加深对党的创新理论的认同、理解和内化。

微宣讲效果上求实。微宣讲开展以来，覆盖全校多个机关部门和教学院系，接待 10 余个外来单位，听众达 8000 余人次。微宣讲的推出，为师生送上精美的"精神食粮"，赋予了理论宣讲新的时代气息和生机活力，成为满足广大师生渴求理论文化知识的"美味佳肴"，是学院做实做好党建"微阵地"的一道亮丽风景。

3. 以"微实践"为"拓展面"，挖掘"微阵地"的"新活力"

学院将党建"微阵地"文化资源作为开展入党启蒙教育、党性教育、思政教育、劳动教育、廉洁教育的鲜活教材，将思政教育融入党建活动，通过党支部带党员，党员带群众，利用各种时间节点，持续开展丰富多彩的主题活动，用活泼的形式在师生心中奏响主旋律，用"微实践"带活"微阵地"建设，助推"大思政"建设。

主题活动多样化。学院组织各党支部、各班团在"微阵地"上，开展支部书记讲"微党课"、"廉政微视频"制作、廉政故事分享活动、红色家书朗读活动、"清廉微旅""不忘初心 奋进新征程"——我和党的故事征文比赛，以及"喜迎二十大，奋进新征程"绘画摄影作品征集等丰富多彩的主题活动。

主题活动参与率高。学院党委书记、各支部书记带头参加，学生党员多次参与，党学团积极联动，线上和线下紧密结合，充分发挥主题活动的辐射作用，激活主题活动育人功能，各类党建文化活动累计参与人数达 5000 人次，覆盖了全院师生。

主题活动具有针对性。学院还按照不同年级学生的特点，分类施教、提升教育效果。针对一年级，结合入学教育，开展"清廉微旅"活动，用廉洁开启新生第一课，培养党性意识；针对二、三年级，结合劳动教育，开展"美好环境我来促""搬家我来帮"等志愿服务活动，用志愿服务实践锻炼党性修养。针对毕业年级，结合毕业季教育，开展毕业生党员"最后一课"，增强爱校荣校意识。2021 年，学院党委组织的毕业生党员最后一课，被中国青年网报道。

四、创建筑梦团队 打造党建品牌

学院党委围绕党的建设根本任务和要求，组建一支筑梦团队，围绕"党组织+∑（党建研究、理论宣讲、红色文化、网络阵地、文明实践）"的工作体系，构建学科引领、人才强基、平台支撑、教学创新、科研高深、立德树人的工作平台，推动理论学习研究与学术、学科以及育人工作同步开展，实现理论、学术、学科和育人工作迈上新台阶；重点发挥思想政治理论课的主渠道和主阵地作用，牢牢抓住立德树人的根本，培养德智体美劳全面发展的社会主义建设者和接班人。

1. 理论宣讲团队

理论宣讲是开展党的基层理论武装工作的重要途径，是一项基础性工程。着力建设"理论学习宣讲"团队，从实际出发，整合资源、加强学习、提升水平、服务基层，形成理论宣讲工作常态化格局。

按照"理论常态学习+时政热点宣讲"的思路，组建了"特色主题"学习宣讲组、"经典理论"学习宣讲组、"习近平中国特色社会主义经济思想"学习宣讲组、"习近平中国特色社会主义外交思想"学习宣讲组、"习近平强军思想"学习宣讲组、"习近平生态文明思想"学习宣讲组、"习近平法治思想"学习宣讲组、"中国特色社会主义文化"学习宣讲组和"中国特色社会主义政治党建"学习宣讲组等九个学习宣讲组。既坚持理论学习常态性，又保证宣讲工作即时性，既有内部统一，又有分工协作，形成"教学+科研+党建"的综合团队。通过开展宣讲活动引导学生深入学习党的理论知识，从思想、学习和生活方面对学生起到引领作用，提升人才培养质量和学生综合素质，引导学生树立正确的世界观、人生观和价值观。

2. 党建研究团队

习近平总书记强调，加强对党建理论最新成果的研究，加强对全面从严治党的研究，在理论上拓展新视野、作出新概括，加深对新时代党的建设规律的认识，不断完善党的建设学科体系、学术体系、话语体系，继续为推进新时代党的建设贡献智慧和力量。

学院党委联合省直和市直机关党支部，不断推动党建理论研究与实践工作融合发展，建立党建理论研究工作的长效机制，共同制定"党建理论研究菜单"，遵循"理论常态学习+时政热点研究+社会实践探索"思路，组建了"复兴之路"党建研究组、"经典理论"研究组、"习近平科技创新理论"研究组、"习近平生态文明理论"研究组、"中国特色党建理论"研究组、"习近平科技文化理论"研究组、"新科技伦理挑战理论"研究组共七个理论研究组。组建"党建理论研究+教学科研+社会实践"综合团队，以政治性和实践性引领马克思主义理论系教工党支部党建理论研究，发表高质量研究成果，为学校人才培养工作提供了强有力的理论支撑。

3. 红色文化团队

文化是一个民族的根、一个民族的魂，其力量深深熔铸在民族的生命力、创造力和凝聚力之中，影响着民族的发展道路和前进方向。不论是经济发展还是政治稳固，文化建设都具有不可或缺的作用。

按照教学与科研、课内与课外相结合的思路，发挥教学相长的作用，形成校史进课堂和红色基因进课堂的教学模式。组建学生阅读团队和寻访团队，通过阅读、讨论提升学生的阅读鉴赏能力，以"武汉近代工业的发展历程""辛亥故事""毛泽东在武汉""武汉抗战"以及"大革命时期的武汉"等红色革命故事为线索，寻访武汉的历史遗址。组织全体教职工学习声乐，并组建红歌团队和舞蹈团队，通过文学艺术作品等文化载体形式，服务教学科研第一线。在武汉科技大学办学120周年时，结合教学内容展开"爱我科大"的校史专题教育，邀请校史馆讲解队的志愿者走进中国近现代史纲要课堂，帮助学生了解校史，传承红色基因和红色革命精神，弘扬主旋律，传播正能量，努力营造良好的文化氛围，为繁荣中国特色社会主义文化贡献力量。在思政课教学中，尝试将红色音乐、红色诗歌、红色戏剧、红色舞蹈、红色美术等文艺形式融入思政课程，引导当代大学生领悟人生真谛，把握人生方向。

武汉科技大学马克思主义学院教师舞蹈团

4. 文明实践团队

新时代文明实践活动是深入宣传中国特色社会主义思想的一个重要载体，是社会主义思想道德牢牢占领思想文化阵地的迫切需要，是动员和激励广大群众积极投身强国伟业的有效途径。

学院党委着力推动文明实践团队建设工作高质量发展，引领和帮助学生在实践活动中受教育、长才干、作贡献。组织了数支由师生党员组成的文明实践团队，聘请资深教授作为团队指导老师，同中共湖北省委讲师团前往湖北省委党校，协助全省哲学社会科学教学科研骨干研修班开展实践活动；前往革命圣地井冈山，开展专题研学活动，接受体验式和沉浸式的红色文化现场教育；从党的理论研究、乡村振兴发展、红色基因传承、生态文明建设、青年返乡就业创业等多个方面进行调查研究。实践团队积极践行社会主义核心价值观，通过积极投身社会实践，做到学以致用、知行合一，引领新时代的大学生努力学习、积极探索，做敢担当、能吃苦、肯奋斗的新时代好青年。

5. 网络阵地团队

习近平总书记强调，要高度重视信息化发展对党的建设的影响，做到网络发展到哪里，党的工作就覆盖到哪里。积极探索增强网络思想政治工作实效性的有效途径，树立党的旗帜，增强学院网站、微信公众号、视频号等网络平台的思想性、服务性和互动性，使网络平台成为思想政治工作的坚强阵地。

培养一支既懂思想政治教育工作又懂网络技术的新型政工队伍，积极参加教育部、省教育厅各级各类网络思想政治教育技术学习教育培训活动。整合微信公众号、客户端等网络渠道，充分利用校园网拓展思想政治教育工作空间；建立网络监管机制，营造风清气正的网络空间。在思想道德修养与法律基础慕课中加大网络思想政治教育的力度，增强大学生政治敏锐力和鉴别力，运用好新媒体技术主动占领网络思想政治教育新阵地。

近年来，各团队能力素质不断提升，成效显著。2022年，理论宣讲团队在校内外宣讲近50场，受众50000余人；党建研究团队承接尧治河和华润集团党建项目；红色文化团队把农讲所等革命遗址、校史和扶贫典型案例搬进课堂；文明实践团队积极组织学生参加校内外各类实践活动；网络阵地团队通过校园网、公众号和视频号传播党的理论成果等一系列的举措，坚定了广大青年学子对马克思主义的信仰、对中国特色社会主义的信念、对中华民族伟大复兴中国梦的信心。

第二节　立足"新"字夯实基层组织力

一、实施"党建赋能计划"推动学部事业发展

2022年12月1日，湖北省课程思政教学名师、材料学部张华教授以《服务低碳强国战略 加强低碳人才培养》为主题，为学部上了一堂学习党的二十大精神专题党课，阐述了国家在加强碳达峰碳中和高等教育人才培养方面所采取的举措和路径，对学部在人才培养、科技研究等方面提出了更高的要求，这是学部党委不断探索"党建赋能计划"的一个缩影。2022年9月，学部党委入选湖北省首批"全省高校党建工作标杆院系"培育创建单位。

材料学部党委以习近平新时代中国特色社会主义思想为指导，深入贯彻新时代党的建设总要求，将党的政治建设摆在首位，落实立德树人根本任务，通过做好"五个强化"，确保"五个到位"，努力提升党组织的创造力、凝聚力、战斗力；实施"党建赋能计划"，从"党建赋能学科建设、党建赋能科学研究、党建赋能教书育人、党建赋能榜样引领、党建赋能成长成才"五个方面，充分发挥党组织的政治核心作用，以高质量党建引领高质量发展，努力打造"为党育人、为国育才"的坚强战斗堡垒。

学部教师党员前往新县参观学习

（一）党建赋能学科建设，学科实力持续提升

材料学部党委紧紧围绕创建国家一流学科和一流专业，找准着力点，抓实做强党建工作，强化党组织政治功能，助力一流学科和一流专业创新发展，实现党建工作与专业建设同向发力、互促共进。在各系部支部党日活动中，充分开展学科发展规划、专业工作安排等讨论，党支部书记与部领导共同负责专业建设、人才引进、绩效奖励等方面工作；支部开办党员先锋论坛，深入开展讨论，进一步统一教职工思想，广泛凝聚共识，为学科发展把好方向。在第四轮全国高校学科水平评估中，

冶金工程学科位列第 5 名，材料科学与工程学科并列第 35 名。冶金工程、材料科学与工程学科入围 2021 软科世界一流学科榜单，同时材料科学学科进入 ESI 全球排名前 3.0‰。

(二)党建赋能科学研究，科研成果亮眼突出

材料学部党委针对材料行业发展面临的高精尖技术成果转化困难的问题，依托国家重点实验室及其他科研平台，以"积极推进成果转化，致力服务湖北科教强省"为主旨，鼓励和助推教师在钢铁材料生产技术、耐火材料低碳轻量化等方面与宝武等大型钢铁企业及国家"一带一路"海外投资项目合作。

学部党委引领各系部支部积极开展学科科研进展、发展方向和项目申报的研讨，并针对重要科研方向，邀请相关党员教师作学术报告，大大激发了学部科研创新活力，形成了竞争合作的良好科研氛围。近年来，学部获得国家技术发明二等奖 1 项、省部级一等奖 10 项、二等奖 20 项，其他科技奖励 30 项；申请国家发明专利 800 余项，国际发明专利 26 项；授权国家发明专利 418 项，国际发明专利 3 项；材料学部共承担国家重点研发计划、国家自然科学基金等纵向项目 266 项，其中国家级重大、重点项目 25 项，国家级一般项目 88 项，省部级重大重点项目 35 项，省部级及其他一般科研项目 118 项。

(三)党建赋能教书育人，专业建设成效显著

近年来，材料学部建设国家级人才培养模式创新实验区、国家级工程实践教育中心和湖北省材料学基础实验教学示范中心等教学平台，构建了不同层次"本-硕-博"贯通式一体化设计培养体系。学部先后与美国、英国、德国、日本、瑞典、奥地利等国家的 20 多所大学及科研院所建立了长期合作关系，并以培养具有多学科知识结构和国际化视野的人才为目标，创造性地开设材料类国际英才本科班，日常教学采取纯英文教学或者双语教学模式，聘请国外知名大学教授前来授课，形成提升大学生国际化素质能力的长效机制。

材料学部目前教师党员人数占比达 80.8% 以上，不断通过党建带人才、人才促发展的保质战略，打造高素质的教学人才和教学团队，专业建设水平再上台阶。2018 年、2019 年、2021 年，冶金工程、无机非金属材料工程、金属材料工程三个专业分别顺利通过教育部工程教育认证，并入选国家级一流本科专业建设点。

(四)党建赋能榜样引领，模范典型不断涌现

材料学部党委抓典型、促发展，以模范教师党员、优秀学生党员和先进党员团队的发展带动全院的进步。近五年，在以党员为主导的榜样引领赋能计划中，该院形成了"前带后，后赶前"的良好局面，涌现出一大批优秀党员典型。2017 年，顾

华志获中国钢铁工业优秀科技工作者称号，赵惠忠获"湖北名师工作室"主持人。2017年、2018年、2022年，李亚伟、樊希安、李享成三位老师先后获湖北省"五一劳动奖"。2020年，王炜教授获批2020年度宝钢优秀教师奖。2021年，李享成教授获批首届全国GF科技工业先进个人称号，樊希安团队荣获第一届全国博士后创新创业大赛银奖。2022年，樊希安老师获评"荆楚好老师"。2019—2021年，安威力、胡晓明、邹永顺三名学生获评"中国大学生自强之星"和湖北省"大学生自强之星"。2019—2022年，学部每年均有两名优秀学子荣获"校长奖章"。

（五）党建赋能成长成才，立德树人效果明显

材料学部党委坚持"为党育人、为国育才"，牢固树立人才培养中心地位，充分发挥在培育时代新人中的积极作用。该院党委坚持多效并举，推动学风院风持续优化，2022年该院获评武汉科技大学"优良学风学部"，其中有20个专业班级被评为"优良学风班"。

材料学部党委充分挖掘育人功能，注重对学生创新创业能力的培养，建立健全多主体协同培养机制、多元化教学融合运行机制及"精准化供给"培养提升机制，探索出针对当前工科学生特点的创新创业能力提升模式，搭建多个学生科研平台，教师指导团队从团队组建、项目选题、方案制定、实验研究和资源保障等多方面对学生及时给予帮扶。学生胡晓明在樊希安老师的指导下，成立了赛格瑞新能源科技有限公司，该公司申报的"5G光模块用Micro-TEC芯片的产业化"项目获得第六届中国光谷3551国际创业大赛最高奖。2022年胡晓明荣获2022"强国青年创业者"提名。近五年，该院学生科技竞赛共获得国家级奖项301项，省部级奖项45项。

二、党建引领筑根基 凝心聚力促发展

2023年2月24日，在黄家湖校区80307教室，一次"献礼二十大 青年齐聚颂党恩"的特色团组织生活会正在进行。"中国发展要靠中国青年挺膺担当，年轻充满朝气，青春孕育希望。"IBA2201班团支部马佳慧同学走上讲台介绍活动开展情况："我们制作了共青团成立以来的时间轴，将历史浓缩进时间轴，回顾伟大成就。"在展示视频中，成员们一齐朗诵习近平总书记在实现中华民族伟大复兴中国梦的征途中引用的诗词，一句句经典诗词传入现场观众的眼里耳里。这正是管理学院党建引领，立德树人的生动展现。

近年来，管理学院党委坚持以习近平新时代中国特色社会主义思想为指导，坚守为党育人、为国育才初心使命，认真学习贯彻党的二十大精神，紧紧围绕立德树人的根本任务，始终对标对表"五个到位"，多措并举，打造党建工作样板，促进党员先锋模范作用发挥，着力提升基层党组织创造力、凝聚力、战斗力，强化党建

与事业发展深度融合，推动学院事业的高质量发展。

管理学院党委全面贯彻新时代党的建设总要求和新时代党的组织路线，持续提高政治判断力、政治领悟力、政治执行力，实施"四个计划"，着力提高党建工作质量。

管理学院党委赴大悟县开展专题学习教育

（一）实施"四个计划"

党建"铸魂计划"固根本。管理学院党委坚持把政治建设摆在首位，旗帜鲜明讲政治，严格执行《关于新形势下党内政治生活的若干准则》和《中共中央关于加强党的政治建设的意见》，自觉用"四个意识"导航、"四个自信"强基、"两个维护"铸魂，始终在政治立场、政治方向、政治原则、政治道路上同以习近平同志为核心的党中央保持高度一致。通过党委理论学习中心组学习、党支部"三会一课"、教职工政治理论学习等，全院干部师生深入学习了习近平新时代中国特色社会主义思想、党的二十大精神及习近平总书记关于教育的重要论述，真正用习近平新时代中国特色社会主义思想来武装头脑、指导实践、推动工作。

党建"强筋计划"增活力。管理学院党委切实承担管党治党主体责任，严格执行《武汉科技大学学院党政联席会议议事规则》《武汉科技大学学院党委会会议议事规则》，优化决策运行机制，严格执行党政共同负责制。坚持融入中心抓党建、抓好党建促发展，统筹推进学院改革发展稳定、教学科研管理等各项工作。把好党员入口关，重视过程管理，严格党员管理各环节，培养一大批青年党员。通过对发展党员工作流程进行重点梳理与业务技能强化，有效促进了党员发展工作规范化、制度化。

党建"壮骨计划"促发展。管理学院党委树立"一切工作到支部"的鲜明导向，着力增强组织优势、组织功能、组织力量，推动党支部切实做到"七个有力"。依托科研项目组、学生公寓、社团组织等，创新党组织设置，使党的工作有效覆盖各个领域、各类群体。坚持"三会一课"等基本组织生活制度，全面推行支部主题党日，扎实推进党支部标准化、规范化建设。不断推动党组织活动载体、工作方式、运行机制创新，大力推广"互联网+党建"，使支部活动更好地融入业务工作、融入党员需求、融入群众关切，真正丰富起来、鲜活起来、生动起来。全面实施"双带头人"培育工程，着力把教师党支部书记队伍建设成为新时代党建和业务双融合、双促进的中坚骨干力量。实施师德师风建设计划，引导教师以德立身、以德立学、以德施教，做马克思主义的坚定信仰者、模范践行者和积极传播者。

党建"免疫计划"筑防线。管理学院党委认真落实党风廉政建设主体责任，纪检委员积极加强制度执行情况检查，制订了党风廉政建设工作年度计划、目标和实施方案，明确廉政风险点责任到个人。积极开展清廉学院"廉洁故事大家讲"活动、廉政文化征文大赛、"廉洁烙印"手抄报比赛、"十进十建——廉洁教育"微党课大赛等廉政教育特色活动，组织党员干部参加学校党风廉政建设宣传教育月活动，党章党规党纪和宪法、监察法知识测试活动，参与率达到100%。坚持抓预防、治未病，不断健全廉政风险防控机制，有效运用监督执纪"四种形态"，及时解决苗头性、倾向性问题。

(二)形成"五抓五促"

管理学院党委围绕立德树人，形成"五抓五促"工作思路，发挥学科特色与优势，将企业管理经典理论运用到党建工作中，实施"星光·党建标杆工程"，探索新时代高校院系党建标杆管理新模式，促进党建工作与中心工作深度融合。

抓党员政治意识教育，促党员先锋作用充分发挥。学院党委通过举办"榜样讲堂""青年大学习""管理之声"新媒体育人平台等，打造了特色工作品牌，将思想的力量传递到教育系统的"神经末梢"，全面提升"育人温度"，实现思想政治工作线上线下全覆盖。

抓党建业务深度融合，促学院中心工作争先进位。管理学院党委坚持党建工作与业务工作双向双促，党建与业务工作同布置、同检查、同考核，推进党建和业务工作同频共振、深度融合。

抓党建制度体系优化，促基层组织建设持续加强。管理学院党委坚持用制度规范党建工作，明确工作职责，狠抓责任落实，并制定了一套制度及规范性文件，进一步规范党内政治生活。扎实开展意识形态领域工作，明确意识形态工作责任制内容，做到意识形态专题学习全覆盖。

抓青年教师队伍建设，促教师发展潜力有效激发。管理学院构建了青年教师思想政治工作创新机制，建立了院系党政联动的执行和激励保障机制、教师学生联动的运行和评价反馈机制，实现两者思想政治工作的双促进、双循环，实现了青年教师和青年学生共成长的双赢局面。

抓师德师风学风建设，促学院良好风气广泛形成。管理学院健全工作机制，建立工作规范，不断推进师德师风建设，正风肃纪；加强教育培训，强化过程管理，坚持党对教育工作的全面领导，将师德师风教育贯穿教师职业生涯全过程；严格监督考评，确保师德把关，严把"入口关""考核关"，对违反师德师风的行为"零容忍"。

党建引领全员育人，人才培养质量持续领先。管理学院强化德育培养，涌现一批优秀典型。近年来，学院涌现出"全国会计先进工作者"黎精明、湖北省十佳师德标兵邓旭东、中国高被引学者榜单入选者张洪、严亚兰，全国大学生自强之星叶显伟等师生典型。学生潜心向学，产出高水平学术成果。近五年，学生累计获"创青春"全国大学生创业计划大赛，"挑战杯"全国大学生课外学术科技作品竞赛等各类创新创业学科竞赛奖 500 余项。

三、"双带头人"领航 培育学生成长

自 2021 年获批第二批高校"双带头人"教师党支部书记工作室以来，武汉科技大学资源与环境工程学院资源工程系支部认真履行管党治党主体责任，严格遵循"夯实党建基础，彰显党建特色"的工作思路，坚持强化政治建设、主动对标争先，努力提升党建质量，以高质量党建引领支部、支持学院事业高质量发展。

作为支部书记，同时又承担着采矿工程专业责任教授团队负责人的工作，柯丽华感到自己肩上的担子很重。她介绍，学校党委坚持"一好双强"的标准，着力将教师党支部书记培养成为党建和业务双融合、双促进的"领头雁"；"双带头人"支部以"教研育人"为目标，力求把党支部建设成为促进学院事业发展的"主心骨"。她说道："思想是行动的先导，理论是实践的指南，支部要成为样板、榜样，带头人需首先在个人意志建设上下功夫，以身作则，勇于担当。面对学校赋予的信任和期待，我们支部书记没有理由不积极推动党建工作与学科发展、教学科研、教师成长、学生成才紧密融合。"

近些年来，资源与环境工程学院资源工程系支部所在教学组织获批湖北省"优秀基层教学组织"，支部成员获省"优秀党务工作者""楚天园丁奖"等省级、校级个人荣誉称号 28 人次，省部级以上科技进步奖和教学成果奖 20 余项，拥有"湖北省教学团队""国家一流本科专业建设点""湖北省一流本科课程"等；获得省级教改项

目、教育部产学研教改项目和校级教研项目共计7项，出版教材、专著3部；党建引领促科研，获批国家自然科学基金、湖北省安全生产重大专项等重大纵向项目7项，发表教学科研论文130余篇，其中SCI、EI收录的40余篇；获冶金矿山科学技术奖一等奖等行业奖励2项。

(一)坚持政治引领，全员打造育人平台

资源与环境工程学院资源工程系支部依托"双带头人"教师党支部书记工作室建设，坚持把党的政治建设摆在首位，用习近平新时代中国特色社会主义思想武装头脑，真学真信真用，在指导教学、科研和学生培养实践之中，推动支部党建工作和教学工作发展。

资源与环境工程学院资源工程系支部以提升组织力为重点，突出政治功能，从严从实抓好支部党建，积极打造党员政治学习的阵地、思想交流的平台、党性锻炼的熔炉；引领带动支部党建和思想政治工作质量提升，把支部建设融入服务教师、服务学生、规范管理及培养培育的重要任务中；以"一流党建"引领矿业工程学科建设、引领采矿工程、地理信息科学和安全工程专业建设，相应学科专业圆满完成学位点评估和中国工程教育认证中期审核；同时，以高素质创新型教师队伍建设和师生科教共同体构建为核心，通过课程思政、社会实践、意识形态阵地管理，特别是在课程思政改革中，支部组织党员开展专业课程思政系列活动84次，开展采矿工程专业和地理信息科学专业的"思政元素"研讨，开展专业课程思政设计，有序开展在专业课程教学中延伸思政教育，融思政教育于专业教学中，引导师生将个人发展融入国家需求。以"对标争先"工程为抓手，大力开展"七个有力"建设，深入推进"师生结对、支部共建""道德讲堂""启智讲堂""微党课"等具有学科特色的品牌活动，打造"三全育人"品牌。

高校立身之本在于立德树人，学生成长需要教师引导和自身努力两个"引擎"。因此，支部在日常工作中十分重视党员的价值观塑造，鼓励党员教师用春风化雨的方式引领学子的成长。支部涌现出湖北省"楚天园丁奖"叶义成、湖北省杰出青年基金项目获得者黄诗冰、"楚天学子"叶祖洋等省级人才3人；王其虎、胡南燕等6人获批国家级、湖北省级安全生产专家组专家以及武汉科技大学"教书育人标兵"刘艳章等为代表的一批立德树人典范。支部成果案例"'传帮带'助力年轻教师跑出成长'加速度'"和"师风建设筑堡垒 科教融合育英才"入选"高校教师党支部党建创新案例精选"。

(二)规范组织生活，全方位增强育人能力

资源与环境工程学院资源工程系支部通过提质增效建设，支部组织生活"一一一"制(每周1次支部委员会、每月1次支部大会、每年1次组织生活会)、支部书

记"双带头人"制、工作例会制以及述职评议制度等的推行,结合上级要求和工作学习实际进行党员教育、管理和考核,增强教师党员的先锋意识,提升支部的凝聚力和战斗力。

资源与环境工程学院资源工程系支部定期开展专题学习研讨、参观红色教育基地、志愿服务等活动,大力推进师德师风建设,引导教师以德立身、以德立学、以德施教,提高教师育德育人能力。

支部氛围应当是有温度、富有人情味的。支部书记、支委通过定期谈心谈话,及时了解全系教师思想动态、工作状态和生活困难,实施"一对一"重点帮扶,大到支部教师职称评审、申报奖项,小到支部教师个人婚育、家庭情况,无不关心。三年来,资源与环境工程学院资源工程系支部开展慰问帮扶"三困"教师活动 25次,帮扶因病致贫及其他学业困难学生 47 人次,进一步增强了支部凝聚力和向心力。

(三)发挥组织功能,全过程引领专业发展

资源与环境工程学院资源工程系支部坚持党建引领专业发展,党员教师不仅要发表高质量论文,更要将自己掌握的知识技术与矿业工程、安全科学与工程等学科母体行业出现的实际问题相结合,高效组织教学、科研和学生培养等各项工作,破解传统工科专业发展难题。

资源与环境工程学院资源工程系支部充分发挥教学名师的模范带头作用,有序组建"矿床开采理论与工艺"等 4 个"科研+教学"复合型团队,攻克了尾矿库溃坝风险评价群决策权、矿山生产配矿动态优化技术、生产能力规划及决策分析等一系列难题。采取"传帮带"模式,依托各课题组研究方向,建设涵盖不同学科、不同专业、不同研究方向特色的中青年创新骨干队伍。近些年来,支部所在教学组织获评省级教学团队、荣获教学成果奖 2 项、发表论文 20 余篇、获批省部级科研项目 20余项;采矿工程专业通过工程教育认证、获批国家一流本科专业建设点、湖北省重点学科特色学科;支部党员指导学生科技创新获省级以上奖励 30 余项。

从 2005 年担任"双带头人"支部书记至今,柯丽华颇有自己的一番育人心得:"结合自情、院情、校情、区域情况和国情,把学科专业知识和国家发展、区域发展、学校发展和个人发展相结合,使理论接地、方案接地、技术接地、成果接地,学生就不会仅仅满足于一个毕业证,更会想去学习和了解理论知识背后的前沿科学技术,逐渐掌握真正自主、深度的学习能力。"

自"双带头人"制度实施以来,按照新时代党的建设总要求,学院党委顶层设计一系列方案,为制度落地保驾护航,先后制定了《学院"双带头人"选配、选拔和激励保障机制》《学院关于支部书记述职和民主评议党员工作实施细则》等 10余项文件;选拔学科带头人或学术骨干担任教师党支部书记,并由支部书记参加

学院党委中心组学习并列席学院党政联席会，全面负责系部教学科研重大事项；支部书记的党建工作量折算成年终绩效，在评优评奖、职称晋升和干部推荐等工作中同等条件下予以优先考虑；其年度工作项目化并公示，同时接受群众监督等。

资源与环境工程学院资源工程系支部将继续贯彻落实习近平总书记对高等教育、高校教师的重要讲话精神，持续对标高校"双带头人"教师党支部书记工作室建设工作要求，涌立时代潮头、不忘初心使命，创新工作方法，创建平台载体，创立典型示范，着力发挥党支部战斗堡垒作用和党员先锋模范作用。

柯丽华所在支部进行师生座谈会

四、启润学生心智 培育时代新人

夜幕降临，本该慢慢安静下来的教学楼却依旧热闹。有这样一群人，他们穿梭在实验楼的回廊里，沉迷于玻璃器皿的乒乓声中，热衷于细胞观察的显微镜下，醉心于学生的亲切交谈中，他们是白衣天使，也是生命的探秘者，更是学生成长的引路人！他们就是武汉科技大学生命科学与健康学院的老师们———一群可亲可敬的教师党员。学院每层楼的谈心角都能看到他们繁忙的身影，一张桌子两个人，这既是教师党员努力践行"培根铸魂"职责使命的缩影，也是"启智润心"培育人才的真实写照！

该院全面贯彻党的教育方针，落实"立德树人"的根本任务，充分发挥教师党员对学生成长的引领作用，坚持为党育人、为国育才。建院五年多以来，学院共承担国家自然科学基金、科技部重大专项等国家级项目30余项，人均承担科研项目数位居全校首位。科研论文和授权发明专利等成果产出稳步增加，质量稳步提升。学院学生在各类国家级赛事中平均获奖率达50%以上，在"挑战杯""互联网+"等A类赛事中也屡获佳绩，被频频点赞，学院基层组织力不断增强，青年培育效果逐渐彰显。

（一）师生共建，当好学生锤炼品格的引路人

生命科学与健康学院非常重视教师党员对学生的影响，把对学生的理想信念教育、价值引领教育纳为支部活动重要内容，建立了师生党支部联席制度，通过以导师制为核心的"重大事项共商""本研团学共治""党团支部共建""科研成果共享"的学院特色育人体系，在科研实践与教育教学实践中，磨砺学生党员埋头苦干、真抓实干的道德品质与不畏艰难、刻苦钻研的思想意志；除了在日常理论学习、专业学习中一马当先引领学生发展之外，学院还将实践教育纳入师生共建的范畴，通过二级党校实践教育、社会实践教育、党员志愿服务教育、工会活动等方式，将师生日常实践教育牢牢结合在一起，充分发挥支部群体的示范作用，让同学们在日常教育中感受共建共治共享的乐趣，用身边事感染身边人，通过言传身教，充分发扬学院高知党员、青年教师孜孜不倦、保持韧劲、善作善成的"钉钉子"精神，把学生真正培养成为"有理想""有本领""有担当""有品德"的新青年。

（二）高知下沉，当好学生学习知识的引路人

生命科学与健康学院教师党员们深知班主任对于学生思想教育、专业知识引导的重要性，积极申请承担班主任工作。姚凯老师回国后，主动要求入党，经过党组织的考察和培养，他光荣地加入了中国共产党。入党后，他主动担任了2019级生物技术专业的班主任。在班会上，姚凯老师敞开心扉向学生讲述了国外求学的感受和入党经历，坚定了班级学生入党的信心和决心，为同学们努力学习提供了奋进的目标与方向。许娜老师是2020级生物技术专业班主任，她一直默默耕耘在教书育人第一线，认真践行"三真"理念——"认真做学问、真心对学生、真诚对同事"。为了帮助学生成长，许娜老师率先开展了"一对一谈心"活动，与班级的每一个学生进行深入交流，耐心解答学生在学习、生活、未来职业发展和规划上的问题。

姚凯教授指导学生开展科学研究

(三)研本导学，当好学生创新思维的引路人

"导师制"是学院搭建的一个导师与学生交流的平台。每一个教师党员都必须带领本科生，将本科生纳入教师的科研、实验团队中，指导本科生开展学习、科研和学科竞赛活动，这对坚定学生专业思想和做好职业生涯规划都起着重大作用。学院扎实推动学生创新创业教育工作，鼓励教师主动带领学生进行社会实践或参与自己的科研项目，积极指导学生申请和完成各类大学生创新项目；积极落实学院"一支部一品牌、一专业一赛事"的育人模式，搭建了以"挑战杯"竞赛、"互联网+"竞赛、全国大学生生命科学竞赛为核心的"竞赛常态化"平台，积极选派优秀的党员教师担任团队指导教师，践行"以赛促学、以赛促思、以赛促练"的理念，全面提升学生的创新精神与综合素养；充分发挥学生党员核心骨干作用和号召能力，带动班级成员组团申报科创类项目，学生科研创新能力不断提升。近五年来，学生共获65项国家级荣誉，含"挑战杯"系列赛事国家级银奖 3 项、中国"互联网+"大学生创新创业大赛铜奖 2 项、全国大学生生命科学竞赛特等奖 1 项。本科生在核心期刊发表学术科技论文 6 篇，共同第一作者 sci 文章 12 篇。学生注册成立公司两家，并在产学研转化方面取得显著成果。学院学风建设成效突出，连续两年获得"优良学风学院"，优良学风班比例达到 75%，学院"沉静好学、知行合一"的浓厚学习氛围蔚然成风，教师真正成为学生成长道路上的领路人。

（四）躬行实践，当好学生奉献祖国的引路人

生命科学与健康学院秉承"科研报国，科研利民"的理念，始终将奉献党和祖国事业作为实践的第一要义，疫情期间，学院教师党员顾潮江教授与张同存教授团队一道成功研制出 3~15 分钟便能显示检测结果的快速检测卡，为抗疫的阶段性胜利作出了重要的贡献；张世华、郑鹏、王琼、周莹 4 位教师积极响应"科教兴省战略、创新驱动发展战略、乡村振兴战略"，进入湖北省博士科技服务团（全校仅 10 人获选），送科技服务下企业。支部涌现出了"武汉好人"张同存、"学雷锋标兵"许娜、三八红旗手先进个人赵沙沙等一批师者典范。实践出真知，支部用行动诠释了躬行实践，兼济天下的理想情怀，为学生们上了一堂生动的"思政"课。

五、"设计+党建""艺"起"共美"

当看到征集廉洁文化艺术作品的通知时，艺术与设计学院绘画 1601 班的朱旭东同学久久不能平静。他刚学习了校友许白昊的故事，初步了解了与许白昊一样为中国革命出生入死的第一届中央监察委员会群英，他强烈地感受到自己要做点事情。在与老师沟通后，他来到武昌廉政文化公园，近距离观察公园中党的第一届中央监察委员会领导成员群雕，在仔细观察和查阅他们的事迹后，他开始创作《铁血忠魂——第一届中央监察委员会群英》油画，他希望用画笔将革命先辈们的面貌展现出来，让同学们近距离感悟"忠诚"和"使命"的含义……这是学生骨干学习廉洁文化的一个缩影，而他创作的这幅油画作品也被沁湖美术馆收藏。

艺术与设计学院党委坚持立德树人根本任务，着力发挥学科特色，以样板支部建设为引领，以红色艺术为媒介，将党建与学术引领和专业建设相融合，探索"设计+党建"的"共美"党建模式。

（一）理想信念与学术感召融合共美

学院党委以红色艺术作为党建工作的媒介，在学术研究、专业建设中融入红色艺术，夯实党员理想信念。各教师党支部充分挖掘艺术中的红色资源，将红色艺术融入支部活动、课程、网络和艺术创作中，让师生党员自觉将红色文化转化为艺术创作与日常教学的典范。党员理想信念教育与学术研究的融合，提高了党建工作在师生党员群体中的引导作用，同时又在教学科研上促进教师专业水平的提升。师生围绕红色文化开展教学与研究，催生出国家社科基金、教育部人文社科基金、省级重点专项等一批代表性的成果。

学院党委充分发挥师生党员在艺术专业上的优势，积极推动支部党员创作优秀

的红色艺术作品。绘画与公共艺术支部开发"美术经典中党史"系列精品党课；学生支部加强网络党史宣传，开设"小艺学党史"栏目，发布"美术经典中党史""讲红色故事讲革命精神"等篇章；师生联合举办建党100周年献礼作品展，院长管家庆创作国内规格最大的革命历史题材釉彩画《破晓》；研究生支部党史学习教育活动被《中国研究生》杂志选登。

高温釉彩画《破晓》

（二）先锋模范与设计服务协同共美

学院党委强化支部书记和专业骨干教师培养，坚持将专业实践与党建相结合，在校园文化建设、党员下沉社区、设计服务社区等领域发挥党员的先锋模范作用。绘画与公共艺术支部书记裴磊牵头开展的校友名人园大型雕像创作、"艺术与科技"的壁画创作等获得广泛赞誉；艺术设计支部翁雯霞牵头为鄂州烈士陵园进行的环境设计得到社会认可；党员骨干教师刘艺洁发挥专业优势美化社区，获评洪山区"身边最美党员"称号。

2022年8月，学院工业设计系党支部书记王采莲老师带领团队师生，对学校10余个景点多次进行实地踏勘，拍摄景点照片并进行特征提炼，多次进行不同线路用户体验测试，按照学校布局，最终形成南北苑两条"清廉之旅"参观路线，并对"清廉之旅"所有景点标志物一一进行精心绘制，围绕地图的尺寸大小和开合方式等细节问题进行多次调研和讨论，最终确定了"清廉之旅"的整体方案。党员骨干的设计服务输出，使得用艺术设计唱响时代主旋律成为学院党建工作的新常态。

学校"清廉之旅"地图

（三）支部活动与三全育人全面共美

学院党委坚持立德树人根本任务，全面推进"三全育人"工作。工业设计系党支部作为校级党建工作样板支部，开展设计+思政三全育人探索，建立"共美三全育人工作坊"，与研究生支部联合开展支部活动，主动为学校校园文化建设服务，开展三全育人视角下的新生入学服务设计。各教师党支部将支部活动与课程思政建设相结合，深入挖掘专业课程所蕴含的思想政治教育元素，充分发挥专业课程的思想政治教育功能，使各类专业课与思想政治教育同向同行。2021年学院组织申报5门校级课程思政示范课程，"设计原理"课程思政成效被学校新闻网广泛报道推广。

第三节 贯穿"育"字增强党员凝聚力

一、砼筑"一梁四柱"助推学生发展

党建是大学生思想政治教育的"红色引擎"，党建工作与学生学业同频共振、互融共进，才能相得益彰、相互促进，党建与学业应是"一条心"，而不能是"两张

皮"。武汉科技大学城市建设学院结合学科专业特点，立足学生成长成才需求，通过扎实构建"一梁四柱"党建工作体系，打牢学习教育思想根基，夯实支部党建基础，形成常态工作推进机制，不断提升育人效果。

"一梁四柱"党建体系是把立德树人作为根本任务，以学生思想政治教育为主梁，以党团组织建设、学风制度建设、实践文化建设、科技创新建设为四柱，着力打造"党员先锋工程""互助互兴工程""暑期实践工程""学术论坛工程"四个品牌活动，力争在党的建设、人才培养、社会服务、科学研究等各方面取得显著成效。

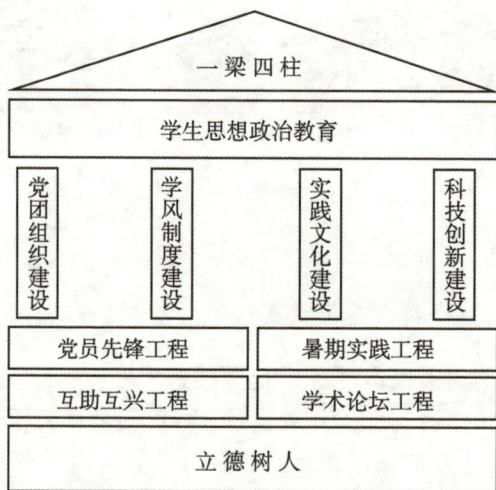

"一梁四柱"党建体系

（一）实施"党员先锋工程"

先锋引领发展。通过加强理论学习、选树先进典型、搭建实践平台、健全考核体系，引导学生"把党员身份亮出来，让党员称号响起来，使党员形象树起来"，不断推动党团组织建设。根据学生支部实际特点，研究生按课题组划分支部，本科生按年级专业划分支部，实施横纵向协同管理，强化制度保障。严格落实党支部工作条例、党员工作规范手册、入党积极分子量化考核要求，支部战斗力不断增强。学习教育制度化。依托"三会一课"，落实"两学一做"，以"学习强国"为载体，以微信公众号为平台，形成理论与实践结合、线上与线下并用的多元化互动学习模式，促进知行合一。党员管理精细化，推行党员管理积分制，将学生党员的管理服务精细化到支部组织生活、学习实践、志愿服务中，严格落实奖惩制，党员创先争优积极性显著提升。

自 2016 年起，陆续开展"学生党员演说家""党员读书会""特色活动示范党支部"评选、"成才表率"培育、"与信仰对话"和"砼学领航工程"系列学术研讨活动等特色活动，学生党组织的组织力和创新力不断提升，学生党员也锻炼成长为推动学校发展、引导和促进大学生思想政治教育工作顺利开展的骨干力量和先锋模范，学生争相参与"敬老院之行""保护古建筑""保护母亲河""爱心维修""迎新报到"等志愿服务活动。在新冠肺炎疫情常态化防控期间，60 余人参与社区安全宣传与防控服务工作，充分展现了新时代新青年的担当奉献精神。

(二)实施"互助互兴工程"

互助促进发展。为充分发挥学生党员在学习、社会实践、校园科技文化等方面的先锋模范作用，以高质量学生党建引领推动学院学风班风建设，通过"学习互助兴思想""学术互助兴科研""实践互助兴就业"，以党支部为单位，以专业为划分，组建若干由学生党员、发展对象组成的互助互兴小组，针对本专业低年级全体学生进行互助行动，对互助对象提供学习、学术、实践等多方面互助，帮助同学明确学习目标、改进学习方法、提高学习成绩。如研究生与本科生结成互助小组，举办"党史"知识竞赛、"砼学新思想·共话新城建"学术研讨活动，参加学术科技活动，学习工作相互指点迷津，共同树立专业认同感。自 2016 年以来，5 名毕业生获"校长奖章"荣誉称号，9 人获评校"十大魅力学子"，1 人获评"中国大学生自强之星提名奖"，1 人获评"全国钢铁行业优秀共青团员"，1 人获宝钢优秀学生奖，4 人获评"长江学子"。

(三)实施"暑期实践工程"

实践助力发展。自 2017 年起，学院以学生党员为骨干，创建"美丽乡村建设"社会实践团队，连续开展湖北省恩施土家族苗族自治州建始县"美丽乡村建设与绿色能源应用"、湖北省大冶市"美丽乡村建设与生态农业观光"、陕西省延安市"美丽乡村建设与红色文化传承"、湖北省孝感市大悟县"美丽乡村建设与乡村产业振兴"等实践项目。团队贯彻"精细化"思想，确保实践活动开展的全面性；落实"科学化"理念，注重实践活动开展的实效性；发挥"品牌化"优势，注重实践活动开展的深入性；走出校园，深入乡村社区企业，发扬艰苦奋斗精神，发挥土建专业特长，勇担社会责任，助力社会发展。"美丽乡村建设"社会实践活动带动千名学生参与，辐射全国 10 多个省区市，覆盖近百个乡村，累计斩获共青团中央等国家级荣誉 19 项、省级荣誉 6 项。

2018 年"美丽乡村建设"实践团队获奖现场

(四)实施"学术论坛工程"

创新推动发展。依托党团组织，在大学生学术科技活动中开展"有起步，赛跑优""有入门，跟跑优""有进阶，并跑优""有展望，领跑优"主题活动。以增强学生学术科研创新为出发点，以提高学生科研创新素质为核心，通过"博学讲堂讲座""学术道德小课堂""学术规划讲座""论文专利入门交流""论文专利进阶交流""土拓创新、木直未来"学术报告交流会等，推动学生科技创新活动的开展，营造浓厚的科技学术氛围，提升新时代大学生综合素质能力，培养学生学术科技创新精神。2016 年以来，获得国家奖学金者共 58 人，学术科技论文发表共 500 余篇，申请和授权国家专利共 250 余项，获"互联网+"大学生创新创业大赛、结构设计大赛等省部级以上奖励共 570 余项。

二、筑构党建平台 担当红色旗手

"学长让我在入学时便认识到自我学习的重要性，这对我在自我规划和学习态度上有很深的影响。"武汉科技大学计算机科学与技术学院研究生党支部书记王烁这样说。在入校前王烁便通过迎新 QQ 群认识了一位和自己同名的研究生党员。学长的身份和同名的巧合，使得两人在聊天时无话不说，从大学生活、学业规划、入党程序等方面，他们在进行了深入交流后成了很好的朋友。之后，王烁也成了站在讲台上为同学们讲解的党员。2015年入学的王烁恰逢"一个党员一面旗帜"活动首次开展，从台下大一新生到之后台上的研究生党员，王烁见证了活动发展的全过程。

（一）缘起：回顾初心

在党建工作创新和思想政治教育工作机制优化的大思路下，在"学生党员挂牌联系新生寝室"活动开展了五年的基础上，"一名党员一面旗帜"党员志愿服务活动正式启动。这项活动最初是为大一新生在大学规划、理想信念等方面进行辅导及答疑解惑而开展的志愿服务活动，之后不断完善志愿服务项目，形成了以新生结对辅导、暑期社会实践、VR党建等为主要内容的活动体系。"一名党员一面旗帜"党员志愿服务活动的主要负责人为研究生党支部书记，并成立了党员志愿服务队开展相关活动。团队成立至今吸引了众多乐于助人、专业基础扎实的优秀学子参与，自2015年活动开展至今，共200余名研究生党员参加，近4000名新生接受辅导。

（二）发展：践行使命

"一名党员一面旗帜"党员志愿服务活动是党建与思想政治教育的主阵地，也是党员发挥先锋模范作用的大平台。

1. 校内服务学生：构建研究生党支部与新生本科班级结对共建机制

"一名党员一面旗帜"党员志愿服务队通过开展研究生党员对本科新生进行思想、学习及生活等各方面的辅导活动，探寻学生党员再考察、再培养的有效途径，积极创建学习型、创新型、服务型基层党组织，激发党建工作活力。研究生党员被分成不同的组，每组对应一个新生自习室进行面对面辅导。研究生党员就大学规划、理想信念、专业兴趣、学业辅导、学科前沿介绍等新生们最关心的方面，层层递进地讲解，切身负责地为新生提供实质性的帮助。

开展跨年级跨专业的交流学习活动，打破以往以班级党支部、年级党支部为活动单位的局限性，借助研究生党员的优势对大一新生进行全方位的辅导，帮助新同学尽快地形成良好的学风、班风。将学生党员再教育、再考察过程与树立学生党员典型、发挥学生党员先进性过程相融合，通过研究生党员助教的形式，以实际行动发挥学生党员的先锋模范带头作用，践行党员的先进性。以实践服务的形式将学生党员和入党积极分子纳入同样的培养考察系统，统一培养，统一考察，不仅有利于入党积极分子以党员的标准来要求自己，争取早日入党，而且有利于学生党员的再培养、再教育，不断提高党员同学的党性修养。

2. 校外服务社会：开展"IT知识进社区"等党员志愿服务活动

"一名党员一面旗帜"党员志愿服务队在每年暑期会结合社会发展需求和自身专业特色，组织开展各类暑期社会实践活动，让党员将自身所学运用到志愿服务活动中去。比如：积极参与到提升社区治理信息化水平的实践中，采取线上线下相结合的方式，为有实际需求的社区工作人员开展办公软件培训，并建立长期联系，解决了他们对于办公软件学习需求，提高了社区工作人员办公效率。同时，"一名党员一面旗帜"党员志愿服务队的党员结合自身的专业优势，针对部分社区在综合治理中的信息化需求，无偿承接了部分社区程序开发、智能识别等信息化建设项目，为社区的高效精准治理做出了贡献。

3. 党建融合科研：推进VR特色党建

按照理论和实践相结合、多主体协同和育人为本的建设思路，积极推进VR特色党建项目，利用VR技术打造党建特色品牌，提升党建工作效果。依托冶金工业过程国家级虚拟仿真教学示范中心，由VR方向专业教师、辅导员、虚拟现实俱乐部成员、企业技术人员组成了VR党建工作小组，稳步推进VR廉洁文化建设各项工作。VR党建工作室重点推进了VR廉洁文化建设项目，探索"互联网+廉洁文化"建设的实现路径，提升学院党风廉政建设的信息化水平，将VR廉洁文化建设打造成为学院党建工作的精品项目，建设VR廉洁文化宣传教育示范性基地。组织了"传承红色基因，编码筑梦未来"赴通山开展VR党建实践活动，提升学生的思想政治素质和专业实践能力，并通过对当地红色旅游资源的VR开发，助力当地红色旅游业的发展，助力乡村振兴，团队获省级暑期社会实践优秀团队。完成了云上廉园VR建模，包括廉园实景虚拟、对话许白昊、廉洁自律警钟三个大的模块，将廉洁文化和VR技术完美结合，为学生提供交互性的体验形式，让廉洁文化深入人心。

(三)传承：精神力量

中国大学生"自强之星"周海和"大学生年度人物"袁鑫同在一间实验室，作为学弟，周海通过"一名党员一面旗帜"党员志愿服务活动结识了袁鑫，并感受到了袁鑫作为研究生党员坚韧不拔、积极进取的精神力量，在两人的通力合作和不懈努力下，所在课题组研发的项目在第十六届"挑战杯"全国大学生课外学术科技作品竞赛大赛上荣获国家级二等奖。"一名党员一面旗帜"党员志愿服务活动推动了学院党建与教学、科研工作的相互融合和相促相长。一个党员本身就是一面旗帜，党员在引导新生时，不仅从知识、思想等角度出发，更严于律己、以身作则，将自己的行为与"一名党员一面旗帜"精神融合，为本科生们树立榜样。

党员志愿服务队合影

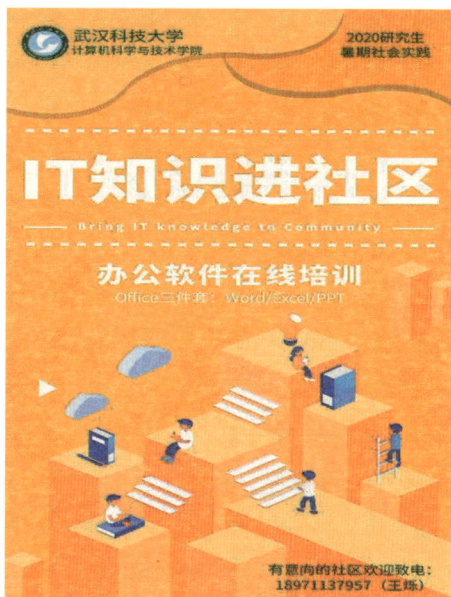

IT 知识进社区活动宣传海报

三、强国菁英工程 培育时代菁英

武汉科技大学汽车与交通工程学院"南二 328"宿舍的四位同学非常忙碌，小张同学忙于参加各类科技竞赛，积极联系老师打磨自己的科技作品；小王同学热衷于学习党的理论知识，关心国家大事，经常给宿舍同学讲解时政热点；小朱同学学习成绩优秀，十分努力，主动帮助班级学习成绩差的同学，把"帮扶对象"学习成绩的提升作为自己的学期计划；小倪同学作为学生会生活部部长，不仅积极带领部门成员制定各项管理规则、完成日常检查，还主动承担自己宿舍的清洁工作。而这样的宿舍、这样的同学还有很多很多。这是因为作为入党积极分子的他们，都主动加入了"强国菁英工程"，并在其中贡献聪明才智，发挥积极作用。

（一）强国菁英 建党建品牌

"强国菁英工程"主要围绕学生思想政治教育与教育管理中心工作，从学生成长成才的实际需求出发，设立"思想政治""学风建设""创新创业""宿舍文明""就业服务"五个先锋岗，以学生党支部为单位，要求全体学生党员、入党积极分子根据自身实际认领岗位，明确岗位职责，把新时代对大学生的要求深度嵌入岗位职责中，细化为学生可接触、可感知、可实践的行动指南和规范。

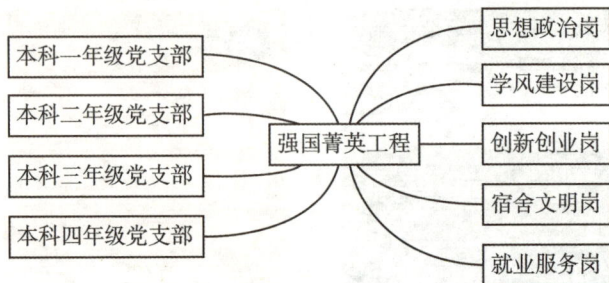

强国菁英工程建设思路图

(二)认岗领责 树先锋典型

全体学生党员和入党积极分子根据自身实际认领两个岗位：主岗和辅岗，其中"思想政治"岗为必领岗。

1. 思想政治岗

习近平总书记指出，培养社会主义建设者和接班人，要在"六个方面"下功夫。其中前两个是"要在坚定理想信念上下功夫""要在厚植爱国主义情怀上下功夫"。设立"思想政治岗"，旨在加强思想政治建设的力度，提高思想政治建设的有效性，切实提升大学生思想政治素质，为大学生全面发展打下坚实的思想基础。岗位职责主要围绕夯实基础、自我提升、检验成效三个方面设置。

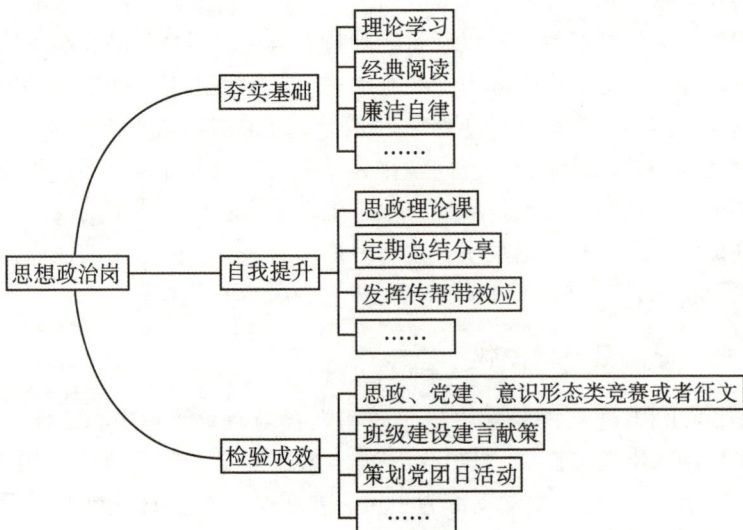

思想政治岗建设思路

2. 学风建设岗

学风作为校风、院风最重要组成部分，是一所学校传统积淀和办学理念的集中表现，是人才培养、教育教学质量和管理水平的综合反映，是衡量高校办学思想、教育质量和管理水平的重要指标。设立"学风建设岗"，充分发挥党员和入党积极分子的模范带头作用，把党的后备力量培育和学院学风建设相结合，实现多角度、多层次、全方位开展学风建设。为提高实施的针对性，针对不同年级、不同党支部，"学风建设岗"分别设置了自我提升与积极帮扶两类岗位。

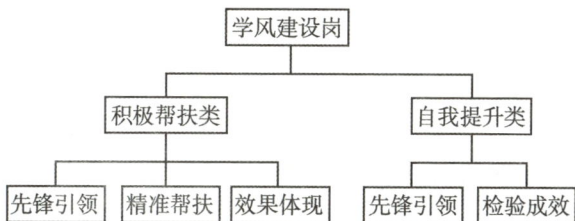

学风建设岗建设思路

3. 创新创业岗

大力开展创新创业素质教育，是高等学校适应新时代全新人才培养模式的重要手段和主要内容，对提高大学生包括创新意识、创业意识、知识、技能等在内的综合素质，促进高质量就业都具有重要意义。"创新创业岗"主要依托学院以"学科竞赛+车队赛事"为格局的竞赛体系和创新创业项目管理机制，借助党员和入党积极分子这一优秀学生群体的积极带动，扩大创新创业在学生中的影响力，坚持以高水平的科研支撑高质量的人才培养，大力营造创新创业氛围，着力提升在校大学生的

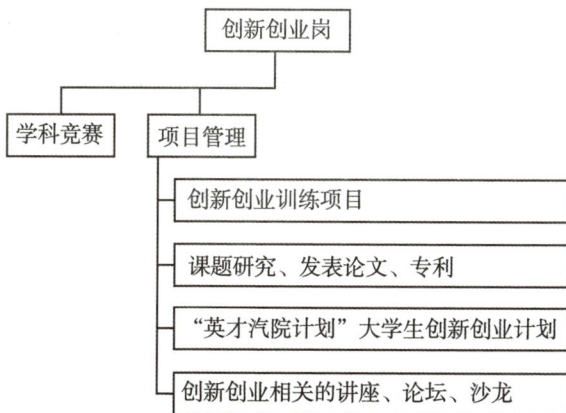

创新创业岗建设思路

创新创业能力。

4. 宿舍文明岗

学生宿舍是学生学习、生活、交往的重要场所，是学生的"第一社会""第二自习室"和"第三课堂"。通过设立"宿舍文明岗"，发挥学生党员和入党积极分子的先锋模范作用，促进学生党员创先争优工作在宿舍开展，加强宿舍文化建设，着力把宿舍建成大学生奋斗的战场、温馨的家园，建成学校活跃的细胞、稳定的基石。

5. 就业服务岗

设立"就业服务岗"，将毕业生就业工作和学生党建工作结合起来，以党建工作促进就业工作，充分发挥学生党员和入党积极分子在毕业生就业工作中的示范带头作用。通过建立"一帮一"的结对帮扶工作机制和提供就业服务举措，促进毕业生充分就业、高质量就业。

（三）立德树人 育时代英才

"强国菁英工程"的实施，将党的后备力量培育工作和学生教育管理中心工作有机结合起来，通过不同岗位的引导，为学生成长设立风向标，引导学生在服务奉献中、在实践中历练成长，从而激发学生的内在动力，挖掘学生的发展潜力，在学院内逐步形成"人人奋发有为，个个争当先进"的良好局面。

"强国菁英工程"于2018年开始实施，现已形成可复制、可操作的"一主五副"成熟方案。该工程在提升大学生思想政治素质、建设优良院风学风和培养新时代高素质复合型人才等方面发挥了极其重要的作用。

四、汇聚青年力量 绽放青春光彩

研究生党支部书记潘烨举着"理学院党员先锋队"的牌子在迎新点热情地接待着新同学。"这已经是我第三年参加迎新活动了，每一次迎新活动我都会想起当年我才进校时，热情接待我的学长学姐，他们不仅是学长学姐，更是我大学时期的知心朋友。如今我也成为党员服务中心的一员，党员服务中心给我们提供了奉献的平台，我要把学院党员服务中心的优良传统传承下去！"潘烨同学一直坚持"是党员就要发挥先进模范作用"的信念，在日常学习生活中用自己的实际行动影响着周边同学。

汇聚青年力量，绽放青春光彩。理学院以党员服务中心为依托，增强学生党员党性观念、发挥学生党员模范作用、强化学生党员服务意识。通过打造学习交流园地、模范教育基地、服务社会阵地，建立"1+N"模式，一个党员服务中心影响一群党员、一个党员影响一群青年学生。党员服务中心开展系列活动，发挥示范引领作用，切实做到服务青年学生成长成才、增强青年学生的向心力和凝聚力，引导青年学生牢固树立社会主义核心价值观。

（一）打造学习交流园地，永葆党员先进性

完善工作机制，加强思想建设。党员服务中心通过优化组织结构，完善《党员服务中心工作制度》《团组织推优入党实施办法》《入党积极分子培养规范》等规章制度，以"思想理论学习+学科专业知识探讨"的模式，构建集大学生党员培养教育、青年学生政治理论学习、学科专业知识交流的园地，牢牢把握思想政治教育价值引领方向，帮助学生从思想上落实社会主义核心价值观的要求，将自我发展与国家现代化建设、民族复兴大任相结合，不断加强青年学生队伍建设。定期开展主题党日活动、主题教育等，加强对党员的教育；定期开展"四史"学习交流讨论、主题读书日、"清风育正气，理苑写丹心"廉洁文化作品征集、"廉洁书法展"等活动，帮助青年学生心系国家发展大事，提高青年学生的思想政治素养；定期开展"四六级培训讲座""数学竞赛讲座""数学建模交流会""物理实验培训会"等活动，引导青年学生提高自身专业素养，帮助学生成长成才。

打造精神载体，传承红色基因。党员服务中心在日常教育引导的基础上，坚持以红色教育为基调，创造性地开展"追寻红色之旅、传承革命精神""学思践悟二十大、砥砺奋进新征程"等系列红色传承活动。通过微党课演讲，鼓励学生党员就地取材，挖掘、收集和整理当地红色革命文化，用鲜活的历史教育学生，用红色的旗帜引领学生，培养学生的爱国情怀。学院每年暑期组织学生前往红色教育基地，接受爱国情怀和革命精神的熏陶。通过在烈士陵园、遵义会议遗址、屈原祠等地，利用拍摄红色宣讲视频等方式，宣传家乡红色文化，缅怀革命先烈，充分发挥红色文化的内在价值，铭记党的奋斗历程并增强服务人民、回报家乡的责任感和使命感。

（二）发挥模范先锋作用，带动学生积极性

党员服务中心注重党员先锋模范作用的培养，举办"榜样的力量"系列宣讲活动，鼓励学生党员发挥示范引领作用，带领学生在专业学习、科技竞赛、志愿服务、社会实践等方面学先进、做先进，引导学生德智体美劳全面发展，培养学生成为中国特色社会主义合格建设者和可靠接班人。

专业学习榜样。党员服务中心成员郑琴诗作为专业"尖子生"，主动组建学习互助小组，平时与同学互教互学，尽最大努力关心在学习上有需要的同学。对于有些同学觉得没兴趣的课程，主动交流自己的学习方法，在学习上与同学共同进步。此外，党员服务中心对"学业困难"学生实行一对一精准帮扶。互助帮扶计划的实施，不仅使学生党员充分发挥先锋模范作用、榜样示范作用，还帮助30多名受到学业预警的学生顺利拿到毕业证和学位证，学院也多次获评"优良学风学院"。

科技竞赛榜样。潘杨同学从小热爱科技活动，从刚进入大学时就参与创新创业

项目，并在经过实践之后创办公司，使科研成果走出实验室服务社会。在加入党员服务中心后，潘杨想着如何才能更好地带领同学们了解科技和创业。他采取以赛促学的方式，带领同学们一起参加学术科技竞赛。所在团队获得"挑战杯"中国大学生创业计划竞赛银奖、"挑战杯"全国大学生课外学术科技作品竞赛银奖、全国大学生生命科学创新创业竞赛二等奖、中国"互联网+"大学生创新创业大赛湖北省银奖、数字中国创新大赛优秀奖等，在学院掀起了一股创新创业的热潮。

志愿服务榜样。党员服务中心成员向绍俊时常用"奋斗书写青春，奉献融于青春"来激励自己。从进入大学开始，向绍俊就一直热衷于志愿工作，本科期间参加微尘支教活动，利用周末的时间去帮助青菱乡的留守儿童完成作业，支教的萌芽也在他心中慢慢成长。本科毕业时了解到研究生支教团的事迹后，坚定地参加了"西部计划"项目，到西部去、到基层去、到祖国和人民需要的地方去。向绍俊在校期间，被评为"十大魅力学子"，用自己的实际行动践行奉献精神，学院每年有数位同学积极主动报名参加西部计划等志愿活动。

社会实践榜样。研究生党支部书记潘烨主动参加社会实践，深入基层，调研基层现状、助力乡村振兴，荣获湖北省"三下乡"暑期社会实践活动"先进个人"称号，用实际行动贡献青春力量，引导同学们树立服务基层的意识。在日常学习和生活中，她也创先争优、率先垂范，曾获武汉科技大学"优秀共产党员""优秀毕业生""优秀学生"等称号。在众多优秀党员的带领下，学院社会实践活动参与率达90%以上，并获湖北省暑期社会实践"优秀组织单位"。

通过党员先锋模范作用，学院实现了以中心带党员、以党员带群众，上下团结一心，学生争先创优的良好氛围。

（三）积极投身社会服务，锻造公益品牌力

志愿精神不朽、"微尘"星火燎原。学院依托党员服务中心，发掘学生党员创造性，结合自身数学等基础学科特点，于2009年成立"微尘"服务队，招募了一批批学生党员、入党积极分子等，利用课余时间服务师生和社会。校内坚持开展如"温暖的雨伞""图书漂流"等便民活动。校外坚持开展"义务支教""服务进社区"等社区活动。14年来，"微尘"始终坚持学有所成、回报社会的初心，多次被长江网等新闻媒体报道。

坚守初心为基。初心是实践活动的根基，是引领活动的指向标，也是实践队伍的灵魂！"微在平凡，尘在无私"是微尘行动的口号，"陪伴小朋友好好学习、快乐玩耍"是团队永远不变的初心！微尘行动开展14余载，坚持每周六前往青菱社区开展活动，上午进行一对一学习辅导，下午开展集体趣味活动。此外，"微尘"系统性地设置科创实验、党史学习教育、法制科普等课程，提升小朋友的综合素质，引导其学党史、知党情、感党恩、听党话、跟党走。

"微尘"暑期支教

服务社会为本。习近平总书记指出，"青年是整个社会力量中最积极、最有生气的力量，国家的希望在青年，民族的未来在青年"。① 为培养有理想、有本领、有担当的新时代大学生，"微尘"服务队成员每年寒暑假积极开展各项实践活动。成员杜茂林在家乡社区参与疫情防控、社区事务协调，成为一名"社区志愿者"；魏渝萱关注"老年诈骗"现象，在随州市擂鼓墩社区举办"普及智能手机使用，预防养老诈骗"的知识讲座，为社区老人防诈骗作出努力。此外，组建社会实践团队赶赴随州，深入企业、扎根社区近一个月，为城乡进一步融合发展做调研……学院学生每年假期在实践中体验生活、接受教育、增长才干、多作贡献，坚定了跟党走、为实现中国式现代化做贡献的理想信念。

五、创新"三化"管理 增强育人实效

党员活动室里，武汉科技大学机械自动化学院研究生党支部组织开展的"学史铭志，砥砺前行""四史"知识竞赛决赛正在进行，必答、抢答、主观论述，参赛选手们抢抓时间，快速思考，激烈抢答，上演了一场精彩纷呈的脑力与知识的较量，也掀起了"四史"教育学习的大高潮。学院教师、研究生党支部书记、党员参加

---

① 习近平. 在纪念五四运动 100 周年大会上的讲话 [M]. 北京：人民出版社，2019：6.

活动。

从低年级到高年级，在课程难度加大、科研压力增加的情况下，是什么让研究生支部活力满满，活动覆盖面广、参与度高、效果好？自机械工学研究生第一党支部成立以来，支部创新"三化"管理，有效提高了基层党组织的活力，充分发挥了党员的先进性，强化了基层组织育人实效。

机械工学研究生第一党支部以理想信念为根本，以理论学习为基础，以规章制度为抓手，以实践活动为特色，探索出以党建和思想政治工作为主体，党建工作规范化、党性教育品牌化、党员培育典型化的基层党建"三化"管理模式，努力实现研究生党员更加有为、基层党组织更加有力、学院党建工作更加有效的目标。

（一）党建工作规范化，健全工作机制

1. 抓实组织建设

优化组织设置，在学校率先按课题组划分支部，实施纵向管理；强化制度保障，严格落实党支部工作条例、党员工作规范手册、入党积极分子量化考核要求，制定了科学合理的考核评价体系，将学生参与活动的积极性、主动性作为确定入党积极分子和发展对象的重要依据，促进支部组织力提升。依托"三会一课"，开展集中学习活动；落实"两学一做"，争做新时期合格党员；以"学习强国"为载体，线上进行时政分享；以"研途之声"微信公众号为平台，专题推送支部活动，形成理论与实践结合、线上与线下融合、校内与校外联合、学生与教工聚合的"四合"模式，多内容多形式的学习方式极大地调动支部成员学习交流的积极性，做到日常学、主动学和深入学，促进知行合一。

2. 抓严党员管理

推行党员管理积分制，实行日常表现、志愿服务、正面奖励、负面惩戒等全方位精细化管理，积分纳入党员评议考核，建立党员教育培训评估体系，通过设置科学的评估指标、制定规范的评估程序、建立评估结果反馈机制、培训质量评估档案和激励约束机制，实行全方位精细化管理，党员创先争优积极性显著提升。

（二）党性教育品牌化，挖掘内在潜力

1. 深入推进项目

扎实推动"七彩工程"党建创新与实践研究，开展"红色教育"活动、支部党员跨校区进行经验交流、下基层实习锻炼、宣传二十大思想等一系列品牌特色活动；持续开展"寒暑假大作业"党员实践活动；着力实施"党建对标提升工程"，项目基于系统论的思想，将研究生党建工作当成一个整体系统，以"对标提升工程"为抓手，积极开展党支部特色活动；省级"启明星"课外实践育人特色项目通过验收，组织开展中小学生科技创新辅导、社区志愿服务、寻访红色印记等活动。

"启明星"党员服务队组织开展社会实践活动

2. 丰富活动形式

与本科生"一对一"结对子，以"学习践行二十大，凝心聚力科技行""疫情严防控，党员在行动"等为主题开展"寒暑假大作业"，举办"四史"知识竞赛和云党课活动、百年栉风沐雨·党史云端诵读等"六个百年"活动，"启明星"党员服务队开展支教支农和社区志愿服务，引导广大研究生党员进一步坚定理想信念，传承红色基因，激发爱国之行，巩固深化成果。"寒暑假大作业"带动近千名学生参与，辐射10个省市区，覆盖20个乡村，被省委教育工委作为实践育人典型案例推荐到教育部。"'启明星'让科技走出校园""强化'三个引领'，汇聚研究生战'疫'力量"工作案例被湖北高校思政网报道，支部活动被新华网、长江日报等媒体宣传报道25次，学院连续三年获得湖北省暑期"三下乡"社会实践优秀团队，《武汉晨报》《楚天金报》、长江网对此进行报道，产生了良好的社会效应。以上成果已经成为学院开展学生品德教育的重要品牌。

拓展链接：
新华网：武汉科技大学航天知识启蒙授课活动进社区

(三)党员培育典型化，营造实干氛围

1. 模范作用凸显

一个党员一盏明灯，一个党员一面旗帜，支部成员结合自身的实际情况，不断

开拓创新、勤奋学习、带动同学，影响并团结广大同学共同进步，增强党组织的凝聚力和战斗力。成员获"沁研学子""学雷锋标兵""优秀共产党员"等称号 25 人次，10 人参与方舱医院床位布置、村民物资采购等疫情防控工作。

2. 学术成果突出

着力弘扬科学精神，引导学生开展科学研究、创新创业实践，培养学生的创造、创新、创业能力，激发学生的创新活力和动力。18 人获研究生国家奖学金，占奖学金总数的 35%。发表 SCI、EI 学术论文 35 篇，申请和授权国家专利 35 项，参与省部级以上科研项目 30 余项，赴国外交流访学 5 人。竞赛成绩斐然。以创新工场、科技社团、实践基地为平台，以科技创新竞赛项目为契机，学院指导成立了"武科大机器人社团""3D 创新协会""航模协会"等学生社团，通过举办"筑梦讲堂""点子大赛""CAD 制图比赛"等活动，举办科技创新冬令营和夏令营，组织学生骨干参加学习培训，增强学生创新创业能力，36 名支部成员获"互联网+"大学生创新创业大赛、中国研究生电子设计大赛等省级以上奖项。

第四节 融入"情"字提高社会服务力

一、云上服务担使命 专业实践炼党性

2022 年 11 月 15 日，恒大楼三区 305，"四级听力并没有大家想象的那么难，平常在备考的时候要做到听完后对照答案分析错题，并再次精听来查漏补缺"。外国语学院研究生党员刑明霞正在为大家讲解英语四级考试的听力备考技巧与注意事项。大学英语四六级公益讲座是外国语学院研究生第一党支部着力打造的志愿服务项目之一，支部每学期会组织开展大学英语四六级公益讲座和专题辅导系列活动，为全校非英语专业的同学讲述四六级考试的基础知识、方法技巧和解题策略。每年能够使 2000 余名同学从中受益，并逐渐成为在全校范围内具有较大影响力的公益服务品牌。

外国语学院研究生第一党支部一直以实际行动践行共产党员的初心和使命，聚焦"七个有力"，积极参与基层党建"双创工作"，持续深化和巩固"对标争先"创建工作成果，探索构建了基层党支部建设体系，形成了具有学科特点的党建育人模式，于 2020 年获批首批校级党建工作样板支部培育创建单位并顺利通过验收，支部的先进事迹也先后被中国教育在线、凤凰网、湖北高校思政网等具有较大影响力的新闻媒体报道。

（一）涵育党性修养，服务党员成长

外国语学院研究生第一党支部高举中国特色社会主义伟大旗帜，积极探索将理论知识与专业特色相结合的学习路径，以"三会一课"为载体，在学懂弄通做实上下功夫，推动当代中国马克思主义、21世纪马克思主义深入人心、落地生根。结合形势学，支部始终把政治建设摆在首位，以思想铸魂为统领，组织支部成员读原著、学原文、悟原理，深入学习领会习近平新时代中国特色社会主义思想的核心要义、基本精神、实践要求，增强政治自觉、理论自信、情感融入。同时，支部还注重弘扬党的优良传统，通过"三会一课"等方式引导支部成员主动学习四史以及世情国情党情等，主动加强培养自身的国际视野，并借助专业优势来传递中国声音、讲好中国故事。结合专业学，支部通过"中国关键词""中国日报双语新闻"和"学习强国"等学习平台，组织开展双语理论学习和双语理论知识竞赛等具有外语类专业特色的组织生活，充分调动支部成员学习的主动性和积极性，加强自身政治理论和专业知识的双重储备。创新形式学，支部在疫情期间以抗击疫情的感人故事为教材，通过手写承诺书、主题征文、志愿翻译疫情主题相关论文、向外国友人介绍中国抗疫经验、组织参观抗疫专题展览等丰富多样的创新形式，使支部成员深刻认识中国特色社会主义制度优势，不断强化初心和使命，筑牢信仰之基。同时，依托校内外丰富的红色文化资源优势，支部打造了"情景党课"新阵地，组织支部成员参观走访红色场馆，并由支部成员现场讲授微党课或讲述党史故事，通过寻访红色足迹、追忆历史征程，深化支部成员对马克思主义中国化成果，特别是对习近平新时代中国特色社会主义思想的理解，凝聚价值认同，补足精神之钙，把稳思想之舵。

（二）立足学生成才，服务学校发展

以党建特色为着力点，创立服务品牌，提升服务水平。外国语学院研究生第一党支部坚持以文化人的工作理念，积极探索以党建为引领，以专业知识为核心，打造专业化服务项目，创立特色服务品牌，支部着力打造"学习先锋"，将支部成员与学院学业困难的同学结对开展"一对一"帮扶，以期学生党员在完成自身学业的基础上起到学习引领的作用。同时根据不同年级学生的实际情况，支部还会通过党日活动开展有针对性的集中学习指导，先进带后进，带动学院的班风学风建设。支部成员综合素质过硬，拥有较强的应急服务能力，2020年疫情初期，众多国内外医疗机构和翻译行业的企业单位献智献策共抗疫情，与此同时，支部成员也以志愿者的身份加入部分单位的紧急医疗翻译项目组，不舍昼夜地贡献着自己的力量。依托成熟的翻译平台，支部成员以远程在线方式深度参与应急翻译项目工作。从2月10日—4月27日，支部共承担了7个医学翻译项目，人均翻译量超过10万字。支部成员成立的医疗应急语言服务团队被湖北省翻译工作者协会授予"疫情防控语言服务先进团队"荣誉称号。支部始终以校园文化为落脚点，打造服务矩阵，拓宽服务广度。支部以学院品牌活动为依托，主动参与组织外文歌曲大赛、英语风采大赛、英语辩论赛、英语演讲比赛等具有外语特色的校园文化活动，有效营造外语学习的环境与氛围，优化提升校园文化建设水平。

（三）强化责任担当，服务社会进步

外国语学院研究生第一党支部始终以培养有理想、有本领、有担当的新时代青年为己任，积极组织支部成员参与社会实践活动，引导学生在深入社会、了解国情、接受锻炼的过程中践行社会主义核心价值观，培育社会责任感。

开展教育扶智，推动乡村振兴。从 2018 年开始，该支部的成员作为社会实践团队的骨干力量，对接武汉科技大学对口帮扶的襄阳市保康县寨湾村，开展以"关爱留守儿童，教育帮扶脱贫"为主题的扶贫支教活动，即使在 2020 年疫情防控常态化的背景下，支部成员依然克服重重困难开展了线上暑期支教活动。2021 年寒假期间，他们联合学院青年志愿服务队共同开展了"同心同行同成长"线上助学公益实践活动，春季学期，他们又根据学生家长反馈建立了一支"不下线，不掉线"的教育小分队，将假期与学期贯通，打造线上公益助学课堂，给孩子们提供助学助课的长期志愿服务。2022 年，支部将服务地扩大至武汉市洪山区、新洲区、十堰市郧西县等多地，使得更多的支部成员和入党积极分子能够将自己所学的理论知识运用于社会实践，并在实践锻炼中增强党性、提升素质，培养自己吃苦耐劳的精神和敢于担当作为的责任意识。支部成员参加的学院暑期社会实践团队近两年来均被评为省级优秀团队，以社会实践活动为基础的"大声 C HELLO 公益项目"也获得了第六届中国青年志愿服务项目大赛银奖。

助力国际盛会，传递中国声音。在第七届世界军运会召开期间，支部成员积极响应号召参加志愿服务，他们充分发挥党员的先锋模范作用，从系统操作、业务流程、请示汇报等业务着手，为来自世界各地的运动员提供专业、优质的翻译服务，展现了新时代中国青年良好的风采和形象，成为传递中外友谊、增进中外文化交流的使者。

二、不忘初心强党性 砥砺前行启征程

每逢开学季、毕业季和大型节假日，在武汉科技大学校园的教学楼、操场边、宿舍楼，总会有戴着"种太阳"标识的志愿者，寻遍每一个角落，捡来一个个废瓶子，装进编织袋。这便是武汉科技大学化学与化工学院"种太阳"爱心基金会志愿者日常工作的掠影。这样的工作，学院学生党员、入党积极分子坚持了 18 年，先后有 3 万余人次参加，累计捡瓶子 130 余万个，筹集 4.1 万元爱心基金，资助 160

个孩子，其中精准资助家庭困难学生 32 名。"种太阳"活动得到广泛好评，其先进事迹于 2020 年被中国青年报以《学生社团种太阳"种下希望"十五年》为题进行了专题报道，亦被搜狐网、长江网、环球网、新浪网等各大主流媒体相继转载。

（一）因关爱结缘，为党员实践教育做勇敢尝试

2005 年年底，化学与化工学院 2003 级学生党支部策划了一次"帮扶贫困中学生"主题党日活动，帮扶对象是阳新县大王初级中学的贫困学生。第一次实地考察时，走访住在阳新县大山深处孩子们的家，蜿蜒崎岖的山路阻挡不了同学们的脚步，跋山涉水只求眼见为实。满目疮痍，黝黑的墙壁，木板拼凑的床铺，布满缺口的碗盘，打满补丁的衣服，赤脚行走的孩童，深深刺痛了大学生的内心。返校后，经过两个月筹划，募捐 86 袋衣物和生活用品，并积极组建种太阳爱心支教团。2006 年 7 月，支教团队将募集的物资送至大王中学，改善了留守学生的基本生活。在接下来的一年中，为丰富大王中学的教育资源，学生党员们奔走东西，穿城走巷，联合武钢三中、四十九中、任家路中学，多方筹集 4000 余册书籍，为大王中学建成了小型图书馆。之后的每年寒假，"种太阳"都会有一支考察队，前往大王中学及阳新县其他地区进行考察调研，调查留守儿童的生活学习状况；每年暑假，"种太阳"都会有一支暑期社会实践团队，前往大王中学进行支教活动，为他们送去图书等物资，送去关爱与祝福。

（二）因初心坚守，为贫困学生成长做精准帮扶

为了能够更好地与贫困山区的孩子们接触，真正了解到他们的需要，每年的寒暑假，"种太阳"志愿者都会进行相应的调研及支教活动。项目团队通过前往留守儿童居住地进行实地考察、探访留守家庭来了解留守儿童情况，搭建与留守儿童有效沟通的桥梁，获取信任并收集留守家庭信息。推进持续性公益项目，健全资助体系，在实践中不断完善。2007 年，第一批"种太阳"志愿者赴阳新大王中学支教团队出发，2008 年，作为"种太阳"爱心基金主要来源的收瓶子活动，几经波折后顺利开展，并持续了 15 年。除此之外，"种太阳"还致力于拓展各种志愿服务资源，成立了"牧星分队"，组织开展"爱之漂流"活动、"圣诞快递员""跳蚤市场""黄色小票""蓝丝带""蓝信封"活动、"最美不过故乡云"演讲，设计及发放迎新地图册，疫情期间开展毕业生返校服务工作和旧物回收捐助等。2015 年与湖北省麟洁儿童康复服务中心、启慧特殊儿童康复中心签订服务协议，开始了关爱自闭症儿童的常规性服务，定期培训学生党员，给孩子们送去温暖和关怀，8 年来约有 1200 名学生党员、入党积极分子和发展对象参与。

目前，学生党员志愿服务已经形成以支教活动为中心，志愿服务项目化、精准化、专业化、常态化、品牌化的建设体系。认真调研考察，积极思考行动，已经成

为学生党员自发自觉的行为，通过志愿平台工作的积累，"种太阳"已经成为学生心中向上的力量，他们通过不断地观察、思考和总结，提升了自我认知，红色精神引导学生党员让青春梦和中国梦和谐共振的完美体现。

学生党员们发挥主观能动性，四处募捐书籍，建成小型图书馆，定期入校调研考察，定期与支教学生沟通交流，帮助他们解决心理上、生活中的实际困难，这种甘于奉献、不怕吃苦的精神成了学生党员最宝贵的传承，在"种太阳"的帮扶下，2009年资助对象小程同学考取湖北师范大学；2015年资助对象小陈同学考取商丘师范学院；2018年资助的3个同学，均以高分考入阳新一中，并在高考中，资助对象小柯同学被湖北大学录取，小李同学被武汉商学院录取；2019年资助的三名同学同样考上了阳新一中；2020年资助的两名对象均被黄石二中录取；2021年资助的四位同学分别考上了黄石二中、黄石一中和黄石六中；2022年资助的对象两名考取黄石二中，一名考取阳新一中。

暑期实践团队成员给大王中学学生上课

(三)因热爱升华，为乡村教育发展注入新活力

在"引进来，走出去"的思路指导下，创新性广泛开展了"种太阳"的对外联系活动，募捐图书先后得到过武钢三中、武汉市49中、青山任家路中学等学校的积极支持，与大型助学公益组织"格桑花"举办联合报告会，宣传贫困助学，与校内多个公益组织形成长期协作。与武汉燃气热力规划设计院有限公司达成合作关系，在黄石市贫困地区设立助学基金，共同对贫困留守儿童进行资助，这次合作也开启了学生党建校企联合的先河。2019年，现为武汉燃气院职工的"种太阳"项目负责

人李艳杰，发动单位职工和党员为贫困留守儿童爱心募捐1万元，并与种太阳组织合作的大王中学签订了定向资助服务协议，每年定向资助3名学生，每人1000元。2020年学生志愿者联系鹏程社区开展党员下沉活动，捐助各类书籍400余册，学生党员的爱心接力在一届届成员的心中生根发芽，开花结果。

"种太阳"的学生党员，有些是从"农田"里钻出来的，有些是从"大山"中走出来的，对于那些渴望知识的寒门学子，他们感同身受，每个人都是天空中的一颗小星星，点点繁星汇聚成璀璨的星河，种下希望的十八载，我们坚定理想信念，不断超越自我，不忘初心，积蓄成学院学生党建工作厚积薄发的有生力量。

（四）因责任在肩，为学生全面发展奠定基础

构建完整制度体系，为学生活动提供组织保证。经历了18年的发展，"种太阳"基金会已经从刚开始学生支部的单一活动发展到有完整的组织构架，组织章程和组织制度，特别是严格了财务制度，有财务报表、资助账单、资助对象登记等表格，逐步成为学院学生党员活动的特色品牌。

全方位提升学生党性修养，加强对学生实践的思想指导。通过在思想修养、道德修养、作风修养等方面的指引和教育，在每一次的活动中，所有的党员都在努力自我教育、自我改造和自我完善，支教的过程时常充满艰辛，走访大山深处的家庭，睡在教室的地板上，自己动手做饭，承受沟通不畅带来的失落，这些都是对自我的一次次考验，他们时刻坚定着全心全意帮助留守儿童的信念，思想意识得到进一步的提升，"化雨春风，逐梦前行"，学生党员将传承优良的作风，一步一印踏实前进，将责任化为坚守，努力肩负起新时代赋予青年的新使命。

化工学院与大王中学共建社会实践基地挂牌仪式

三、爱国主义强信念 科技创新育新人

武汉科技大学信息科学与工程学院党委在多年的探索与实践基础上，以党建为引领，突出爱国主义教育的"思"与"行"，通过实施"要领工程"，构建了一个有机互动、协调共融的爱国主义教育共同体。Robomaster 崇实战队就是以党建为引领，以爱国主义教育为重点，引入工程伦理教育，促进学生科技创新工作取得实效的代表。

（一）以思为领，增强信念，打造学生爱国思想的筑基石

2020 级学生党员陈超轶坐在机器人前，拿着起子拧螺丝，像个标准的电工。为了节省经费，机械组每个学生都得学会检修设备、更换零件。每天既要上课、学习，又要熬夜备赛，每个团队人员都身兼数职，压力巨大。为了更好地备赛，实验室制定了严格的规章制度，要求队员在早上八点到晚上十点间，除了上课和午休以外，都必须在实验室学习备赛。实验室成立"揭榜挂帅"攻坚小组，由专业技术较强的同学带领小组其他成员解决面临的难题和技术瓶颈，培养敢于探索创新盲区的勇气。

这些领头学生都是学生党员，在班级和团队中处处发挥党员先锋模范作用。当战队在哨岗摄像头的构图定位上遇到困难时，他们主动请缨接下任务，查阅大量资料，迭代设计，彻夜调试，最终顺利完成任务。在班级和年级中，他们是最懂专业的技术大神，最能实践的战斗队伍，获奖最多的优秀代表，是其他学生最为服膺的先进典范。教育学生在人工智能领域不断钻研，心怀"国之大者"，勇当开路先锋，争当事业闯将，着重于推动新一代人工智能的研发应用、技术应用和产业化发展，将"大国重器"掌握在自己手中，用学习所得报效国家。

（二）以行为要，脚踏实地，构建学生爱国教育的实践场

强化党建引领，以"学生干部成长训练营""七彩创新创业服务站"等学生骨干教育实践工程为基础，以"智创未来"社会志愿服务活动为载体，以 Robomaster 崇实战队为抓手，突出爱国主义教育的核心地位，引导大学生坚定信仰、恪守信念、保持初心，通过学生骨干发挥"领头雁"效应，辐射带动身边同学，形成爱国主义教育的组织基础。

"七彩创新创业服务站"自成立以来，多次开展"学新思想、做新青年"主题活动，加强爱国主义教育，面对困难问题成立项目小组集中解决，团队先后赴湖北宜昌、河南开封等地开展社会实践活动。团队积极参与"挑战杯""互联网+"等重大赛事，从思想引领、服务育人、增质提效、人才培养、团队建设、实践导向、成果转

化等7个方面，充分发挥基层组织战斗堡垒作用，提升支部活力，实验室累计创办大学生创业公司5家，推荐项目入驻孵化器3个。

Robomaster崇实战队至今已获得大学生机器人大赛Robomaster国际级三等奖2项、国家级一等奖2项、国家级二等奖3项、国家级三等奖3项。团队成员成绩优异，团队成员获奖学金比例76%，金额近13万元。团队先后有7人保研至华中科技大学、东北大学等知名高校，一人入职上海华测导航技术股份有限公司。

(三)思行结合，实践服务，建造学生爱国梦的圆梦台

爱国主义教育不是喊喊口号、走走过场，要让大学生将热爱国家、报效国家的梦想"内化于心，外化于行"，必须要将学生的爱国梦融入自身成长发展的进程中，努力建造圆梦台，让爱国主义教育真正转化为行动，成为学生终身事业中的一抹亮色。

Robomaster崇实战队在参赛之余，坚持开展"智创未来"——适龄儿童科普综合志愿服务。志愿服务活动的宗旨是"智志双扶"，不仅科普简单的科技知识，更重要的是对于科技的思考。团队成员积极创新活动内容和形式，将科普内容与所学内容结合，以通俗易懂的语言向对科技感兴趣的适龄儿童进行科普活动。同时更加注重于孩子们动手实际操作，真正做到了让科普知识不仅仅停留于纸面。例如在讲授平衡小车平衡原理时，让孩子们亲自上手操作感受平衡车是如何行动的，以此来介绍自动控制的理论；在科普小车是如何射击弹丸的时候，通过孩子们感兴趣的"坦克大战"并亲自动手体验射击，介绍是如何控制射击朝向和目标。"理论学习+

崇实战队成员开展青少年科普志愿服务活动

寓教于乐+室外实践"的模式使孩子们加固科普活动的印象，为未来的科技之路夯实基础。

创新要与实践实情相结合，以实践为导向，做艰苦奋斗的"方向标"。促进学生创新创业的实效性，鼓励学生"把个人的追求同人民群众的需要紧密联系起来"，提高学生实践能力。在中国青少年发展基金会希望工程云助学活动、"智创未来"青少年科普志愿服务活动中，让学生在艰苦环境中得到锻炼，在奋斗中有所收获。积极发挥党支部政治核心和战斗堡垒作用，以党建促竞赛、以党建促创新、以党建促服务。这一切都离不开爱国主义教育，要让大学生实现热爱国家、报效国家的梦想，必须要将学生的爱国梦融入自身成长发展的进程中。

四、提高服务能力 实践融合育人

自 2018 年起，国际学院社会实践志愿服务团队，先后在武汉市农科院、金口小学、界镇社区、龙湖社区、麻城市团风小学、宜都市姚家店社区和枝江市仙女镇希望家园等单位，围绕关爱留守儿童成长、培养留守儿童国际化视野、服务乡村教育助力乡村振兴等主题开展志愿服务活动，曾多次入选团中央"七彩假期"示范团队、湖北省"彩虹行动""七彩假期"项目、武汉市"新青年下乡"项目等，并被评为武汉市"新青年下乡"活动十佳项目。该院尤其重视实践育人过程中的党建引领作用，边学边做边总结，结合自身特点，提炼出"1+1+1"三融合培育机制，抓好党员日常培养教育工作。

国际学院暑期社会实践团队开展志愿服务活动

学生党员培养教育考察"1+1+1"三融合育人机制，是党务业务融合、基层实践与专业学习融合、放眼世界与坚定自信融合的三向融合，目的在于引领青年学生加强党性修养、锤炼品质意志、投身服务实践，培育具有家国情怀、全球视野、综合素养、创新能力的学生党员。

(一)不断加强理论学习，引导青年党员牢记"初心使命"

党务业务融合育人，采用一个基层党务工作者(辅导员)引领一个专业的学生党员骨干辐射一个专业的全体青年学生的模式。党务业务融合以团学培养为核心，将党日活动、团日活动作为党务业务融合的载体，广泛形成理论学习氛围，强调领导干部表率学、党员骨干带头学、广大青年参与学，读原著学原文悟原理。将党建引领、主题教育等工作融入课堂、学生班级和广大青年心中。在理论学习、主题活动开展过程中，加强党性修养，牢记初心使命。

组织青年团员骨干参加省、校、院等各级"青年马克思主义工程"班，加强理论学习，形成先进表率。选拔优秀党员骨干组成"党史学习教育"讲师团，依托党日活动、团日活动在各基层党组织、基层团组织开展活动；以建党100周年为契机，推动党史学习教育从党员到基层团支部、再到全体青年学生的拓展；组织入党积极分子培训班学员在参观学习学校红色党史、校园红色文化的基础上，将所思所学通过主题演讲等方式融入团日活动，分享给全体青年学生。

近年来，党务业务融合育人实施过程中，涌现出武汉科技大学研究生支教团成员陈奔、湖北省青年马克思主义培养工程学员姜如歌、我身边的好团支书江灿等一批理论学习典范。理论指导实践，信仰在实践中闪亮，学生干部方奥、陈梦博等70余人在2019年第七届世界军人运动会中担任志愿者，小我融入大我、青春献给祖国，以实际行动践行青年红色筑梦之旅。

(二)广泛开展基层调研，引领青年党员投身"伟大事业"

习近平总书记提倡青年人要"自找苦吃"，鼓励青年党员"工作后一定要下基层，为老百姓做事，不要把基层当大车店"。

基层实践与专业学习融合育人，以深入基层的形式将党员活动、专业实习实践和基层调研融合在一起，以基层调研实践为核心搭建实习实践育人平台。鼓励青年党员广泛调研基层企事业单位工作情况、感受抗疫伟大成果、体味新时代国家日新月异的变化，在深入基层中锤炼品质意志，投身"伟大事业"。

利用寒暑假时间定期定向引导党员骨干和青年学生深入武汉市基层社区、企事业单位、国有企业等20余家，形成定向联系实践机制，采用参观、座谈、实操、调研等形式，号召党员骨干、广大青年到基层去调研、去实践，投身中国特色社会主义伟大事业。

利用学生课余时间组织青年党员、青年学生深入基层，开展社区走访、调研、座谈和实践。将调研基层单位的所学所感、智慧社区建设所思所悟形成互联网+公益赛道项目、形成大学生创新创业项目，不断推进落实暑期社会实践成果转化，增强青年党员建功新时代本领，在实践中明理、在实践中增信、在实践中崇德、在实践中力行。

国际学院青年学生深入武汉市农科院调研

近年来，除雷锋标兵谢子豪同学外，抗洪巡河的志愿者程昊琦、抗疫服务的志愿者蔡文杰、协助陪诊的志愿者高天晨等都是在基层实践与专业学习融合育人机制下涌现的服务社会、无私奉献的典型代表。

(三)充分利用国际资源，促进青年党员坚定"四个自信"

放眼世界与坚定自信融合育人，通过国外学生来校短期专业联合实习、留学生和国内学生联合实践等途径，在国际文化交流过程中提高学生党员国际化意识，提升青年学生爱国情怀和专业自信，坚定"四个自信"。

在与来华留学生一起联合实习过程中，学生党员向来华留学生讲国情校史，进一步增强爱国情怀和爱校热情；在向来华学生介绍中国文化、文明传承、伟大抗疫成就的过程中，进一步坚定道路自信、理论自信、制度自信、文化自信；在与留学生联合实践过程中，进一步激发学生党员的专业自信和民族自豪感。

第四章
解答入党疑惑　炼铸向党青春

　　"胸怀千秋伟业，恰是百年风华"，"心有所信，方能行远"，大学生是中国特色社会主义的建设者和接班人，广大青年学子坚定对共产主义的信仰和社会主义的信念，渴望早日加入中国共产党，但是如何加入中国共产党？入党的条件是什么？入党有哪些程序？我需要做哪些准备？这一系列问题都困惑着青年学子。在我们身边，有这样一群学生党员，他们是全国"最美大学生"、全国"抗击新冠肺炎疫情青年志愿服务先进个人"、全国"青马工程"学员、全国"大学生自强之星"，还是学校的"榜样力量·十大魅力学子""优秀研究生党员标兵""沁研学子"……他们努力拼搏，在学思践悟中坚定理想信念，在奋发有为中践行初心使命，谱写了新时代的青春之歌。面对青年学子入党的疑惑，让我们听听榜样的声音。

第一节　党的知识，你了解吗？

一、"中国共产党"这个名称是怎么来的

　　入校后，小军参加了学院组织的入党启蒙教育。通过学习，他对中国共产党的历史、宗旨和性质都有了一定的了解，但是他最想了解的是"中国共产党"的名称是怎么来的，是谁最先提出的？

黄鹏威学长告诉你：

　　1920 年 8 月，陈独秀在上海发起成立了中国共产党的一个早期组织。1920 年 9 月 1 日，陈独秀在《新青年》发表的《对于时局之我见》一文中，曾称"吾党"为"社会党"，后来才改为"共产党"。

　　最早提出"中国共产党"这一名称的是蔡和森。1920 年 8 月 13 日和 9 月 16 日，

正在留法勤工俭学的他在给毛泽东写的两封信中，详细地研究了共产党问题，提出：先要组织党——共产党，因为它是革命运动的发动者、宣传者、先锋队、作战部。他在对欧洲各国共产党特别是俄国共产党考察的基础上，提出了具体的建党步骤，其中包括"明目张胆正式成立一个中国共产党"。

在此前后，陈独秀在上海，李大钊、张申府在北京也通过信函讨论了党的名称问题，决定采用"中国共产党"作为中国无产阶级政党的名称。

1921 年 7 月 23 日—8 月初，中国共产党召开了第一次全国代表大会。大会通过了党的第一个纲领和决议，并选举产生党的领导机构——中央局。党的一大宣告了中国共产党的正式成立。①

黄鹏威学长简介：

黄鹏威，中共党员，材料与冶金学院材料科学与工程 2021 级博士研究生。本科期间曾任材料与冶金学院 2017 级本科学生第一党支部书记，兼任学院学生党总支组织委员，连续三年担任班长，先后三次获得武汉科技大学奖学金，先后获得武汉科技大学"优秀学生标兵""优秀共青团员""优秀共产党员""学雷锋标兵"荣誉称号，凭借优异的成绩入选学校"3+1+2"拔尖人才培育计划，后又通过持续的努力和卓越的表现获得了学校首批"直博"名额。

拓展链接：
黄鹏威：我校首批直博生 努力是幸运的代名词

二、党章的地位和作用是什么，最新的党章内容是什么

小程成绩优秀，工作努力，大一就对加入党组织表达了强烈的愿望。他从学长那了解到，党章是党的根本大法，是全党必须遵循的总规矩，但他特别想了解党章的地位和作用是什么，最新的党章内容是什么。

张宇欣学姐告诉你：

党章是由党的全国代表大会讨论并通过的，具有最高的权威和最大的约束力，是管党治党的总章程，是党的根本大法，是全党必须共同遵守的根本行为规范。它集中体现了党的性质和宗旨、党的理论和路线方针政策、党的重要主张，规定了党的重要制度和体制机制。认真学习党章、严格遵守党章则是党员应尽的义务和庄严的责任。

2022 年 10 月 22 日，中国共产党第二十次全国代表大会通过了《中国共产党章

---

① 中共河北省委. "中国共产党"名称的由来[J]. 中共党员(河北)杂志，2016(13)：61.

程（修正案）》，包含总纲和条文两部分，条文部分共 11 章 55 条。此次修改，把党的十九大以来习近平新时代中国特色社会主义思想新发展写入党章，以更好地反映以习近平同志为核心的党中央推进党的理论创新、实践创新、制度创新成果。把党的初心使命、党的百年奋斗重大成就和历史经验的内容写入党章。党的二十大通过的党章修正案，共修改 50 处，其中总纲部分的修改 37 处，条文部分的修改 13 处。①

张宇欣学姐简介：

张宇欣，中共党员，城市建设学院建筑环境与能源应用工程专业 2018 级本科生，武汉科技大学第五期"青马工程·英才领航班"学员，已推免至重庆大学读研。获国家奖学金、景森一等奖学金、辉玲三等奖学金、圣晖奖学金；获评校"优秀学生标兵""优秀共青团员""校长奖章"等荣誉称号；发表一篇 EI 论文，以第一作者申请一项实用新型专利，荣获全国大学生节能减排社会实践与科技竞赛三等奖、美国大学生数学建模竞赛 H 奖、全国大学生生命科学竞赛一等奖等奖项。

拓展链接：

风采展示：宝藏女孩，张宇欣！

三、党的性质和宗旨是什么

小吴在参加学院入党启蒙教育后，准备向党组织递交入党申请书，在书写入党申请书时，对党的性质和宗旨认识不明确。他想了解党的性质和宗旨是什么。

叶显伟学长告诉你：

党的二十大通过的《中国共产党章程（修正案）》指出："中国共产党是中国工人阶级的先锋队，同时是中国人民和中华民族的先锋队，是中国特色社会主义事业的领导核心，代表中国先进生产力的发展要求，代表中国先进文化的前进方向，代表中国最广大人民的根本利益。"这一论述从党的阶级性、先进性、党的根本宗旨、党在建设中国特色社会主义事业中的地位诸多方面阐明了中国共产党的性质。

中国共产党的宗旨是全心全意为人民服务。党除了工人阶级和最广大人民群众的利益，没有自己特殊的利益。党在任何时候都把群众利益放在第一位，同群众同甘共苦，保持最密切的联系，不允许任何党员脱离群众，凌驾于群众之上。

叶显伟学长简介：

叶显伟，中共党员，管理科学与工程专业 2020 级研究生，曾担任校团委副书

---

① 党的二十大文件汇编［M］. 北京：党建读物出版社，2022：131-133.

记(兼职)、校报记者团团长、学校第七届研究生支教团团长、学院研究生会主席、学院记者团团长、学生党支部书记。获 2020 年度中国大学生自强之星、全国钢铁行业"优秀共青团员"、全国大学生西部计划优秀志愿者、学校第十四届"十大魅力学子"等荣誉称号，获中国高校新闻奖一等奖 2 项、湖北高校新闻奖一等奖 1 项，获得国家级、省市级、校级荣誉累计 35 项。

拓展链接：

叶显伟：为志愿公益奉献光和热

四、党的三大优良作风是什么

小郑在课堂上听到老师关于党史的讲解，十分震撼，内心深受触动，中国共产党在长期的革命斗争中形成了一整套优良作风，她想了解党的三大优良作风主要包含哪些内容。

李伟学长告诉你：

1945 年 4 月，毛泽东在党的七大报告《论联合政府》中第一次明确概括提出党的三大优良作风："以马克思列宁主义的理论思想武装起来的中国共产党，在中国人民中产生了新的工作作风，这主要的就是理论和实践相结合的作风，和人民群众紧密地联系在一起的作风以及自我批评的作风。"①理论与实际相结合，就是将马列主义基本原理同中国革命的具体实践相结合。与人民群众紧密联系在一起，是指党的各级组织和党员干部要和党内外群众结合在一起，密切党和人民群众的关系，一切为了群众，一刻也不脱离群众。批评与自我批评的作风，是正确处理和有效地解决党内矛盾，克服缺点，纠正错误的科学方法。②

李伟学长简介：

李伟，中共党员，汽车与交通工程学院物流工程专业 2020 级本科生。现担任大学生科学技术协会主席、华为鸿蒙校园大使。获得武汉科技大学"学雷锋标兵""优秀学生""模范共青团干部"等荣誉称号，获得"互联网+"创新创业大赛全国铜奖、"挑战杯"中国大学生创业计划竞赛全国铜奖、全国大学生节能减排竞赛全国二等奖、中国大学生计算机设计大赛全国二等奖等，发表 SCI 论文 1 篇、授权软件著作权 3 项、受理发明专利 2 项，主持 1 项国家级大创项目。

---

①　毛泽东选集(第三卷)[M]. 北京：人民出版社，1994：1094.

②　中共内蒙古自治区委员会. 什么是党的三大优良作风[J]. 实践(党的教育版)，2015
(12)：48.

五、党员的义务有哪些

小王政治立场坚定、思想积极上进、学习成绩优异、综合表现优秀，受到先进榜样的影响，也想加入中国共产党，他想了解一名共产党员要履行哪些义务。

许耀升学长告诉你：

党的二十大通过的《中国共产党章程（修正案）》在第一章第三条中明确规定，党员必须履行下列义务：

（一）认真学习马克思列宁主义、毛泽东思想、邓小平理论、"三个代表"重要思想、科学发展观、习近平新时代中国特色社会主义思想，学习党的路线、方针、政策和决议，学习党的基本知识和党的历史，学习科学、文化、法律和业务知识，努力提高为人民服务的本领。

（二）增强"四个意识"、坚定"四个自信"、做到"两个维护"，贯彻执行党的基本路线和各项方针、政策，带头参加改革开放和社会主义现代化建设，带动群众为经济发展和社会进步艰苦奋斗，在生产、工作、学习和社会生活中起先锋模范作用。

（三）坚持党和人民的利益高于一切，个人利益服从党和人民的利益，吃苦在前，享受在后，克己奉公，多做贡献。

（四）自觉遵守党的纪律，首先是党的政治纪律和政治规矩，模范遵守国家的法律法规，严格保守党和国家的秘密，执行党的决定，服从组织分配，积极完成党的任务。

（五）维护党的团结和统一，对党忠诚老实，言行一致，坚决反对一切派别组织和小集团活动，反对阳奉阴违的两面派行为和一切阴谋诡计。

（六）切实开展批评和自我批评，勇于揭露和纠正违反党的原则的言行和工作中的缺点、错误，坚决同消极腐败现象作斗争。

（七）密切联系群众，向群众宣传党的主张，遇事同群众商量，及时向党反映群众的意见和要求，维护群众的正当利益。

（八）发扬社会主义新风尚，带头实践社会主义核心价值观和社会主义荣辱观，提倡共产主义道德，弘扬中华民族传统美德，为了保护国家和人民的利益，在一切困难和危险的时刻挺身而出，英勇斗争，不怕牺牲。[①]

---

① 党的二十大文件汇编[M]．北京：党建读物出版社，2022：109-110.

许耀升学长简介：

许耀升，中共党员，机械自动化学院机械工程 2019 级本科生。曾任院 2019 级年级团总支书记、机工卓越 1901 团支部书记。获国家奖学金、国家励志奖学金、校特等奖学金，获物流技术起重机创意赛国家一等奖、机械创新设计大赛国家二等奖、全国 3D 大赛国家二等奖、机械创新设计大赛慧鱼竞赛一等奖、美国大学生数学建模竞赛二等奖、"互联网+"创新创业竞赛湖北省一等奖，国家级省级奖项合计 20 项。

六、党员的权利有哪些

小陈成绩优秀，表现突出，他以实际行动积极向党组织靠拢，被确定为发展对象后，支部通知他列席吸收新党员会议，他想了解他是否具备参会资格，党员到底有哪些权利。

尤杰学长告诉你：

党的二十大通过的《中国共产党章程（修正案）》在第一章第四条指出，党员享有下列权利：

（一）参加党的有关会议，阅读党的有关文件，接受党的教育和培训。

（二）在党的会议上和党报党刊上，参加关于党的政策问题的讨论。

（三）对党的工作提出建议和倡议。

（四）在党的会议上有根据地批评党的任何组织和任何党员，向党负责地揭发、检举党的任何组织和任何党员违法乱纪的事实，要求处分违法乱纪的党员，要求罢免或撤换不称职的干部。

（五）行使表决权、选举权，有被选举权。

（六）在党组织讨论决定对党员的党纪处分或作出鉴定时，本人有权参加和进行申辩，其他党员可以为他作证和辩护。

（七）对党的决议和政策如有不同意见，在坚决执行的前提下，可以声明保留，并且可以把自己的意见向党的上级组织直至中央提出。

（八）向党的上级组织直至中央提出请求、申诉和控告，并要求有关组织给以负责的答复。①

党组织教育入党积极分子的一个重要途径，就是吸收他们听党课，列席讨论发展新党员、讨论预备党员转正的支部大会和参加入党宣誓仪式，以及参加党内组织

① 党的二十大文件汇编［M］. 北京：党建读物出版社，2022：110-111.

的有教育意义的其他活动。因此，小陈可以列席支部大会，但没有发言权和表决权。

尤杰学长简介：

尤杰，中共党员，化学与化工学院化学工程与工艺 2019 级本科生，曾任化工学院本科生第五党支部书记。获校"一等奖学金""模范共青团干部""优秀青年志愿者""优秀学生"等荣誉称号，获"天正设计杯"全国大学生化工设计竞赛三等奖、"科思化学杯"全国大学生短视频大赛三等奖等科技竞赛奖项。

拓展链接：
尤杰：时间管理大师保研厦门大学

七、不纯的入党动机和正确的入党动机是什么

小徐大一入校后看到周围的同学都递交了入党申请书，他将这一情况告诉了父母，父母认为加入中国共产党有利于以后找到好工作。小徐将父母的想法告诉了辅导员，辅导员告诉他这是不纯的入党动机，他想知道不纯的入党动机和正确的入党动机是什么呢？

江灿学长告诉你：

入党动机，就是为什么入党，是每一名共产党员在入党前和入党后都要深深思考的问题。《中国共产党发展党员工作细则》规定，培养人需了解入党积极分子的政治觉悟、道德品质、现实表现和家庭情况等，做好培养教育工作，引导入党积极分子端正入党动机。不纯的入党动机主要有："荣誉"型的入党动机，即认为当党员光荣，入了党个人和家庭都光彩，在亲戚朋友面前也好看；"从众"型的入党动机，即看到周围一些政治上要求进步、业务成绩拔尖的同志都提出了申请，觉得自己也应该随大流要求入党；"报恩"型的入党动机，即认为现在政策好，自己富起来了，为报答党的恩情要求入党；"功利"型的入党动机，即认为入党后考公务员、进国企是一个加分项，也有的认为入了党，容易受重用，提拔快等。要求入党的广大青年要引以为戒，不断思考自己入党的动机，把错误的入党动机消除在萌芽状态。

只有为实现共产主义、全心全意为人民服务而要求入党才是正确的动机，因为它与党的性质、宗旨、奋斗目标和党员条件是一致的。申请入党的青年大学生只有树立了正确的入党动机，符合党章规定的党员条件，入党后才能发挥一个共产党员应有的作用，从而保证党的先进性和纯洁性，增强党的战斗力。

江灿学长简介：

江灿，中共党员，国际学院电子信息工程 2019 级本科生，校青年马克思主义工程"科大英才"班学员，电信 1902 班团支书。获校"优秀学生"特等奖学金、本专科生国家奖学金，获第六届物流技术(起重机)创意赛国家级一等奖、全国大学生机械创新设计大赛国家级二等奖、全国三维数字化创新设计大赛国家级二等奖、美国国际大学生数学建模竞赛国家级二等奖(H 奖)、MathorCup 高校数学建模挑战赛国家级三等奖，保送为中国科学院大学硕士研究生。

拓展链接：
江灿：热爱跑步的他 跑进中国科学院大学

八、端正入党动机的途径和方法有哪些

小刘入校后，向辅导员表达入党意愿。辅导员告诉她，入党首先要端正入党动机。小刘想知道如何端正入党动机，途径和方法有哪些。

小刘有很多疑惑。

潘烨学姐告诉你：

正确的入党动机，既不是天生的，也不是后天自然形成的，而是在不断学习、实践和改造主观世界的过程中逐渐形成的。树立正确的入党动机，应该努力做到以下三个方面。

第一，加强理论修养，奠定树立正确入党动机的思想基础。要认真学习马克思列宁主义、毛泽东思想、邓小平理论、"三个代表"重要思想、科学发展观和习近平新时代中国特色社会主义思想。

第二，要通过实践锻炼，在火热的生活中端正入党动机。要积极投身于建设中国特色社会主义伟大事业的实践，来加深对共产主义事业的认识，强化正确的入党动机。

第三，用正确的入党动机克服不正确的入党动机。要主动向党组织靠拢，争取党组织对自己的帮助，通过接受党的教育、实践锻炼和自我思想改造，发扬积极因素，克服消极因素，把不正确的动机改正过来。

端正入党动机，不是入党前一时的问题，而是一辈子的事情。每个要求入党的同志，不论组织上是否入了党，都应做到首先在思想上真正入党；而且要长期地注意检查自己的入党动机，克服那些不正确的思想，绝不能"入党前拼命干，入党后松一半"。

潘烨学姐简介：

潘烨，中共党员，理学院统计学 2021 级硕士研究生，担任院研究生党支部书记，获湖北省 2022 年暑期"三下乡"社会实践活动"先进个人"、武汉科技大学"三八红旗手""优秀共产党员""优秀毕业生""优秀学生"等称号，多次获得国家励志奖学金，第九届 MathorCup 高校数学建模挑战赛二等奖、亚太地区大学生数学建模大赛三等奖、全国大学生数学建模竞赛湖北赛区三等奖等。

九、"两个确立""四个意识""四个自信""两个维护"具体内容是什么

小章入校时就向党组织递交入党申请书，在平时的学习中，她经常看到"深刻领会'两个确立'的决定性意义""党员干部要增强'四个意识'、坚定'四个自信'、做到'两个维护'"等表述，她想知道具体内容是什么？

李思倩学姐告诉你：

"两个确立"，指确立习近平同志党中央的核心、全党的核心地位，确立习近平新时代中国特色社会主义思想的指导地位。这是中国共产党第十九届中央委员会第六次全体会议中提出的，反映了全党全军全国各族人民的共同心愿，对新时代党和国家事业发展、对推进中华民族伟大复兴历史进程具有决定性意义。[①]

"四个意识"，指政治意识、大局意识、核心意识、看齐意识，是 2016 年 1 月 29 日中共中央政治局会议最早提出来的。全党同志要增强政治意识、大局意识、核心意识、看齐意识，切实做到对党忠诚、为党分忧、为党担责、为党尽责。

"四个自信"，即中国特色社会主义道路自信、理论自信、制度自信、文化自信，是习近平总书记在庆祝中国共产党成立 95 周年大会上提出的，是对党的十八大提出的中国特色社会主义"三个自信"的创造性拓展和完善。

"两个维护"是指坚决维护习近平总书记党中央的核心、全党的核心地位，坚决维护党中央权威和集中统一领导。[②]

李思倩学姐简介：

李思倩，中共党员，马克思主义学院马克思主义理论专业 2020 级硕士研究生，曾担任马院 2001 班团支部书记和学院研究生党支部副书记。曾获校"优秀共青团员""模范共青团干部""我身边的好团支书""优秀研究生""优秀研究生标兵""三八红旗手"等荣誉称号。累计参与多项重点课题和研究项目，发表学术论文 3 篇，多次受邀参加学术论坛。

---

① 中国共产党第十九届中央委员会第六次全体会议公报[EB/OL].［2021-11-11］. http://www.gov.cn/xinwen/2021-11/11/content_5650329.htm.

② 施芝鸿."四个意识""四个自信""两个维护"是相辅相成的整体[N].中国纪检监察报，2020-3-12(5).

十、如何理解新时代新征程中国共产党的使命任务

小张在学习党的二十大报告时，看到报告中写道："从现在起，中国共产党的中心任务就是团结带领全国各族人民全面建成社会主义现代化强国、实现第二个百年奋斗目标，以中国式现代化全面推进中华民族伟大复兴。"他想了解，究竟如何理解新时代新征程中国共产党的使命任务？

闻健学长告诉你：

这是我们党作出的郑重宣示，是激励全党全国各族人民奋进新征程、建功新时代的总动员令。

中国共产党自成立以来，团结带领中国人民所进行的一切奋斗，就是为了实现国家富强、人民幸福，把我国建设成为社会主义现代化强国、实现中华民族伟大复兴。经过党和人民持续奋斗，我们如期全面建成了小康社会、实现了第一个百年奋斗目标，迈上了全面建设社会主义现代化国家新征程，正向着实现第二个百年奋斗目标奋勇前进。必须紧紧把握新时代新征程党的中心任务，集中一切力量，排除一切干扰，坚持以中国式现代化全面推进中华民族伟大复兴。

党的二十大报告对全面建成社会主义现代化强国明确了"分两步走"总的战略安排，从 2020 年至 2035 年，基本实现社会主义现代化；从 2035 年至 21 世纪中叶，把我国建成富强民主文明和谐美丽的社会主义现代化强国。①

闻健学长简介：

闻健，中共党员，计算机科学与技术学院软件工程 2017 级本科生。曾任院学生会主席。多次获校"优秀学生"二等奖学金，获 2020 年"全国最美大学生"，获学校"模范共青团干""优秀学生""十大魅力学子·最佳人气奖"等荣誉称号，获高等数学竞赛校级一等奖、省级二等奖、国家级三等奖、华中地区数学建模三等奖以及"互联网+"校级银奖和铜奖。

第二节 入党条件，你具备吗？

一、年龄未满 18 周岁，可以申请入党吗

小何大一入学不久就向党组织递交了入党申请书，但支部因其写申请书时未满

---

① 党的二十大文件汇编[M]. 北京：党建读物出版社，2022：18.

18 周岁并没有接受他的申请，因此他有些疑惑。

凡畅畅学长告诉你：

根据《中国共产党章程》和《中国共产党发展党员工作细则》，年满 18 岁的中国工人、农民、军人、知识分子和其他社会阶层的先进分子，承认党的纲领和章程，愿意参加党的一个组织并在其中积极工作、执行党的决议和按期交纳党费的，可以申请加入中国共产党。由于小何未满 18 周岁，需要在自己年满 18 周岁后再向党组织正式递交入党申请书。

凡畅畅学长简介：

凡畅畅，中共预备党员，生命科学与健康学院生物技术 2019 级本科生，学生安全自治委员会主任，校青年马克思主义工程"科大英才"班学员，曾任院学生会学研部负责人，现任生物技术 1901 班学习委员。获武汉科技大学"优秀学生"三等奖学金。曾获湖北省天门市"优秀返乡志愿者"、校"优秀学生干部"等荣誉称号。曾获第十届化学实验技能竞赛一等奖、第九届微视频大赛二等奖。

二、不是共青团员可以入党吗

小吴由于中学阶段未加入中国共产主义青年团，来到大学之后，看到很多同学都在写入党申请书，他也萌生了加入党组织的愿望，可是却被告知他还不能参加团组织"推优"，这让他很是疑惑。

彭九九学长告诉你：

团组织"推优"工作已经逐步成为党组织发展青年党员的主要渠道，共青团员成为党组织发展青年党员的主要来源，28 周岁以下青年入党，一般应从团员中发展；发展团员入党一般应经过团组织推荐。《共青团推优入党工作实施办法（试行）》规定，团龄满一年才可以申请推优入党，小吴还不是共青团员，他需要入团满一年才能参加推优。

彭九九学长简介：

彭九九，中共党员，机械自动化学院机械工程 2022 级硕士研究生。曾任武汉科技大学第九届研究生支教团队长，获"2021—2022 年度大学生志愿服务西部计划优秀志愿者""优秀班主任"称号。本科期间曾任武汉科技大学学生会副主席、院学生会主席、校广播电视台副台长，获"材谷金带"优秀学生干部奖学金，获"挑战杯"大学生课外学术科技作品竞赛全国二等奖、全国 3D 大赛全国二等奖、"挑战杯"大学生创业计划竞赛全国铜奖、湖北省机械创新设计大赛二等奖。

三、学校党员发展有名额要求吗

小宋在大一入校后就向党组织递交入党申请书，她听学长说，大学生党员发展比例很低，她想知道党员发展会划分名额吗？

彭静怡学姐告诉你：

按照党章规定，党员发展要按照"坚持标准、保证质量、改善结构、慎重发展"的十六字方针，做到成熟一个、发展一个。

入党要求政治上自愿，思想上成熟，每位同学的思想状况、能力水平、觉悟程度都不一样，也不可能在同学中间以比例划分入党名额，党员也不同于荣誉称号，党员意味着终身的责任。

党组织会培养、考察、吸纳合适的入党积极分子，作为想要入党的大学生，要做的就是坚定理想信念，努力学习，积极实践。

彭静怡学姐简介：

彭静怡，中共党员，外国语学院英语 2020 级本科生，湖北省"青年马克思主义者培养工程"第九期学员，任两届学院团委副书记。她于 2021 年度荣获"中国大学生自强之星""湖北省大学生自强之星标兵"；2021 年担任领队带领团队获湖北省暑期"三下乡"社会实践活动优秀团队；2022 年荣获第六届中国青年志愿服务项目大赛银奖；获校"三八红旗手""模范共青团干部""学雷锋标兵""先进个人""优秀志愿者"等荣誉称号。

拓展链接：
又美又飒！她是武科大姑娘彭静怡！

四、大学生有宗教信仰，是否可以入党

小艾因家庭影响信仰宗教，并且有参加宗教活动的行为。入校后，该生向学院递交了入党申请书，学院党委经过研究，认为该生虽然综合表现十分突出，但是因为她有宗教信仰，并参与宗教活动，故不能入党，小艾有些疑惑。

陈修齐学长告诉你：

共产党员是工人阶级的有共产主义觉悟的先锋战士，是唯物论者和无神论者，必须树立辩证唯物主义和历史唯物主义的世界观，树立共产主义人生观。而宗教信仰是唯心主义的世界观，与共产党人世界观有着本质区别，它宣扬的是唯心主义和有神论。因此，共产党员不得信仰宗教。信仰宗教和有浓厚宗教感情的人不能发展入党。

陈修齐学长简介：

陈修齐，中共党员，信息科学与工程学院自动化(卓越计划)2020 级本科生，Robomaster 机甲大师崇实战队队长。曾获校优秀学生标兵、优秀学生等荣誉称号。

获 Robomaster 2022 机甲大师高校单项赛全国赛国家级一等奖（亚军）、Robomaster 2022 机甲大师高校单项赛区域赛（东部赛区）省级一等奖（冠军）、全国大学生英语竞赛 C 类国家二等奖、美国大学生数学建模竞赛 H 奖、APMCM 亚太地区大学生数学建模竞赛三等奖等多项国家级省级奖项。

五、未来两年有出国的打算，可以申请入党吗

小王是大二学生，自入校以来，一直希望自己能够加入中国共产党。但是小王计划毕业后出国深造，他不清楚自己的这种规划与入党是否有冲突。

马贝贝学姐告诉你：

根据《中国共产党章程》和《中国共产党发展党员工作细则》，入党和出国不冲突，能否入党主要看入党申请人的个人条件是否成熟。《中国共产党发展党员工作细则》规定：发展对象未来三个月内将离开工作、学习单位的，一般不办理接收预备党员的手续。从时间上来说，只要未来两年内不出国是不影响的。如果在国内发展成为党员之后出国，按照流动党员的要求进行管理。

马贝贝学姐简介：

马贝贝，中共党员，信息科学与工程学院信息与通信工程 2020 级硕士研究生。已在期刊 *Journal of Alloys and Compounds* 发表中科院二区 SCI 论文一篇，以第二作者（导师一作）发表 2 篇 SCI 论文。此外，参与项目"磁性 MXene 构筑及其电磁波吸收机理研究"已获湖北省自然科学基金面上项目审批。担任信息学院研究生第一党支部纪检委员职务。获得 2022 年研究生国家奖学金，曾获武汉科技大学"学业一等奖学金""优秀研究生标兵""优秀共青团员""优秀研究生干部"等多项荣誉。

六、写入党申请书应该注意些什么

小杨大一进校后各方面表现突出，向辅导员表达入党意愿，辅导员告诉她，入党的第一步是要向党组织递交入党申请书。怎么写好入党申请书，小杨有很多困惑。

艾晨杨学姐告诉你：

根据《中国共产党章程》和《中国共产党发展党员工作细则》，坚持入党自愿原则。写入党申请书主要是申请人要向党组织表达自己为什么要入党，包括自己对党的认识和入党动机。

第一，必须对党忠诚老实。申请书的内容必须真实可靠。应该坦率地、如实地向党说明自己的历史以及本人有关的情况。绝对不能弄虚作假，甚至隐瞒重要情节。政治上不诚实的人，没有资格做一名光荣的共产党员。

第二，要真实反映自己的思想和认识。要向党组织交心，讲真话。不要追求文字华丽，要联系自己的真实思想认识来谈入党动机。

第三，递交申请书后，要经得起组织的考察。党组织对每个要求入党的同志都要进行认真的了解和考察，并在一个月内派党支部书记、组织员等与其谈话，了解申请人的基本情况，介绍入党条件和程序，加强教育引导。

第四，入党申请书要用正规稿纸，本人用黑色水笔书写，所有材料中字迹前后一致。第一行居中写标题"入党申请书"，第二行顶格写上称呼："敬爱的党组织"，最后的落款写上自己的姓名和申请日期（截至申请之日，满十八周岁）。要如实说明自己的政治历史和个人、家庭经历。

艾晨杨学姐简介：

艾晨杨，中共党员，医学院药学（产业计划）2019 级本科生。获国家奖学金一次，连续三年获校特等奖学金，先后获评"优秀共青团干""优秀学生标兵""优秀党员""优秀志愿者"等荣誉称号。承担省级大学生创新创业训练计划一项及独立课题一项。发表英文 SCI 论文 1 篇，影响因子 6.005。2022 年暑假以专业第一的成绩收到来自北京协和医学院（清华大学医学部）、中国科学院药物研究所、复旦大学、华中科技大学、中山大学、厦门大学等 9 所大学拟录取通知，最终直博北京协和医学院。

拓展链接：
艾晨杨：手握 8 份名校 offer 直博北京协和医学院

七、入党的首要标准是什么

进入大学后，小齐想知道，是不是只要学习成绩好就可以入党？

徐晨杰学长告诉你：

根据《中国共产党章程》和《中国共产党发展党员工作细则》，坚持党章规定的党员标准，始终把政治标准放在首位，注重思想入党，是发展党员工作的根本要求，也是保持党的先进性、纯洁性的重要保证。该细则在党员标准上明确提出，党的基层组织应当吸收具有马克思主义信仰、共产主义觉悟和中国特色社会主义信念，自觉践行社会主义核心价值观的先进分子入党。在培养教育过程中，要教育引导入党积极分子端正入党动机，确立为共产主义事业奋斗终身的信念。

徐晨杰学长简介：

徐晨杰，中共党员，材料与冶金学院能源与动力工程 2019 级本科生。现任材料与冶金学院本科学生五支部委员会宣传委员，曾任学院科技部部长。2021 年和

2022 年获武汉科技大学特等奖学金。先后获得武汉科技大学"优秀学生标兵""优秀学生干部""三下乡先进个人"等多项荣誉称号。2021 年获得全国大学生冶金科技竞赛二等奖，并连续两年获得全国大学生节能减排社会实践与科技竞赛三等奖，授权实用新型专利一项，申请发明专利两项，现已保研至东南大学。

八、入党对学习成绩有哪些要求

小云大一期末考试有一门课程不及格，看着自己的成绩单，她非常担心因为"挂科"而影响自己入党。

孔泽众学长告诉你：

《中国共产党发展党员工作细则》中明确规定，党的基层组织应当把吸收具有马克思主义信仰、共产主义觉悟和中国特色社会主义信念，自觉践行社会主义核心价值观的先进分子入党，发展党员工作的总要求是"控制总量、优化结构、提高质量、发挥作用"，坚持党章规定的党员标准，始终把政治标准放在首位。[①] 各级党组织根据《中国共产党章程》等党内有关规定的基础上，制定党员发展的细则。高校党组织制定的学生党员发展细则要严格按照党章的规定，并且结合学生特点，从思想政治、能力素质、道德品行、现实表现等方面进一步明确党员的具体标准，坚持成熟一个发展一个。因此，积极向党组织靠拢的同学要认真学习专业知识，在同学中发挥先锋模范作用，体现先进性。小云目前还有不及格课程，说明小云还不能够在各方面起到模范带头作用，需要在学习上继续努力，通过不及格课程，但成绩不是入党的首要和唯一标准。

孔泽众学长简介：

孔泽众，中共党员，艺术学院艺术设计 2020 级研究生，曾担任院研究生会主席、研究生党支部宣传委员、武汉科技大学青年志愿者服务总队副队长、第 22 届研究生支教团成员。获第七届世界军人运动会"标兵志愿者"称号，多次获得校"标兵青年志愿者""优秀志愿者""优秀学生干部""优秀共青团员"等称号，获第十届未来设计师大赛湖北赛区二等奖、湖北省青年美术作品展暨当代潮玩艺术展优秀奖，以第一作者授权专利一项。

九、考试违纪会影响入党吗

小向在考试过程出现违纪行为，根据学校相关规定，给予警告处分。小向事后很后悔，此行为是否会影响入党？

---

① 参见《中国共产党发展党员工作细则》第一章第三条。

乔宇学长告诉你：

发展党员是一项政治性、政策性、原则性、程序性很强的工作。《中国共产党发展党员工作细则》对发展对象的确定和考察提出了具体要求：始终把政治标准放在首位，并按照成熟一个、发展一个的原则吸纳优秀人才入党。小向在考试时出现违纪行为，说明现阶段离党员的政治标准存在差距，需进一步端正入党动机，更加严格要求自己。在小向警告处分解除前不予发展，在其警告处分解除后，经过党组织考察合格，认为其具备党员条件才能发展。

乔宇学长简介：

乔宇，中共党员，资源与环境工程学院 2020 级研究生，资源与环境工程学院党务助理，学院学生党总支主任，原学院研究生第二党支部书记，2021 年湖北省大学生党员骨干培训班学员，获得武汉科技大学"优秀共产党员""优秀共青团员""优秀研究生""优秀研究生干部"等荣誉，发表专业论文 4 篇，思政论文 2 篇，受理 1 项发明专利。

十、为什么党员要对党忠诚老实

小南在观看党风廉政教育影片，注意到影片中经常提到要对党忠诚老实，小南开始思考对党忠诚老实的具体要求是什么。

刘沛琦学姐告诉你：

党章中明确指出，共产党员要"对党忠诚老实，言行一致"。这不仅是对每个党员的要求，也是对每个申请入党的人的要求。所谓"忠诚老实"，就是要襟怀坦荡，光明磊落，忠于党和人民，忠于社会主义和共产主义事业，不弄虚作假，不隐瞒自己对问题的看法，如实向党反映情况，不掩饰自己的缺点和错误。这是党对加入自己队伍的每个成员的基本要求。

对党忠诚老实是由党的性质所决定的。党除了谋求工人阶级和广大人民群众的利益之外，没有自己的特殊利益。每个申请入党的人必须对党忠诚老实，这是实现党的目标任务需要。建设中国特色社会主义需要每个申请入党的人都能忠实贯彻执行党的路线、方针、政策，在政治上、思想上、行动上同党中央保持高度一致。当前，党风不正的表现之一，就是对党不说心里话，言行不一。这种现象必须坚决克服和纠正，必须从申请入党的人开始抓起。只有每个党员和每个申请入党的人都能跟党同心同德，才能真正提高党组织的战斗力。

刘沛琦学姐简介：

刘沛琦，中共党员，物业管理专业 2019 级本科生，曾任院权保部负责人、院团委副书记等。在校三年综合排名为专业第一，多次获得校特等奖学金、辉玲奖学金等荣誉以及"优秀共青团员""优秀学生干部""学习标兵"等称号，现已保送至广西大学。曾以第一作者身份发表论文，所撰写的社会调研报告也被推送至中央团校教育部。获"全国企业竞争模拟大赛"国家级二等奖、"节能减排社会实践大赛"国家级二等奖、"第八届中国互联网+大学生创新创业比赛"省级二等奖等共四项国家级奖励、六项省级奖励。

第三节　入党程序，你清楚吗？

一、在校大学生可以向家庭所在地党组织递交入党申请书吗

小戚是一名大二学生，一直对加入党组织深深向往，时刻严格要求自己，积极向党组织靠拢。上学期由于种种原因没有加入党组织，于是寒假在家时，她想向家庭所在地党组织递交入党申请书，但被告知应该向所在学校党组织递交，她有些不解。

陈贤展冲学长告诉你：

在校大学生的日常学习和生活时间主要集中在学校，为便于党组织对其进行培养教育和考察，在校学生应当向所在学校的党组织递交入党申请书、提出入党申请。

陈贤展冲学长简介：

陈贤展冲，中共党员，城市建设学院土木工程 2019 级本科生，入选校拔尖人才培育计划。现任中共武汉科技大学城市建设学院本科生第一支部委员会书记，曾任武汉科技大学学生会执行主席。获学校"模范共青团干部""优秀共青团员""优秀学生""优秀学生干部"等多项荣誉称号。获全国三维数字化创新设计大赛省级一等奖、第四届大学生桥梁设计大赛最佳结构设计奖国家级优秀奖等奖项。

拓展链接：

陈贤展冲：实践出真知 做行动上的"巨人"

二、大学生确定入党积极分子为什么要经过团组织推荐

小天是大一新生，已通过团支部推优大会被推选为入党积极分子人选，但是他也很疑惑团支部同学大多是团员，为什么能够推荐他为入党积极分子人选呢？

张小英学姐告诉你：

团组织推优工作，是党对共青团提出的要求，也是共青团作为党的助手和后备

军在工作中的具体体现。《共青团推优入党工作实施办法（试行）》第三条规定，团的基层组织应把"推优"作为一项经常性重要工作。认真落实"28 周岁以下青年入党，一般应从团员中发展；发展团员入党一般应经过团组织推荐。使'推优'工作逐步成为党组织发展青年党员的主要渠道，使共青团员成为党组织发展青年党员的主要来源"的要求。28~35 周岁青年入党，一般应听取申请人所在单位或所在团组织意见。同时，从团支部推优大会中推荐的是入党积极分子人选和发展对象人选，确定入党积极分子，由党支部委员会（不设支部委员会的由支部大会）研究决定，并报上级党委备案。

张小英学姐简介：

张小英，中共党员，法学与经济学院社会工作专业 2020 级本科生。2019 年参军入伍，服役于联勤保障部队。2020 年参加全军比武获单项第一受中央军事频道采访，服役期间获副军级"练兵备战先进个人"、营级"四有"优秀士兵荣誉称号。就读期间，获湖北省大运会第二名、大学生田径运动会第五名；获校"优秀共青团员""优秀学生标兵""优秀学生干部""优秀教官""三八红旗手""劳动之星"荣誉称号，连续两年获"优秀学生一等奖学金"。

三、入党积极分子是如何确定的

小薛学习能力强，团结同学。入学后，递交入党申请书，他想弄清楚在入党申请人中确定入党积极分子的流程是什么。

胡晨瑄学姐告诉你：

《中国共产党发展党员工作细则》第八条对确定入党积极分子做出了明确要求，一般有以下程序：

（一）采取党员推荐、群团组织推优等方式，从入党申请人中推荐入党积极分子人选。

（二）党支部认真听取有关方面意见。

（三）支部委员会（不设支部委员会的由支部大会）充分讨论，研究决定入党积极分子。

（四）党支部将入党积极分子有关情况报上级党委备案。

胡晨瑄学姐简介：

胡晨瑄，中共党员，财务管理专业 2019 级本科生，曾任 2019 级辅导员助管、2021 级新生班级助理等。在校三年综合排名为专业第一，曾获得过国家奖学金、校特等奖学金、辉玲奖学金等荣誉，获"优秀共青团员""优秀学生干部""学习标兵"等称号，获 MBA 赛道全国大学生企业经营模拟大赛国家级特等奖、"精英杯"企业经营分析与决策技能大赛国家级二等奖、第十四届"创新创业"全国管理决策模拟大赛国家级三等奖等数十余项国家级、省级奖项，已保送至武汉理工大学。

四、成为一名中国共产党员要经过哪些程序

小杜担任团支部书记，政治立场坚定、学习成绩优秀、工作能力突出、群众基础深厚。思想上要求进步的愿望强烈，积极向党组织靠拢，他想知道成为一名中国共产党员，需要经过哪些程序？

白浩珂学长告诉你：

根据《中国共产党发展党员工作细则》，发展党员工作必须经过申请入党、入党积极分子的确定和培养教育、发展对象的确定和考察、预备党员的接收和预备党员的教育考察和转正这五个环节，其具体的主要程序包括：

发展党员工作流程和注意事项

发展党员工作流程

一、申请入党	二、入党积极分子的确定和培养教育	三、发展对象的确定和考察	四、预备党员的接收	五、预备党员的教育考察和转正
1.递交入党申请书	3.确定入党积极分子	7.确定发展对象	12.支部委员会审查	19.编入党小组
2.党组织派人谈话	4.上级党委备案	8.上级党委预备	13.上级党委预审	20.入党宣誓
	5.指定培养联系人	9.确定入党介绍人	14.填写入党志愿书	21.继续教育考察
	6.培养教育考察	10.进行政治审查	15.支部大会讨论	22.提出转正申请
		11.开展集中培训	16.上级党委派人谈话	23.支部大会讨论
			17.上级党委审批	24.上级党委审批
			18.再上一级党委组织部门备案	25.材料归档

拓展链接：
中国共产党发展党员工作流程图

白浩珂学长简介：
白浩珂，中共党员，机械自动化学院机械电子工程（产业计划）2020 级本科生，

机电产业 2001 班班长。获"冶金 77"优秀学生二等奖学金，获"首安创新奖"二等奖学金，获校"优秀学生标兵""优秀学生""优秀团员"荣誉称号，获全国 3D 精英联赛国家一等奖，获全国大学生成图大赛国家三等奖，获全国大学生英语竞赛国家三等奖。

五、为什么入党积极分子要满一年才能确定为发展对象

小何被确定为入党积极分子以来，各方面表现突出。最近学院开办了发展对象培训班，他也想参加，但培养联系人告诉他，入党积极分子须满一年才能确定为发展对象。对此，他有些疑惑。

熊仁毅学长告诉你：

入党积极分子经过一年以上的培养教育和考察，才可列为发展对象，这是保证新党员质量的一项重要措施。申请入党的人被确定为入党积极分子后，党组织要对他们进行党的基本知识和基本路线的教育，使他们懂得党的性质、纲领、指导思想、宗旨、任务、组织原则和纪律，懂得党员的义务和权利；要帮助入党积极分子端正入党动机，树立为共产主义事业奋斗终身的信念；要通过多种方法和途径对入党积极分子进行认真的考察和审查。要做好这些工作，需要一定的时间。

熊仁毅学长简介：

熊仁毅，预备党员，化学与化工学院生物工程（产业计划）2020 级本科生，曾任化工学院团委副书记。获校"优秀学生"一等奖学金、校"模范共青团干部""优秀学生标兵""暑期社会实践先进个人"等荣誉称号，获全国大学生英语竞赛国赛二等奖、全国大学生生命科学竞赛国赛一等奖等科技竞赛奖项。

六、为什么要对要求入党的积极分子进行定期考察？考察的主要内容是什么

小李已经被确定为入党积极分子，培养联系人告诉他每个季度应向党组织汇报一次思想和工作情况。他想知道为什么党组织要对入党积极分子进行定期考察？考察的主要内容是什么？

汪诗琴学姐告诉你：

入党积极分子向党组织提出入党申请，只是向党组织表明自己的政治态度和入党愿望。要衡量入党积极分子是否具备党员条件，不仅要看他向党组织表达的愿望和态度，更重要的是要看他的真实思想和实际行动。要全面及时地了解和掌握入党积极分子的真实思想和实际行动，就要对入党积极分子的表现情况进行定期考察。对入党积极分子进行定期考察是对其声明和行动是否统一的检验。这是保证发展新

党员的质量，防止不符合党员条件的人进入党内的重要措施。

党组织对入党积极分子定期考察的主要内容是：入党积极分子的政治觉悟、道德品质、入党动机、工作学习情况和现实表现等。

党支部一般每半年对入党积极分子考察一次，考察结果要有记载，作为衡量入党积极分子是否具备党员条件的重要依据。

汪诗琴学姐简介：

汪诗琴，中共党员，计算机科学与技术学院 2021 级博士生。2020 年获研究生国家奖学金。成功申请国家级、校级大学生，研究生创新训练项目三项，发表 SCI 三区论文 1 篇和 CCFB 类期刊论文 1 篇，硕博连读期间在第四届中国计算机学会武汉优秀博士生论坛荣获二等奖，获得 2021 年湖北省第十三届大学生课外学术科技作品竞赛"挑战杯·中国银行"特等奖、第十七届"挑战杯"全国大学生课外学术科技作品竞赛二等奖。

七、发展党员要不要进行政治审查？政治审查的范围、内容和方法是什么

小朱被确定了发展对象后，培养联系人问其直系亲属户籍所在地和居住地基层党组织的地址，准备对其进行政治审查。小朱找辅导员询问，除了对其直系亲属进行函调外，政治审查还包括哪些内容？

郭帅学长告诉你：

党组织对发展对象进行政治审查，是发展党员的基本程序之一。任何忽视对发展对象进行政治审查，或者草率地对待政治审查的思想和行为，都是对党、对发展对象不负责任的表现。

《中国共产党发展党员工作细则》第十六条规定：党组织必须对发展对象进行政治审查。

政治审查的主要内容是：对党的理论和路线、方针、政策的态度；政治历史和在重大政治斗争中的表现；遵纪守法和遵守社会公德情况；直系亲属和与本人关系密切的主要社会关系的政治情况。政治审查的基本方法是：同本人谈话、查阅有关档案材料、找有关单位和人员了解情况以及必要的函调或外调。在听取本人介绍和查阅有关材料后，情况清楚的可不函调或外调。对流动人员中的发展对象进行政治审查时，还应当征求其户籍所在地和居住地基层党组织的意见。

政治审查必须严肃认真、实事求是，注重本人的一贯表现。审查情况应当形成结论性材料。

凡是未经政治审查或政治审查不合格的，不能发展入党。

郭帅学长简介：

郭帅，中共党员，国际学院机械工程 2019 级本科生。曾获国家奖学金、校特等奖学金、校一等奖学金。连续三年获校"优秀学生标兵"荣誉称号。取得实用新型专利 1 项，在 *Applied Sciences* 期刊和 *The 3rd International Conference on Computing Innovation and Applied Physics* 期刊上以第一作者的身份发表 SCI 论文和 EI 论文各一篇。获澜湄六国民族地区社会创业国际大赛国家一等奖、"外教社词达人杯"全国大学生英语词汇能力大赛国家二等奖，已保送重庆大学硕士研究生。

八、发展对象有触犯法律被判刑的直系亲属，是否影响本人加入党组织

小北各方面表现优秀，有良好的群众基础，但其父亲半年前因涉嫌赌博罪情节严重被判刑。小北感到很沮丧，她向党组织询问是否影响其入党。

潘杨学长告诉你：

对于发展对象的直系亲属被判刑的，党组织要具体情况具体分析，既不能不加分析，不看本人的现实表现，一概以本人家庭有问题为由拒绝吸收其入党；也不能未经认真考察了解，轻率地把他们吸收到党内来。对这些同志，如果经过较长时间考验，一贯表现较好，并且能正确认识被判刑的直系亲属所犯的错误，又确实具备党员条件，经党组织严格审查，可以吸收其入党。

潘杨学长简介：

潘杨，中共党员，理学院系统科学 2022 级研究生。曾任理学院学生会执行主席，"青年马克思主义者培养工程"第五期班长。获 2021 年校"模范共青团员""优秀学生"等荣誉称号。获"挑战杯"中国大学生创业计划竞赛银奖、"挑战杯"全国大学生课外学术科技作品竞赛银奖、中国"互联网+"大学生创新创业大赛湖北省银奖。

九、成为预备党员是否一定能够按期转为正式党员

小丁成绩优异，乐于助人，群众基础好，大二时被接纳为预备党员。大三时，他多次以各种理由，缺席支部活动。经党组织批评教育后，仍不能正确认识自己的缺点和错误。他想知道自己能不能按期转正。

王秀成学长告诉你：

党章规定，申请入党的人，要填写《中国共产党入党志愿书》，要有两名正式党员作为介绍人，要经过支部大会通过和上级党组织批准，并且经过预备期的考

察，才能成为正式党员。预备党员的预备期为一年。这是保证新党员质量的一项重要措施。党组织对发展对象虽然已经进行了一定时间的教育和考察，但他们入党后能否真正履行党员义务，执行党的决议，遵守党的纪律，在群众中发挥党员的先锋模范作用，还需要通过党的组织生活和实际锻炼，作进一步的了解和考察，看他们能否真正实践自己的入党誓言，确实符合党章规定的党员条件。因此，党章规定新党员都必须有预备期。

预备党员在预备期满时，如不完全具备正式党员条件，还有一些缺点和错误，而本人有决心改正，党组织认为应该继续考察，可延长预备期。延长预备期时间最多一年，最少半年。

延长预备期是十分严肃的事，需要经过支部党员大会讨论通过，作出延长预备期的决议，报上级党委批准。延长的时间是根据其问题确定的，延长预备期未满的预备党员不能提前转为正式党员。

王秀成学长简介：

王秀成，中共党员，马克思主义学院马克思主义理论专业 2020 级硕士研究生，曾担任马克思主义学院团委副书记、董研会宣传部干事、院研会宣传部部员。曾获校级"研究生先进个人""模范共青团干部""优秀研究生干部""优秀部员"等荣誉称号，参与多项重点课题并发表多篇论文。

十、入党需要宣誓吗

小李于 2019 年 5 月加入中国共产党，成为一名中共预备党员。党支部要求小李参加入党宣誓的仪式，他询问身边的同学："入党，必须要宣誓吗？"

郑好坤学长告诉你：

预备党员面向党旗进行入党宣誓，是发展党员工作的必经程序。这是党组织对预备党员入党后进行的一次庄严的、生动实际的党的观念的教育，也是预备党员进行自我教育的好形式。预备党员通过入党宣誓，表示自愿承担共产党员的政治责任，表明对党的事业的忠诚，可以使他们时刻用誓言来激励自己，终身牢记自己的誓言，并努力付诸实践。

预备党员必须面向党旗进行入党宣誓。誓词如下："我志愿加入中国共产党，拥护党的纲领，遵守党的章程，履行党员义务，执行党的决定，严守党的纪律，保守党的秘密，对党忠诚，积极工作，为共产主义奋斗终身，随时准备为党和人民牺牲一切，永不叛党。"入党宣誓仪式应在支部大会通过并经上级党委批准其为预备党员之后及时进行，如一个党委在短时间内连续批准了几名预备党员，可统一举行一次入党宣誓仪式。

郑好坤学长简介：

郑好坤，中共党员，汽车与交通工程学院车辆工程专业 2019 级本科生，现担任赤骥车队队长。大学期间，专业成绩排名第一，获校级特等奖学金 2 次。获得 2021 年中国大学生无人驾驶方程式大赛"最佳新秀奖""最佳工艺性设计奖"，获"2021 中国大学生电动方程式大赛"三等奖、"中国汽车工程学会巴哈大赛"三等奖、"全国三维数字化创新设计大赛"湖北省一等奖、"华中杯数学建模挑战赛"三等奖等奖项，现保送至东北大学机械工程与自动化学院。

第四节　这些概念，你能区分吗？

一、党籍和党龄有什么区别

小明在经过了入党积极分子培养考察等一系列环节后，被确定为发展对象，并顺利地参加了接收预备党员的支部大会。参加完支部大会后，小明认为自己有了党籍，但是不知道如何计算自己的党龄。

周佳丽学姐告诉你：

党籍，是指党员的资格，一个同志被批准入了党，就有了党籍。经上级党委批准后，从支部大会通过他为预备党员之日起，他就取得了党籍。

党龄，是指正式党员在党内生活和实际经历的时间，只有正式党员才能计算党龄。预备党员虽有党籍，但不计党龄。党籍和党龄二者之间是有区别的，不能混为一谈。

周佳丽学姐简介：

周佳丽，中共党员，材料与冶金学院无机非金属材料工程（卓越计划）2020 级本科生。现任无材卓越 2001 班班长，曾任学院团委办公室主任。曾获武汉科技大学特等奖学金，先后获武汉科技大学"优秀学生标兵""模范共青团干部""暑期社会实践先进个人"等多项荣誉。获第八届中国国际"互联网+"大学生创新创业大赛获省级金奖、第五届湖北省"我梦见——楚天创客"大赛金奖、第十二届"挑战杯"大学生创业计划竞赛省级银奖。

二、党费交纳标准是什么，学生党员党费如何交纳

小孔在大一上学期就被确定为入党积极分子，经过一年的考察期如期确定为发展对象，通过支部大会决议成为预备党员。关于党费交纳，她听到两种不同说法，一是自己可以交纳党费了，二是党费应从正式党员确立之日起交纳。小孔不清楚哪

种说法正确，她想知道，党费交纳的标准和方式是什么？

秦贝尔学姐告诉你：

按照党章规定，预备党员，除了没有选举权和被选举权，其他方面的权利义务与正式党员完全一致。所以预备党员从支部通过其为预备党员之日起，和正式党员一样要向所在支部交纳党费。参照《关于中国共产党党费收缴、使用和管理的规定》当前就读的高中(中专)、大专、大学本科学生党员，每月交纳党费0.2元。

秦贝尔学姐简介：

秦贝尔，中共党员，资源与环境工程学院2019级本科生，先后担任2019级本科生党支部书记、2019级本科生第二党支部书记、学院学生党总支委员，武汉科技大学第25届研支团成员。荣获多次"优秀团员""优秀学生标兵""优秀学生"暑期社会实践"先进个人"等荣誉称号，多次获得武汉科技大学优秀学生一等奖学金，积极参加校内外志愿活动。

三、组织上入党与思想上入党有什么区别

小胡成绩优秀，乐于奉献，入学以来，一直积极创造条件早日加入党组织。他经常听老师谈到入党不仅要做到"组织上入党"更要做到"思想上入党"，他感到很困惑，这两个词区别到底是什么呢？

薛沛然学长告诉你：

组织上入党，是指在经过严格的入党程序和组织考察后，党员身份的确定，这对于每名党员而言一生一次。思想上入党，则是每一个党员面临的终身课题，要做到一辈子思想不滑坡、精神不蜕变，就要不断提高马克思主义思想觉悟和理论水平，自觉抵制错误思潮的影响，始终坚持中国特色社会主义的道路自信、理论自信、制度自信、文化自信；坚定共产主义远大理想和中国特色社会主义共同理想，成为自己不断前行的动力；始终用党章、党规严格规范自己的行为；始终用实际行动做到对党忠诚、为党分忧、为党担责、为党尽责。[1]

薛沛然学长简介：

薛沛然，中共党员，医学院临床医学专业2018级本科生。连续两年获得校"优秀学生"级奖学金。在新冠疫情期间不幸感染，身为医学生的他，不忘党员身份，不忘初心使命，在出院康复后第一时间走进献血屋，捐出了400毫升血浆，以用于重症危重症新冠患者治疗。他用实际行动体现了党"全心全意为人民服务"的宗旨，

---

[1] 北京石油化工学院"强化大学生思想入党"课题组."知、情、信、意、行"维度的"强化大学生思想入党"内涵探析[J].内蒙古师范大学学报(教育科学版)，2017，30(7)：52-54.

他说：“希望有一天，我也能成为挡在病人前最坚实的盾牌！”

拓展链接：
“00后”大学生康复后捐献血浆：这是我该做的事情

四、入党申请人、入党积极分子、发展对象之间有什么联系和区别

小雷是一名大一学生，刚向组织递交了入党申请书，并了解到入党申请人、入党积极分子、发展对象三个阶段的名称，他想知道这三个阶段有什么区别和联系。

王梓涵学姐告诉你：

从发展党员过程来看，凡符合党章第一条规定，向党组织正式提出入党申请的人（一般应书面申请），均称“入党申请人”。

经党员推荐、群团组织推优等方式产生人选，由支部委员会（不设支部委员会的由支部大会）研究决定，可确定为“入党积极分子”。

党支部要将入党积极分子报上级党委备案，对他们一般应指定培养联系人，并有具体的培养教育计划和措施。对经过一年以上培养教育和考察，基本具备党员条件的入党积极分子，在听取党小组、培养联系人、党员和群众意见的基础上，经支部委员会讨论同意并上报上级党委备案后，对其中准备近期发展的，列为“发展对象”。

王梓涵学姐简介：

王梓涵，中共党员，艺术学院产品设计 2019 级本科生。曾任院学生会艺术团部长、大创武汉市沁云声浪科技文化有限公司艺术总监。本科期间，获得校级特等、一等奖学金和国家奖学金，多次获校“优秀学生标兵”“优秀部长”“毕业晚会优秀个人”“优秀共青团员”等荣誉称号。获第五届“义乌中国小商品城”杯国际小商品创意设计大赛湖北赛区金奖、第十六届中国合唱节青年混声组金奖、第七届全国大学生艺术节展演二等奖，在校期间获各类竞赛奖项共计 20 余项。

拓展链接：
能唱会画 没想过保研的她连续三年专业第一

五、培养联系人和入党介绍人必须相同吗

小兵因为成绩优异、工作表现突出，在大一下学期被确定为入党积极分子，支

部指定了两名正式党员作为小兵的培养联系人，大二下学期小兵被确定为发展对象后，支部又指定了另外两名正式党员作为小兵的入党介绍人。小兵想知道，培养联系人和入党介绍人必须相同吗？

陈锦涛学长告诉你：

根据《中国共产党发展党员工作细则》相关规定，党组织应当指定一至两名正式党员作入党积极分子的培养联系人，对经过一年以上培养教育和考察、基本具备党员条件的入党积极分子，在听取党小组、培养联系人、党员和群众意见的基础上，支部委员会讨论同意并报上级党委备案后，可列为发展对象。发展对象应当有两名正式党员作入党介绍人，入党介绍人一般由培养联系人担任，也可由党组织另行指定。所以小兵的入党介绍人是符合要求的。

陈锦涛学长简介：

陈锦涛，中共党员，化学与化工学院 2020 级硕博连读研究生。武汉科技大学团委副书记，化学与化工学院研究生会副主席。曾获得武汉科技大学"学雷锋标兵""优秀学生""优秀共产党员""模范共青团干部""优秀研究生标兵"等荣誉称号。参与湖北省自然科学基金等科研项目，发表会议论文 1 篇。

六、成为预备党员之后还是共青团员吗

小王学习成绩优异，工作能力突出，群众基础良好，经过培养考察后成为中共预备党员。但是小王疑惑自己现在是预备党员了，还是共青团员吗？

高铭学姐告诉你：

《中国共产主义青年团章程》第一章第一条："团员加入共产党以后仍保留团籍，年满二十八周岁，没有在团内担任职务，不再保留团籍。"团员入党后仍保留团籍，是党组织赋予青年党员的光荣职责，保留团籍的青年党员应参加党、团支部的组织生活和活动，出现冲突时，一般应参加党的组织生活和活动。保留团籍的青年党员从取得预备党员资格起，应交纳党费，可不交纳团费，但自愿交纳团费者不限。保留团籍的青年党员工作调动时，团组织关系随党组织关系自然转接。

高铭学姐简介：

高铭，中共党员，信息科学与工程学院通信工程 2019 级本科生。曾任信息学院本科生第六党支部书记，院青年志愿者行动促进中心委员。本科期间始终保持专业绩点第一，获国家奖学金。获校"优秀共青团员""优秀学生标兵""优秀学生""三八红旗手"等荣誉称号。获全国大学生英语竞赛国家级三等奖、第九届"大唐杯"全国大学生移动通信 5G 技术大赛湖北省赛区三等奖。

七、大学有党校和团校吗

小陆进入大学以来，学习优异，思想积极向上，是一名优秀的共青团员，他觉得自己党团理论知识不够，迫切想提高自己的理论水平，他向辅导员老师咨询学校是否有团校和党校。

葛子曦学长告诉你：

根据《中国共产主义青年团基层组织"三会两制一课"实施细则(试行)》，落实"三会两制一课"，是共青团保持和增强政治性、先进性、群众性的必然要求，是推进团要管团、从严治团的重要载体，是加强团员思想政治教育和自我教育，强化团员意识，提升基层团组织凝聚力和战斗力的制度保障。其中"一课"就是指团课，武汉科技大学团委严格落实"三会两制一课"制度，每年的11月份左右，校团委开设团校，组织专职团干教师为团员青年教授课程，为此，该校还出版了《新时期高校共青团工作理论与实践》作为团课教材。

武汉科技大学有自己的党校。《中国共产党党校(行政学院)工作条例》第二条指出："党校是党领导的培养党的领导干部的学校，是党委的重要部门。"高校党校肩负着为党的事业培养合格建设者和可靠接班人的重任，是宣传党的各项方针政策、开展党的基本理论教育的阵地，是锤炼党员党性的熔炉，是培养干部的摇篮。武汉科技大学党校坚持党校姓党、质量立校，每年对大学生开展入党启蒙教育，对入党积极分子、发展对象、预备党员、党员干部进行有计划分层次的培训，保质保量完成党员发展和教育培训任务。

葛子曦学长简介：

葛子曦，中共预备党员，体育学院体育教育2019级本科生。曾任武汉科技大学体育学院学生会主席、校篮球协会副会长及体育教育1901班学习委员，连续三年获得校级一等奖学金和一次国家奖学金。先后获得武汉科技大学"优秀学生标兵""优秀共青团员""学雷锋标兵"荣誉称号；参加全国大学生英语竞赛D类，获得国家级三等奖，在校期间多次获得体育竞赛奖项。

拓展链接：
体育学院保研第一人　创造自己的"曼巴精神"

八、入党积极分子和发展对象是政治面貌吗

小王在大一入学时便了提交入党申请书，11月份被推优成为入党积极分子。

培养考察期间，小王在填写奖学金申请表时想知道能否将自己的政治面貌填写为入党积极分子。

陈璐学姐告诉你：

政治面貌表明了一个在政治上的归属，是一个人的政治身份最直接的反映，是指一个人所参加的政党、政治团体；间接表明本人思想倾向、政治立场和政治观点。政治面貌主要用于个人人事档案、户籍等填写项目。

国家标准局发布了"政治面貌代码"，以适用于使用信息处理系统进行人事档案管理、社会调查、公安户籍管理等方面工作时信息处理之间的信息交换。政治面貌共分为中共党员、中共预备党员、共青团员、民革党员、民盟盟员、民建会员、民进会员、农工党党员、致公党党员、九三学社社员、台盟盟员、无党派人士、群众十三类。对于要求入党的同志来说，入党积极分子和发展对象是其入党前逐步具备党员条件的不同阶段，不属于政治面貌。

陈璐学姐简介：

陈璐，中共党员，外国语学院外国语言文学专业 2021 级研究生。学院第二届学生党务工作站站长，学院第十三届研究生会主席团成员。研究生期间先后获得校级研究生学业奖学金一等奖等奖励，获校级"优秀研究生干部""先进个人""三八红旗手"等称号。获第六届全国志愿服务项目大赛银奖和第六届湖北省志愿服务项目大赛银奖。发表 SCD 省级期刊一篇，参与省级教学科研项目两项。

拓展链接：

陈璐：微光送暖 点亮青春

九、入党申请书和入党志愿书有何区别

小熊接到党支部通知，要求他填写入党志愿书，拿到入党志愿书的那一刻，小熊回想起了曾经递交的入党申请书，心想入党申请书和入党志愿书有什么关联和区别呢？

卓情学姐告诉你：

根据《中国共产党章程》的规定，要求入党的同志必须亲自向党组织提出申请。申请可分为口头申请和书面申请两种形式。在通常情况下，申请入党的同志应写书面申请。

《中国共产党入党志愿书》是党组织接收和审批新党员的主要依据。它记载着申请入党人的入党申请、入党时的主要情况和入党审批过程。在上级党组织批准其转为正式党员以后，《中国共产党入党志愿书》要装入党员本人的档案中。

"入党志愿"，应紧扣三个方面的内容填写：一是对党的认识；二是政治信念、入党动机和心愿；三是对待入党的态度和决心。填写时，一定要紧密联系自己的思想实际，实事求是地写出自己思想认识的发展、变化过程和真实的思想情感，不能照抄有关资料，也不能简单地照抄入党申请书。

入党志愿书与入党申请书虽有些相同的内容，但也有明显不同之处。填写"入党志愿"时，发展对象已经经过党组织较长时间的系统教育和精心培养，并经历了一定的实践锻炼，思想认识等各方面都有了较大的提高，与写入党申请书时相比，已明显不同；两者的格式也不一样，填写"入党志愿"不需要像入党申请书那样要有标题、抬头、落款和日期。

卓情学姐简介：

卓情，中共党员，生命科学与健康学院生物学 2022 级研究生。曾任校团委社团管理部主席、生命科学与健康学院学生会主席，学校第五期"青马工程·英才领航班学员"。获"材谷金带"优秀学生干部奖学金、国家励志奖学金、校"优秀学生"三等奖学金。获"全国钢铁行业优秀共青团员"，获"生命科学创新创业大赛"国家二等奖及创新组三等奖、第十二届"挑战杯"中国大学生创业计划赛全国银奖、第六届中国"互联网+"大学生创新创业大赛湖北省银奖 1 项。

拓展链接：

卓情：学霸、自媒体达人、竞赛狂魔……这个斜杠青年不一般

十、预备党员的权利和义务与正式党员有什么不同

小赵大三上学期刚被党组织接收为预备党员，党组织告诉她需要一年的预备期，但是她不清楚这一年她到底和正式党员在权利和义务上有什么区别？

杨媛琦学姐告诉你：

《中国共产党章程》第三、四条对党员的义务和权利进行了详细的规定。预备党员的权利和义务和正式党员权利和义务的区别在于正式党员有表决权、选举权和被选举权，预备党员则没有。除此以外，在行使党员其他权利方面和在履行党员义务方面，预备党员和正式党员都是一样的。

杨媛琦学姐简介：

杨媛琦，中共党员，资源与环境工程学院地理信息科学专业 2020 级本科生。任院团委副书记，曾任院第十七届团学组织主席团成员。获校"优秀共青团员""模范共青团干部"等荣誉称号，共获校内各类荣誉奖项 30 余项。获第十二届 MathorCup 高校数学建模挑战赛本科组二等奖、2022 年全国大学生数学建模竞赛湖北赛区二等奖、第八届中国国际"互联网+"大学生创新创业大赛本科创意组国赛铜奖。

附 录

附录一 常用入党文书写法及范文

一、入党申请书

1. 申请人资格

(1)年龄在 18 岁以上的中国公民,由本人向党组织提出书面入党申请;

(2)承认党的纲领和章程;

(3)愿意参加党的一个组织并在其中积极工作;

(4)愿意执行党的决议;

(5)按期交纳党费。

2. 内容规定

(1)为什么要入党,主要写自己对党的认识和入党动机;对党的性质的表述一定要注意参考最新版的党章。

(2)自己的政治信念、成长经历和思想、工作、学习、作风等方面的情况;

(3)对待入党的态度和决心,主要写自己应该如何积极争取加入党组织,表明自己要求入党的决心和今后工作、学习、生活等方面的打算。

3. 格式与相关要求

(1)本人用黑色墨水笔手写,所有材料中本人的字迹要前后一致;

(2)第一行居中写上标题"入党申请书"五个字;第二行顶格写上称呼:"敬爱的党组织"。最后的落款要写上自己的姓名和申请日期。(截至申请之日,满十八岁)要如实地说明自己的政治历史和个人、家庭经历。

4. 党组织收到入党申请书后

(1)审查入党申请人资格和入党申请书内容，建立档案，妥善保存申请书，并登记入"党员发展管理表"。

(2)党组织应当在一个月内派人与入党申请人进行谈话，了解情况，帮助其提高思想觉悟，端正入党动机，介绍入党流程、党组织负责人和党的基本知识等，考虑到我校实际，可集中谈话(复印件加盖公章，分别存入档案)。

(3)加强教育引导。

参考格式：

入党申请书

敬爱的党组织：

我怀着十分激动的心情向党组织提出申请，自愿要求加入中国共产党，愿意为共产主义奋斗终身。

＊＊＊＊＊＊＊＊＊＊＊＊＊＊＊＊＊＊＊＊＊＊＊＊＊＊＊＊
＊＊＊＊＊＊＊＊＊＊＊＊＊＊＊＊＊＊＊＊＊＊＊＊＊＊＊＊
＊＊＊＊＊＊＊＊＊＊＊＊＊＊＊＊＊＊＊＊＊＊＊＊＊＊＊＊
＊＊＊＊＊＊＊＊

请党组织在实践中考验我！

此致

敬礼

申请人：＊＊＊

＊＊＊＊年＊月＊日

二、思想汇报

1. 内容规定与相关要求

(1)用武汉科技大学稿纸，本人亲自用黑色墨水写；

(2)从确定为入党积极分子开始，每个季度一篇；

(3)标题，即"思想汇报"；

(4)称呼，即"敬爱的党组织"或"＊＊党支部"；

(5)正文，主要写汇报的内容，一般包括：①对党的路线、方针、政策或对党在一个时期的中心任务的认识，包括不理解的问题。②完成某项重要任务后的收获和提高。③参加某项重要活动，或学习了某篇重要文章，或观看了某部影视片后，所受到的教育和体会，④在平时的工作、学习和生活中，遇到的困难和矛盾，产生的想法。⑤对本单位发生的重大问题、社会上的热点问题、国内外重大事件的认识和态度。⑥其他需要向党组织汇报的问题；

（4）落款，汇报人签名，并按公历时间写清年、月、日。

2. 写思想汇报应注意问题

（1）一定要实事求是，注意与时事政治相结合，真实地反映自己的思想；

（2）不能只写成绩、收获、进步和提高，也要如实反映自己的缺点和不足，以及对某些问题的模糊认识与疑惑，以便得到党组织的教育和帮助；

（3）要突出重点，避免写成流水账；

（4）一定要及时，汇报的要是自己最新的思想工作情况；

（5）最后可写上自己对党组织的请求和希望，也可进一步表达自己的入党的愿望和决心。

参考格式：

思想汇报

敬爱的党组织：

　　＊＊＊＊＊＊＊＊＊＊＊＊＊＊＊＊＊＊＊＊＊＊＊＊＊＊＊＊
＊＊＊＊＊＊＊＊＊＊＊＊＊＊＊＊＊＊＊＊＊＊＊＊＊＊＊＊＊＊
＊＊＊＊＊＊＊＊＊＊＊＊＊＊＊＊＊＊＊＊＊＊＊＊＊＊＊＊＊＊
＊＊＊＊＊＊＊＊

　　＊＊＊＊＊＊＊＊＊＊＊＊＊＊＊＊＊＊＊＊＊＊＊＊＊＊＊＊
＊＊＊＊＊＊＊＊＊＊＊＊＊＊＊＊＊＊＊＊＊＊＊＊＊＊＊＊＊＊
＊＊＊＊＊＊＊＊＊＊＊＊＊＊＊＊＊＊＊＊＊＊＊＊＊＊＊＊＊＊
＊＊＊＊＊＊＊＊

　　以上是我的一点学习体会和思想收获，恳请党组织继续加强对我的培养、教育和帮助。

汇报人：＊＊＊
＊＊＊＊年＊月＊日

三、自传

1. 自传的基本写法

自传，是自述生平和思想演变过程的文章，即把自己走过的生活道路、经历、思想演变过程等系统而又有重点地通过文字形式表达出来，是党组织全面地、历史地、系统地了解申请入党人的重要材料，是党组织审查吸收新党员必须具备的材料之一。自传的基本书写格式及内容通常如下。

(1)标题。居中写"自传"。

(2)正文。主要内容包括：

①个人成长经历。一般从小学或 7 周岁写起。要写明何时、何地在什么学校读书或从事什么活动；担任过什么职务；受过何种奖励或处分；何时、何地、何人介绍加入过何种进步组织、反动组织或封建迷信组织，任何职务，有何其他政治历史问题，结论如何；需要向党组织说明的其他问题等。

②个人思想演变过程。这是自传的主体部分。一般结合自己的成长经历，分阶段地写明思想演变过程。如对党的十九大以来党的路线、方针、政策的认识和态度，特别是党的近几次全国代表大会精神；对党的几代领导集体的感情和认识；学习邓小平理论、"三个代表"重要思想、科学发展观、习近平新时代中国特色社会主义思想以及上述思想理论对自己思想演变的影响；经党组织的培养教育所发生的思想变化等。通过以上这些思想演变过程的清理和回顾，总结成长进步经历，提高思想觉悟，明确今后的努力方向。

③家庭主要成员、主要社会关系的情况。家庭主要成员情况：主要指父母，已参加工作的兄弟姐妹，以及与本人长期生活在一起的亲属的职业和政治情况。主要社会关系情况：主要指与本人在政治上、经济上有直接联系的亲友等人的职业和政治情况。每个人的内容包括：与本人的关系、姓名、性别、出生年月、政治面貌、工作单位或居住地、职业或职务等。本部分内容附一个表格说明即可(关系+姓名+出生年月+政治面貌+工作单位)。

(3)结尾。本人要署名和注明日期，一般在正文下空一行后，居右书写姓名"＊＊＊"，下一行写"××××年××月××日"。

2. 写自传应注意的问题

(1)要坚持实事求是的原则。要如实写出自己的经历，实事求是地评价自己。不夸大、不缩小、不编造、不隐匿，包括时间、地点都要写清楚，一些重要事件要有证明人。

(2)要从实际生活中总结经验教训。写自传不单单是实录生活经历，应从自己思想变化的分析中，明辨是非，把握方向。经验教训不要干干巴巴，要寓理于叙事之中。

(3)写自传不能等同于写"履历"。自传要求比入党申请书写得更加详细，可以是夹叙夹议，对主要经历、情节要交代得具体。既要避免只直述经历不触及思想，又要避免平铺直叙，重点不突出，记流水账似的写法。应当主次分明，简繁得当。

附录二　大学生入党问卷调查

亲爱的同学，你好！为了更好地了解本书的阅读体验，便于后续修改，请扫描二维码填写问卷调查。本问卷采用无记名方式，请你如实填写。我们真诚地希望收到你的回复，感谢支持与帮助！

1. 你的年级

A. 大一　　　　　　　　　　　B. 大二

C. 大三　　　　　　　　　　　D. 大四

E. 研究生

2. 你的性别

A. 男　　　　　　　　　　　　B. 女

3. 你的政治面貌

A. 群众　　　　　　　　　　　B. 共青团员

C. 中共党员（含预备党员）

4. 你的专业

A. 文史类　　　　　　　　　　B. 经管类

C. 理工类　　　　　　　　　　D. 教育类

5. 你认为对大学生进行入党启蒙教育是否有必要？

A. 有必要，很感兴趣　　　　　B. 有必要，兴趣一般

C. 有必要，不感兴趣　　　　　D. 没必要，不感兴趣

6. 本书中你感兴趣的教育内容有哪些？（多选题）

A. 党的理论知识　　　　　　　B. 红色精神血脉

C. 党建特色活动　　　　　　　　D. 入党疑惑解答

7. 对本书中的先进党员模范典型，你认同吗？

A. 完全认同　　　　　　　　B. 比较认同

C. 不太了解　　　　　　　　D. 不认同

8. 读完本书对你坚定中国共产党的领导是否有帮助？

A. 很有帮助　　　　　　　　B. 较有帮助

C. 有一定的帮助　　　　　　D. 没有帮助

9. 你如何看待现阶段高校大学生党员发展比例？

A. 太高　　　　　　　　　　B. 较高

C. 适中　　　　　　　　　　D. 太低

10. 你对学校入党启蒙教育的方式评价如何？

A. 非常好　　　　　　　　　B. 比较好

C. 一般　　　　　　　　　　D. 不好

11. 你对学校实践精神谱系的探索与传承评价如何？

A. 非常好　　　　　　　　　B. 比较好

C. 一般　　　　　　　　　　D. 不好

12. 通过本书的学习，你现在是否有向党组织靠拢的强烈意愿？

A. 非常有　　　　　　　　　B. 比较有

C. 没有　　　　　　　　　　D. 不清楚

13. 通过本书的阅读，你认为大学生正确的入党动机应该是什么？

A. 政治信仰、使命担当

B. 出于对现实利益的考虑

C. 家人、长辈的期望与要求

D. 周围的人都积极入党，随大流

E. 其他_____

14. 你认为本书对新时代大学生端正入党动机是否有帮助？

A. 很有帮助 　　　　　　　　B. 较有帮助

C. 有一定的帮助 　　　　　　D. 没有帮助

15. 本书对你了解学校院系党建工作情况有帮助吗？

A. 有 　　　　　　　　　　　B. 一般

C. 没有 　　　　　　　　　　D. 不清楚

16. 你怎么看待本书第四章采取的案例分析方法？

A. 困惑自己的问题豁然开朗，大有裨益

B. 有很强的互动性，使得党课教材不再枯燥

C. 很一般，没多大新意

D. 不关注

17. 读完本书，你怎样看待个人思想成长与党建引领的关系？（多选题）

A. 两者互相联系，相互促进

B. 提升基层党组织组织力，促进个人成长进步

C. 加强党员队伍建设，可促进基层党组织发展

D. 没有多大关系

18. 你在进行本书阅读的过程中遇到的困难是？（多选题）

A. 理论性太强，太枯燥，不易理解

B. 语言风格不符合青年人的阅读习惯

C. 案例太少，不太生动

D. 学习任务太重，没有时间阅读

E. 其他_____

19. 学习完本书，你如何看待青年在历史进程中的作用？（多选题）

A. 青年是时代的觉醒者

B. 青年是时代的旁观者

C. 青年是时代责任的担当者

D. 青年是时代精神的倡导者

E. 青年是时代发展的关键力量

20. 你对本书编写和内容还有哪些好的意见和建议？

_____

_____

_____

_____

我们诚恳地希望得到您的答复！谢谢。

https://qywx.wjx.cn/vm/rX92lxZ.aspx

参考文献

［1］马克思恩格斯选集［M］.北京：人民出版社,2012.

［2］中共中央马克思恩格斯列宁斯大林著作编译局.马克思恩格斯文集［M］.北京：人民出版社,2009.

［3］中共中央党史和文献研究院.毛泽东邓小平江泽民胡锦涛关于中国共产党历史论述摘编［M］.北京：中央文献出版社,2021.

［4］毛泽东著作选读［M］.北京：人民出版社,1986.

［5］毛泽东选集［M］.北京：人民出版社,1996.

［6］习近平谈治国理政（第一卷）［M］.北京：外文出版社,2014.

［7］习近平谈治国理政（第二卷）［M］.北京：外文出版社,2017.

［8］习近平谈治国理政（第三卷）［M］.北京：外文出版社,2020.

［9］习近平.论中国共产党历史［M］.北京：中央文献出版社,2021.

［10］习近平.在党史学习教育动员大会上的讲话［M］.北京：求是杂志社,2021.

［11］习近平.在全国脱贫攻坚总结表彰大会上的讲话［M］.北京：新华出版社,2021.

［12］中共中央宣传部.习近平新时代中国特色社会主义思想学习问答［M］.学习出版社、人民出版社,2021.

［13］谢金峰.中国共产党为什么"能"［M］.重庆：重庆出版社,2020.

［14］白显良.马克思主义为什么"行"［M］.重庆：重庆出版社,2020.

［15］唐青阳.中国特色社会主义为什么"好"［M］.重庆：重庆出版社,2020.

［16］曲青山.中国共产党百年辉煌［M］.北京：光明日报出版社,2021.

［17］中国共产党简史编写组.中国共产党简史［M］.北京：人民出版社,2021.

［18］党的二十大文件汇编［M］.北京：党建读物出版社,2022.

［19］柯明昌.武汉科技大学历史沿革［M］.北京：冶金工业出版社,2008.

［20］发展党员工作手册［M］.北京：党建读物出版社,2015.

［21］大学生入党启蒙教育读本编写组.大学生入党启蒙教育读本［M］.北京：中共中

央党校出版社,2020.

［22］钟德涛,陆勇.新时代高校入党积极分子培训教程［M］.武汉:华中师范大学出版社,2018.

［23］钟德涛.新时代高校预备党员培训流程［M］.武汉:华中师范大学出版社,2020.

［24］韩进.永远跟党走［M］.武汉:武汉大学出版社,2018.

［25］夏勇,韩雪峰.党员发展对象培训教材［M］.北京:国家行政学院出版社,2017.

［26］徐川.顶天立地谈信仰——原来党课可以这么上［M］.北京:人民出版社,2019.

［27］李声.大学生党员发展对象培训教程［M］.北京:中共中央党校出版社,2021.

［28］中国共产党章程［M］.北京:人民出版社,2022.